INFORMATIK 4

Datenmodellierung vertieft
Objektorientierte Modellierung vertieft

Autoren
Peter Brichzin (München)
Florian Janus (Oettingen i. Bay.)
Franz Jetzinger (München)
Johannes Neumeyer (Erding)
Klaus Reinold (München)
Albert Wiedemann (Oberottmarshausen)

Berater
Julian Dorn (Leipzig)
Mike Ganshorn (Passau)

Die enthaltenen Links verweisen auf digitale Inhalte, die der Verlag bei verlagsseitigen Angeboten in eigener Verantwortung zur Verfügung stellt. Links auf Angebote Dritter wurden nach den gleichen Qualitätskriterien wie die verlagsseitigen Angebote ausgewählt und bei Erstellung des Lernmittels sorgfältig geprüft. Für spätere Änderungen der verknüpften Inhalte kann keine Verantwortung übernommen werden.

Cornelsen

* Diese Inhalte und Aufgaben gehen über den Lehrplan hinaus.

Vorwort

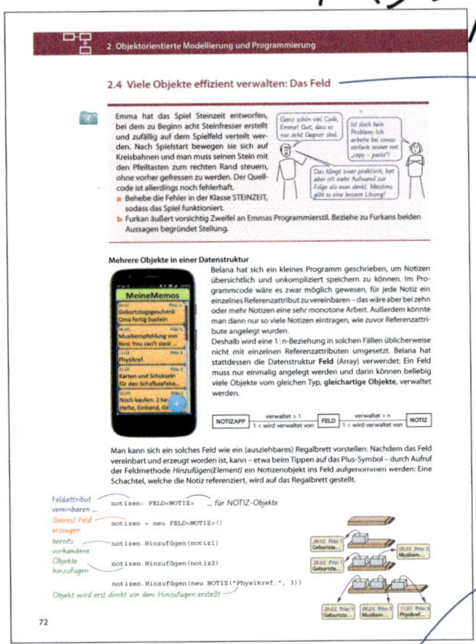

Inhaltliche Kapitel mit handlungsorientierten Einstiegsaufgaben, Erklärungen und Beispielen, damit du informatische Konzepte verstehen und Datenbanken oder Programme am Computer erstellen kannst

Vielfältige Aufgaben zum Üben und Vertiefen sowie spannende Forschungsaufträge als Blick über den Tellerrand und Lehrplan hinaus

Dateivorlagen auch im Internet unter informatikschulbuch.de

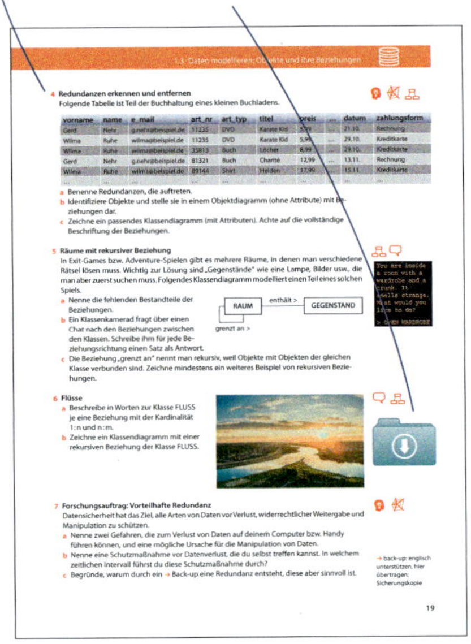

„Teste dich selbst!"-Aufgaben zum Überprüfen, ob du die wesentlichen Aspekte eines Hauptkapitels verstanden hast (Lösungen zur Selbstkontrolle am Ende des Buches!)

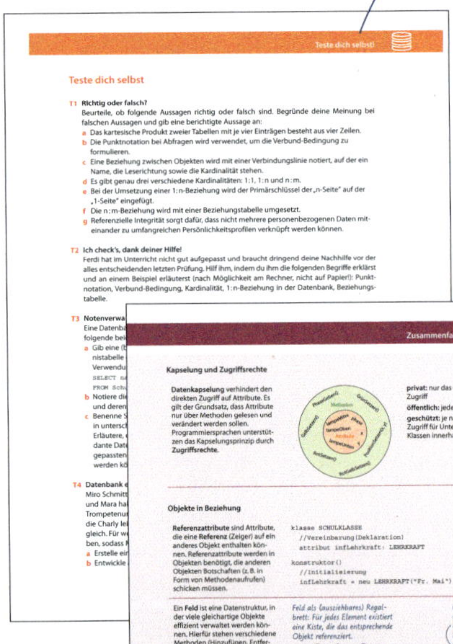

kurze und prägnante Zusammenfassungen am Ende jedes Hauptkapitels und Merkkästen mit den zentralen Inhalten am Ende jedes Kapitels

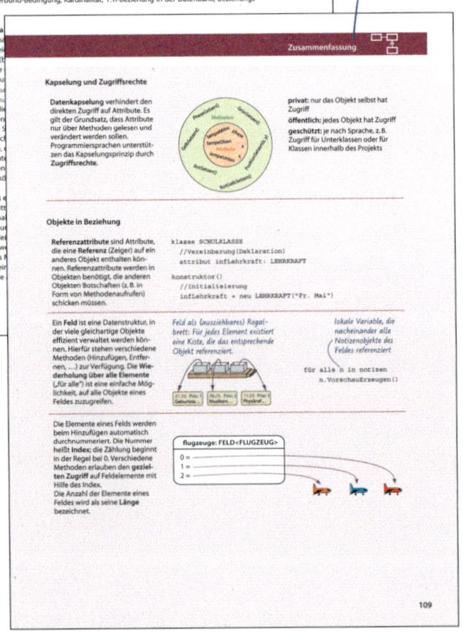

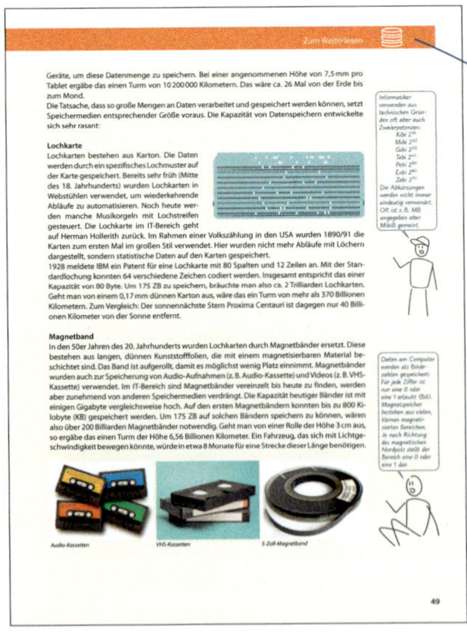

Texte Zum Weiterlesen, die dir Einblicke in Berufe und Ausblicke auf inhaltlich angrenzende Anwendungsbereiche geben

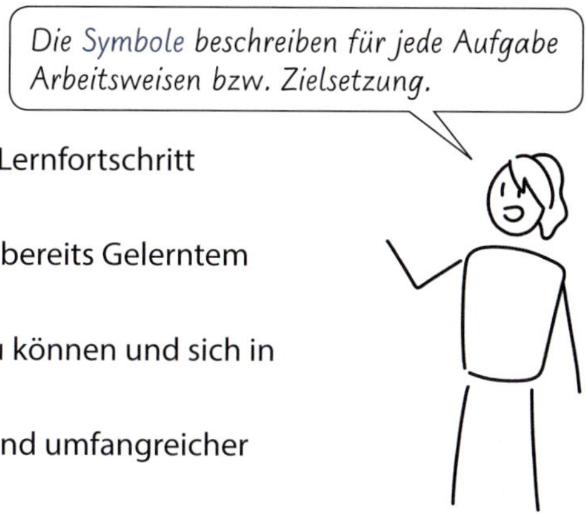

Recherchieren, lesen, damit du selbst Verantwortung für den Lernfortschritt übernehmen kannst.

Vernetzen, damit du neue Inhalte mit anderen Bereichen und bereits Gelerntem in Beziehung setzen kannst.

Kommunizieren, weil es wichtig ist, anderen etwas erklären zu können und sich in der Gruppe zu besprechen.

Kooperieren, damit eure Produkte vielseitiger, hochwertiger und umfangreicher werden.

Kreativ arbeiten, damit du originell und mit persönlicher Note arbeiten kannst.

Analysieren, um Strukturen, Verfahren und Zusammenhänge zu erkennen und zu erfassen.

Modellieren, um Probleme zu verstehen und Lösungen zu planen.

Mit Rechnereinsatz lösen/implementieren, um mithilfe des Computers praktische Umsetzungen zu schaffen.

Handlungsorientiert lösen, damit du auch ohne Rechner aktiv werden kannst, z. B. bei Rollenspielen.

Reflektieren, begründen, damit du dir Lösungswege bewusst machst und ähnliche Aufgaben künftig schneller lösen kannst.

Offene Aufgabenstellung individuell ausgestalten, damit du dir selbst Ziele setzen und deinen eigenen Lösungsweg suchen kannst.

* **Diese Inhalte und Aufgaben gehen über den Lehrplan hinaus.**

Werkzeugunabhängigkeit in Lehrtext und Aufgaben:

1. **Datenmodellierung**
   - viele Datenbanken online nutzbar
   - Datenbanken zum Download für gängige DBMS

   MySql/MariaDB, Base, Access

2. **Objektorientierte Modellierung:** Basisprojekte für viele gängige Sprachen und typische Entwicklungsumgebungen

   Java (BlueJ, Greenfoot), Python (Spyder), Stride (BlueJ, Greenfoot), Swift (Playground)

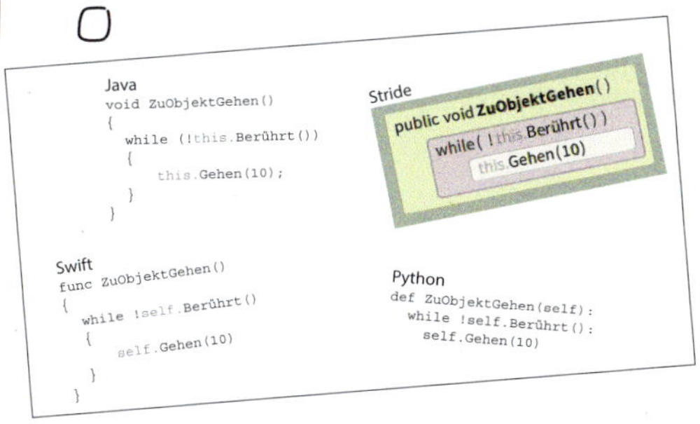

Wir wünschen Euch viel Spaß im Informatikunterricht mit diesem Buch!
Peter Brichzin Florian Janus Franz Jetzinger Johannes Neumeyer Klaus Reinold Albert Wiedemann

INFORMATIK 4

Datenmodellierung vertieft
Objektorientierte Modellierung vertieft

Redaktion: Dr. Lutz Engelmann, Dr. Ulf Rothkirch, Martin Unger

Technische Zeichnungen: Ingrid Schobel, Hannover
Illustrationen: Nicole Rademacher, Berlin; Natascha Welz
Umschlaggestaltung: Corinna Babylon, Berlin
Layout und technische Umsetzung: CMS – Cross Media Solutions GmbH, Würzburg

www.cornelsen.de

1. Auflage, 1. Druck 2022

Alle Drucke dieser Auflage sind inhaltlich unverändert
und können im Unterricht nebeneinander verwendet werden.

Druck: Firmengruppe APPL, aprinta Druck, Wemding

ISBN 978-3-637-02470-0
ISBN 978-3-637-02471-7 (E-Book)

PEFC
PEFC/04-32-0928

PEFC zertifiziert
Dieses Produkt stammt aus nachhaltig bewirtschafteten Wäldern und kontrollierten Quellen.

www.pefc.de

1 Datenmodellierung und Datenbanksysteme

Am Ende dieses Kapitels kannst du ...

... komplexe Datenbestände anschaulich modellieren.

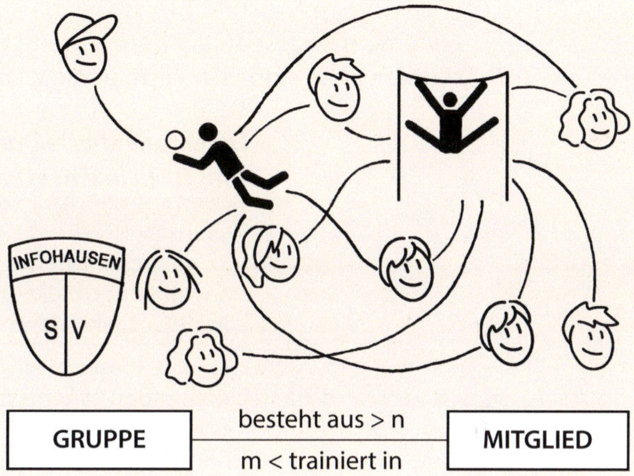

... Modelle in Datenbanken mit mehreren, verknüpften Tabellen überführen.

... gezielt Informationen aus verknüpften Datenbanktabellen gewinnen.

1.1 Startklar: Daten modellieren und abfragen

In diesem Kapitel kannst du testen, ob du noch fit in den Inhalten des letzten Schuljahres bist! Zum Testen findest du kleine Aufgaben zum „Aufwärmen" und Üben. Wenn du unsicher bist, kannst du die kurzen Zusammenfassungen im Anschluss an die jeweilige Aufgabe lesen. Als weitere Hilfe findest du auf der Seite informatikschulbuch.de zum Download einen „Spickzettel", der die verschiedenen Bestandteile einer SQL-Abfrage zusammenfasst. Tipp: Erweitere ihn im Verlauf des Schuljahres um die neuen Inhalte.
Außerdem findest du auf der Webseite nicht nur die Vorlagen zu den Aufgaben dieses Kapitels, sondern auch eine Checkliste und die Lösungen. Versuche es aber zunächst selbst!

Objektorientierte Datenmodellierung, Umsetzen in einer Datenbank

Ich kann …	Aufgaben
… einfache Datenbestände analysieren und sowohl mit Objekt- als auch mit Klassenkarten objektorientiert modellieren.	1
… eine Klasse in ein Tabellenschema mit passenden Datentypen und Primärschlüssel überführen.	1
… ein Tabellenschema in eine relationale Datenbank umsetzen.	1

SQL-Abfragen

Ich kenne den grundlegenden Aufbau einer SQL-Abfrage und kann damit zur zielgerichteten Informationsgewinnung …	Aufgaben
… Bedingungen formulieren und verknüpfen.	2
… Duplikate eliminieren und Ergebnisse sortieren.	2, 4
… Aliasnamen sinnvoll verwenden und mit Aggregatfunktionen auswerten.	3
* … Gruppierungen einsetzen.	3, 4
… Ergebnisse sortieren.	4

Datenschutz

Ich kann …	Aufgaben
… grundlegende Regelungen zum Datenschutz nennen und diese zur Argumentation heranziehen.	4
… Chancen und Risiken der automatisierten Analyse von Daten bewerten.	4

1 Kunstwerke: Vom Modell zur Datenbank

Die niederländischen Kunstmuseen möchten einen Internetauftritt erstellen, auf der man sich über alle Kunstwerke informieren kann. Dazu wollen sie alle ihre Werke in einer gemeinsamen Datenbank erfassen.

a Zeichne eine Objektkarte für das Kunstwerk „Komposition mit Rot, Gelb, Blau und Schwarz" des Malers Piet Mondrian. Das Bild wurde 1921 von Mondrian mit Öl auf Leinwand gemalt und ist 60 mal 60 Zentimeter groß. Der Stil des Bildes wurde von Mondrian als Neoplastizismus bezeichnet. Aktuell steht das Bild im Kunstmuseum Den Haag.

b Um die Struktur der Datenbank mit allen Vertretern der verschiedenen Museen zu besprechen, sollen Klassenkarten mit Attributen als Visualisierung verwendet werden. Zeichne Karten der Klassen KUNSTWERK und MUSEUM. Beschränke dich bei KUNSTWERK auf die Attribute aus a) und bei MUSEUM auf die fünf, deiner Meinung nach wichtigsten, Attribute.

c In der Datenbank sollen nicht nur die Kunstwerke, sondern auch Informationen zu den Künstlern festgehalten werden. Hier wurde bereits eine Klassenkarte erstellt. Setze die Klasse in ein Tabellenschema um.

KÜNSTLER
vorname nachname geburtsdatum todesjahr

d Setze das Tabellenschema aus c) in eine Datenbank um und trage drei Künstler ein. Recherchiere ggf. die einzutragenden Werte.

Wird für ein Szenario aus der realen Welt eine Datenbank entwickelt, geht man vom **objektorientierten Datenmodell** aus. Dazu sind folgende Schritte notwendig:

1) OO-Modell: relevante Objekte identifizieren und die relevanten Attribute auswählen
2) OO-Modell: Struktur der Objekte mit einer Klassenkarte beschreiben
3) Übergang zum rel. Datenmodell: passende **Datentypen** für jedes Attribut überlegen, Primärschlüssel bestimmen
4) rel. Datenmodell: Ergebnis als **Tabellenschema** zusammenfassen
5) rel. Datenmodell: Tabelle in einem Datenbankmanagementsystem anlegen und Datensätze eintragen

Ein **Primärschlüssel** ist eine Spalte oder eine Kombination von möglichst wenigen Spalten, deren Werte jeweils einen Datensatz in der Tabelle eindeutig identifizieren.

Beispiel:

Objektkarte

xaver: SCHÜLER
haarfarbe = „blond" alter = 16 geschlecht = „m"

Objektname
Attribute mit Attributwerten

Klassenkarte

SCHÜLER
haarfarbe alter geschlecht

Klassenname
Attribute

Tabellenschema

Tabellenname *Spaltennamen mit Datentypen*

Schueler(<u>id: ZAHL</u>, haarfarbe: ZEICHENKETTE, …)

Primärschlüssel wird unterstrichen

2 Filmabend: Aufbau von SQL-Abfragen mit Bedingungen

Für einen Filmabend werden passende Filme in der Tabelle Film gesucht. Erstelle für folgende Aufgaben passende SQL-Abfragen:

a Lass dir zur Orientierung zunächst alle Spalten und alle Datensätze der Tabelle Film anzeigen.

b Finde anschließend mit je einer Abfrage heraus, wie viele unterschiedliche Genres die beiden Genrespalten jeweils enthalten.

c Die Filme sollten nicht zu alt sein. Erstelle eine Abfrage, die alle Filme ermittelt, welche nach 2018 veröffentlicht worden sind. Lass dir den Titel und Regisseur der Filme anzeigen.

d Eine Bedingung an die Filme soll sein, dass sie nicht länger als 120 Minuten dauern. Welche Filme (titel, jahr) sind höchstens 120 Minuten lang?

e Kombiniere die Anforderungen aus c) und d) in einer Abfrage und finde heraus, welche Filme (titel, regisseur, jahr) nach 2018 veröffentlicht worden sind und höchstens 120 Minuten dauern.

f Es sollen keine Komödien oder Fantasyfilme gezeigt werden. Erstelle zunächst eine Abfrage, welche die beiden Genres ausschließt, und erweitere die Abfrage dann um die bisherigen Bedingungen.

<table>
<tr><td>Zur Formulierung einer Abfrage an die Datenbank wird die Sprache SQL verwendet. Darin hat eine Abfrage folgenden Aufbau:
<code>SELECT Spaltenliste</code>
<code>FROM Tabelle</code>
<code>WHERE Bedingung</code>
Das Resultat einer Abfrage an eine Datenbank ist eine Ergebnistabelle.
Die Bedingung dient zur Auswahl der gewünschten Zeilen und wird meist mit Vergleichen formuliert. Durch die logischen Funktionen AND und OR können mehrere Vergleiche zu einer Bedingung verkettet werden. Mit NOT kann eine Bedingung verneint werden.
Jede Zeile einer Tabelle enthält einen (zu einem Objekt gehörigen) Datensatz.</td><td>Beispiel:
<code>SELECT nachname, jahr</code>
<code>FROM Olympia</code>
<code>WHERE platzierung = „Gold"</code>
<code>AND austragungsort = „Innsbruck"</code>
<code>AND geschlecht = „w"</code>
Die Ergebnistabelle enthält für alle Athletinnen, die Gold bei olympischen Spielen in Innsbruck gewonnen haben, eine Übersicht, in welchem Jahr dies geschehen ist.</td></tr>
<tr><td>Mittels SELECT * werden alle Spalten angezeigt.</td><td><code>SELECT *</code>
<code>FROM Olympia</code></td></tr>
<tr><td>SELECT DISTINCT erzwingt, dass von gleichen Datensätzen in der Ergebnistabelle nur je einer ausgegeben wird.</td><td><code>SELECT DISTINCT disziplin</code>
<code>FROM Olympia</code></td></tr>
</table>

3 Länderquiz: Aggregatfunktionen und Aliasnamen

Für ein Länderquiz sind einige Werte gesucht. Erstelle für die folgenden Aufgaben passende SQL-Abfragen.

a Wie viele Einwohner hat das Land mit der größten Einwohnerzahl?

b Das Land mit der niedrigsten Einwohnerzahl hat 0.00 Einwohner. Bestätige diese Aussage mit einer passenden SQL-Abfrage und erkläre, wie es zu dieser ungewöhnlichen Zahl kommt. Verwende dazu diese Einwohnerzahl, um mit einer weiteren Abfrage den Namen des Landes herauszufinden.

c Ermittle mit einer Abfrage die Anzahl der Länder Afrikas. Verwende einen sinnvollen Aliasnamen.

d Mit folgender Abfrage kann der prozentuale Flächenanteil eines Landes am Kontinent ausgegeben werden:

```
SELECT name, flaeche/(kontinentFlaeche * 10000) AS FlaechenAnteil
FROM   Land
```

Erkläre, warum die Abfrage zur Aufgabenstellung passt. Gehe dabei darauf ein, warum die Fläche des Kontinents mit 10000 multipliziert wird.

e Entwickle analog zu Aufgabe d) eine Abfrage, welche für jedes Land den prozentualen Anteil an Einwohnern des Kontinents anzeigen lässt.

***f** Erstelle eine Übersicht über die Anzahl der Länder für jeden Kontinent.

• Mit … **AS** *NeuerName* können Namen für die Spalten der Ergebnistabelle festgelegt werden.
• Mit den **Aggregatfunktionen** COUNT, AVG, MAX, MIN und SUM lassen sich aus den Datensätzen einer Abfrage durch Berechnungen neue Informationen gewinnen
• *Mit **GROUP BY** können alle Datensätze mit demselben Wert in der angegebenen Spalte gruppiert werden. Bedingungen an die gruppierten Daten werden mit **HAVING** gestellt.
	Beispiel:
	`SELECT AVG(einwohner)`
	`AS durchschnEinw, kontinent`
	`FROM Land`
	`GROUP BY kontinent`
	`HAVING durchschnEinw > 15`

4 Metadaten bei Fotos: Tipps und Tricks bei Abfragen

Kameras speichern bei Fotos nicht nur die Bilddaten in Form von Pixeln, sondern auch – je nach Einstellungen mehr oder weniger – Metadaten. Das Klassendiagramm rechts zeigt, welche Informationen typischerweise dazugehören. Werden Fotos in sozialen Netzwerken hochgeladen, so kann durch eine automatische Auswertung eine entsprechende Datenbanktabelle Foto mit Metadaten erstellt werden; jede Spalte entspricht einem Attribut.

Marius postet in seinem Profil regelmäßig Fotos von Ausflügen und Schnappschüsse von zu Hause.

a Bewerte knapp, unter welchen Voraussetzungen es möglich ist, dass sowohl du als auch der Anbieter des sozialen Netzwerks eine Datenbanktabelle Foto mit Informationen über Marios Fotos erstellen kannst.

Entwickle die Abfragen in den folgenden Teilaufgaben auf Basis des Tabellenschemas Foto(breite, hoehe, aufnahmedatum, kamerahersteller, kameramodell, blendenzahl, belichtungszeit, breitengrad, laengengrad, <u>dateiname</u>).

b Formuliere eine SQL-Abfrage, mit der man alle Kameramodelle herausfinden kann, die Marius für seine Fotos verwendet hat.

*c Ein Kennzeichen von Ausflügen ist, dass vom gleichen Tag eine größere Anzahl von Fotos existieren (z. B. fünf oder mehr). Erstelle eine SQL-Abfrage, die jeweils das Datum und die Anzahl der Fotos von Tagen mit mehr als fünf Fotos ausgibt.

d Am Sonnwendtag des letzten Jahres wurden zehn Fotos erstellt. Sortiere die Datensätze dieses Tages nach dem Erstellzeitpunkt.

e Für Schnelle: Fertige auf Basis der GPS-Daten ein Bewegungsprofil des Tages an.

f Beschreibe eine Strategie, mit der du den Wohnort von Marius herausfinden könntest.

g Begründe, warum es sich bei den Informationen aus e) und f) um personenbezogene Daten handelt. Beschreibe, welche Chancen (z. B. aus Sicht der Polizei) und Risiken (z. B. durch Stalker) sich durch die Auswertung der Daten ergeben.

FOTO
breite höhe … aufnahmedatum kamerahersteller kameramodell blendenzahl belichtungszeit breitengrad längengrad dateiname dateigröße …

Durch ORDER BY am Ende einer SQL-Abfrage lassen sich Ergebnisse **aufsteigend** (ASC) bzw. **absteigend** (DESC) **sortieren.**	Beispiel:
	`SELECT jahr, nachname, geschlecht`
	`FROM Olympia`
	`ORDER BY jahr DESC, nachname ASC`

Personenbezogene Daten sind Informationen, die sich direkt oder auch indirekt auf eine bestimmte Person beziehen. Sie sind durch Gesetze sowie die Datenschutz-Grundverordnung besonders geschützt. Ist das öffentliche Interesse größer als das Interesse am Schutz der persönlichen Daten, sehen diese Gesetze Ausnahmen vor.

1.2 Informationen verknüpfen: Abfragen über mehrere Tabellen

Die Klasse 10A des John-von-Neumann Gymnasiums Infohausen plant am Wandertag den Freizeitpark in der Gemeinde Turing zu besuchen. Die Klassenleitung ist gleichzeitig die Informatiklehrkraft und stellt der Klasse vorab die Aufgabe, mithilfe einer Datenbank den passenden Freizeitpark herauszufinden.

a Finde mit einer SQL-Abfrage den Wert der Spalte schluessel der Gemeinde Turing.

b Formuliere eine Abfrage, mit welcher du alle Informationen des Freizeitparks erhältst, der in der Gemeinde Turing ist. Verwende dazu den Schlüssel aus a).

c Ermittle jeweils die Anzahl der Einträge in den Tabellen Freizeitpark und Gemeinde.

d Führe folgende Abfragen aus und versuche anhand der Ergebnistabelle herauszufinden, welche Wirkung die Abfragen haben. Betrachte dazu auch die Anzahl der Zeilen in den Ergebnistabellen.

```
SELECT *
FROM   Freizeitpark, Gemeinde
```

```
SELECT *
FROM   Freizeitpark, Gemeinde
WHERE  gemeindeschluessel = schluessel
```

Tabellen kombiniert: kartesisches Produkt

Die Wahlkurse am John-von-Neumann-Gymnasium sind sehr beliebt, aber rar. Die Tabelle Wahlkurs zeigt einen Ausschnitt der vorhandenen Kurse. Alle Schülerinnen und Schüler dürfen nur einen Wahlkurs wählen. Die Klasse 10A hat eine digitale Anmeldung entwickelt. Nach Abschluss der Anmeldung liegen die Ergebnisse in folgender Form vor:

Schueler

schueler_nr	name	vorname	kurswahl
4347653	Elmann	Heinz	Big Band
4357451	Diener	Bernhard	Big Band
5643611	Nette	Marion	Bouldern
…	…	…	…

Wahlkurs

name	ort	lehrer
Bouldern	Turnhalle 1	Hr. Schlaukopf
Big Band	Musiksaal	Fr. Kluge
…	…	…

Im internen Bereich der Homepage soll allen Kursmitgliedern angezeigt werden, wo und bei welcher Lehrkraft der gewählte Wahlkurs stattfindet. Die Schülerinnen und Schüler der 10A versuchen es mit folgender Abfrage:

```
SELECT *
FROM   Schueler, Wahlkurs
```

Mehrere Tabellen können mit Komma getrennt angegeben werden.

schueler_nr	name	vorname	kurswahl	name	ort	lehrer
4347653	Elmann	Heinz	Big Band	Bouldern	Turnhalle 1	Hr. Schlaukopf
4347653	Elmann	Heinz	Big Band	Big Band	Musiksaal	Fr. Kluge
4357451	Diener	Bernhard	Big Band	Bouldern	Turnhalle 1	Hr. Schlaukopf
4357451	Diener	Bernhard	Big Band	Big Band	Musiksaal	Fr. Kluge
5643611	Nette	Marion	Bouldern	Bouldern	Turnhalle 1	Hr. Schlaukopf
5643611	Nette	Marion	Bouldern	Big Band	Musiksaal	Fr. Kluge
…	…	…	…	…	…	…

6 Zeilen = 3 Zeilen x 2 Zeilen

→ kartesisch: nach dem lateinischen Namen Cartesius des Philosophen Descartes benannt

In der Ergebnistabelle ist jede Zeile aus Schueler mit jeder Zeile aus Wahlkurs kombiniert worden. Das Ergebnis nennt man → **kartesisches Produkt**. Die Anzahl der Zeilen in der Ergebnistabelle eines kartesischen Produkts ist das Ergebnis der Multiplikation der Zeilenanzahlen der angegebenen Tabellen, in diesem Beispiel: 3 Zeilen × 2 Zeilen = 6 Zeilen.

Richtiges Verknüpfen: Verbund

Mit einer Bedingung, welche die Gleichheit der Wahlkursnamen in den beiden Tabellen überprüft, können die gültigen Kombinationen aus Schueler und Wahlkurs ausgewählt werden:

```
SELECT *
FROM   Schueler, Wahlkurs
WHERE  kurswahl = Wahlkurs.name
```

Die Spalte name gibt es in beiden Tabellen. Die Punktnotation verschafft Eindeutigkeit.

schueler_nr	name	vorname	kurswahl	name	ort	lehrer
4347653	Elmann	Heinz	Big Band	Big Band	Musiksaal	Fr. Kluge
4357451	Diener	Bernhard	Big Band	Big Band	Musiksaal	Fr. Kluge
5643611	Nette	Marion	Bouldern	Bouldern	Turnhalle 1	Hr. Schlaukopf
...	...	...	...	...	...	...

Die Verkettung von kartesischem Produkt und einer Bedingung zur Auswahl der zusammengehörigen Zeilen nennt man **Verbund**. Bei der zugehörigen Bedingung spricht man daher von einer **Verbund-Bedingung**.

Für die Anzeige auf der Homepage sind nicht alle Spalten relevant:

```
SELECT Schueler.name, vorname, Wahlkurs.name AS kurs, ort, lehrer
FROM   Schueler, Wahlkurs
WHERE  kurswahl = Wahlkurs.name
```

name	vorname	kurs	ort	lehrer
Elmann	Heinz	Big Band	Musiksaal	Fr. Kluge
Diener	Bernhard	Big Band	Musiksaal	Fr. Kluge
Nette	Marion	Bouldern	Turnhalle 1	Hr. Schlaukopf
...	...	...	...	...

Um keinen Bestandteil zu vergessen, empfiehlt sich für die Formulierung einer korrekten Abfrage über zwei Tabellen folgendes Vorgehen:

1) Tabellen auswählen, aus welchen die Daten abgefragt werden sollen, und bei FROM mit Komma getrennt angeben.
2) Spalten identifizieren, über welche die beiden Tabellen miteinander verbunden sind, und Verbund-Bedingung formulieren (WHERE-Teil). Bei gleichen Spaltennamen müssen die Spalten mit der Punktnotation eindeutig unterschieden werden.
3) Spalten der Ergebnistabelle mit passendem SELECT-Teil eingrenzen. Auch hier muss ggf. die Punktnotation verwendet werden.
4) Gegebenenfalls Abfrage mit weiteren Bestandteilen vervollständigen (Bedingungen, Aggregatfunktionen, Sortierung, ...).

Werden im FROM-Teil einer SQL-Abfrage zwei Tabellen angegeben, so wird jede Zeile der einen Tabelle mit jeder Zeile der anderen Tabelle kombiniert (**kartesisches Produkt**). Ein sinnvolles Ergebnis erhält man über eine Bedingung, welche die zusammengehörigen Zeilen auswählt. Die Verkettung von kartesischem Produkt und dieser **Verbund-Bedingung** nennt man **Verbund**.
Gleiche Spaltennamen in den Tabellen müssen in einer Abfrage mithilfe des vorangestellten Tabellennamens unterschieden werden.

Aufgaben

1 Freizeitaktivitäten

In den Tabellen Freizeitpark, Schwimmbad und Zoo sind unter anderem der Name, die Straße sowie die URL der bayerischen Freizeiteinrichtungen gespeichert. Die Tabelle Gemeinde enthält Informationen zu allen Gemeinden in Bayern.

a Erkläre, an welcher Stelle der folgenden Abfrage die Punktnotation notwendig ist und an welcher sie weggelassen werden könnte:

```
SELECT Gemeinde.name, Schwimmbad.name
FROM   Gemeinde, Schwimmbad
WHERE  Gemeinde.schluessel = Schwimmbad.gemeindeschluessel
```

b Die Tabelle Schwimmbad hat 1601 Einträge. Die Tabelle Gemeinde listet 2230 Gemeinden auf. Berechne die Anzahl der Zeilen der Ergebnistabelle für folgende Abfragen:

- i Abfrage aus a)
- ii Abfrage aus a) ohne Bedingung

c Finde mit einer SQL-Abfrage heraus, ob es in der Gemeinde Miesbach (bzw. in der Gemeinde deines Gymnasiums) ein Schwimmbad (Freizeitpark, Zoo) gibt. Lass dir dabei den Namen der Gemeinde sowie den Namen und die URL des Schwimmbads (Freizeitparks, Zoos) anzeigen.

***d** Formuliert zu zweit eine Fragestellung, welche folgende SQL-Abfrage als Lösung hat. Stellt anschließend eine Vermutung über die Anzahl der Einträge in der Ergebnistabelle auf und führt die Abfrage aus.

```
SELECT   Gemeinde.schluessel, COUNT(Schwimmbad.id) AS AnzahlBaeder
FROM     Gemeinde, Schwimmbad
WHERE    Gemeinde.schluessel = Schwimmbad.gemeindeschluessel
GROUP BY Gemeinde.schluessel
HAVING   AnzahlBaeder > 10
```

e Für Schnelle: Finde mit einer SQL-Abfrage für jede Gemeinde mit mindestens einem Schwimmbad heraus, wie viele Einwohner auf ein Schwimmbad kommen.

2 Rollenspiel: kartesisches Produkt

Für diese Aufgabe benötigt ihr: 6 Personen, 6 Zettel, Klebeband und 8 Schnüre.
Notiert auf zwei Zetteln je einen Wahlkurs und auf vier Zetteln je einen Schülernamen. Klebt jeder Person einen Zettel auf die Körpervorderseite. Stellt die Personen nach den Tabellen Wahlkurs und Schueler in Gruppen zusammen.

a Simuliert mit der Schnur das kartesische Produkt, indem die Personen die Schnüre in der Hand halten.

b Stellt anschließend den Verbund dar, indem ihr gemeinsam überlegt, welche Schnüre fallen gelassen werden müssen. Geht davon aus, dass jeder nur einen Wahlkurs belegen darf.

3 Kartesisches Produkt unter der Lupe

schueler_nr	name	vorname	kurswahl
4347653	Elmann	Heinz	Big Band
4357451	Diener	Bernhard	Big Band
5643611	Nette	Marion	Bouldern
...	...	...	...

name	ort	lehrer
Bigband	Musiksaal	Fr. Kluge
Bouldern	Turnhalle 1	Hr. Schlaukopf
...	...	...

Das kartesische Produkt ist ein Begriff aus der mathematischen Mengenlehre.
Auf Datenbanktabellen übertragen ist jede Tabelle eine Menge. Die Datensätze der Tabelle sind die Elemente der Mengen.

a Schreibe das kartesische Produkt für folgende Mengen in Form einer Tabelle auf:
Vorspeise = {Bärlauchsuppe, Rindercarpaccio, Salat}
Hauptspeise = {Süßkartoffelgulasch, Zanderfilet, Burger}

b Erkläre, in welchem Kontext das kartesische Produkt aus a) sinnvoll ist.

c Finde ein weiteres Beispiel aus deinem Alltag für zwei Mengen, deren kartesisches Produkt im Kontext Sinn ergibt.

d Das kartesische Produkt kann auch aus mehr als zwei Tabellen gebildet werden. Führt zu zweit die folgende Abfrage aus und erklärt euch gegenseitig, wie das kartesische Produkt aus drei Tabellen gebildet wird. Gebt die Rechnung an, mit welcher die Anzahl der Zeilen der Ergebnistabelle ermittelt werden kann.

```
SELECT *
FROM   Song, Playlist, Song_in_Playlist
```

e Die in d) verwendeten Tabellen sind Dummy-Tabellen mit wenigen Einträgen. Erkläre, warum die Abfrage unter Umständen länger dauern könnte, wenn die Tabellen jeweils mehrere 1000 Datensätze enthalten.

f Für Schnelle: Die Kombination der Tabellen wie in d) ergibt keinen Sinn. Formuliere eine Bedingung, mit welcher die Abfrage sinnvoll wird.

4 Syntax vs. Semantik

Emma behauptet, folgende Abfragen können ausgeführt werden und seien daher richtig. Julius hält dagegen, die Abfragen sind unsinnig und deshalb falsch. Löse den Streit auf: Überprüfe zunächst, ob die Abfragen korrekt ausgeführt werden können (syntaktische Korrektheit). Überlege anschließend, warum die Abfragen keinen Sinn ergeben, und gib an, wie sie verändert werden müssten (semantische Korrektheit).

a

```
SELECT *
FROM   Fluggesellschaft, Flug
```

b

```
SELECT schluessel, id
FROM   Gemeinde, Zoo
WHERE  Gemeinde.name = Zoo.name
```

5 Forschungsauftrag: Warum soll ich die gleiche Tabelle mehrmals angeben?

Manche Fragestellungen an Datenbestände lassen sich nur beantworten, wenn man die gleiche Tabelle mehrmals in der Abfrage angibt.

a Die Tabelle Schwimmbad hat 1601 Zeilen und 8 Spalten. Überlege dir zunächst für folgende Abfrage, welche Spalten und wie viele Zeilen die Ergebnistabelle hat. Überprüfe deine Vermutungen, indem du die Abfrage anschließend ausprobierst.

```
SELECT *
FROM   Schwimmbad AS s1, Schwimmbad AS s2
```

b Analysiere folgende Abfrage und beschreibe, welches Ziel damit erreicht werden soll.

```
SELECT *
FROM   Schwimmbad AS s1, Schwimmbad AS s2
WHERE  ABS(s1.breitengrad - s2.breitengrad) < 0.08
       AND  ABS(s1.laengengrad - s2.laengengrad) < 0.08
       AND  s1.id = 549
```

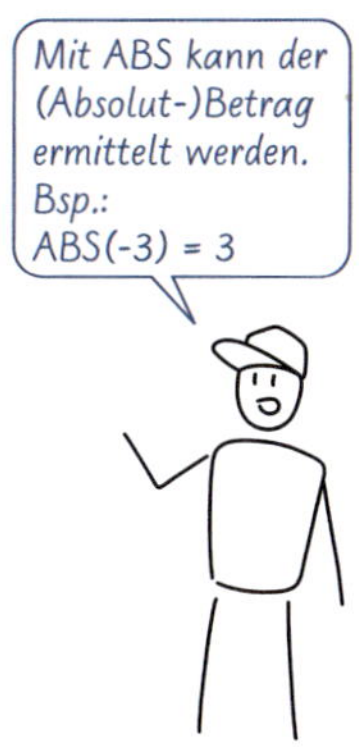

c Führe die Abfrage aus und verändere dann den Vergleichswert für die Differenz der Koordinaten nach unten und oben: Wie groß muss der Wert mindestens sein, damit ein weiteres Schwimmbad in der Ergebnistabelle erscheint? Wie groß darf der Wert maximal sein, damit nicht mehr als zehn weitere Schwimmbäder angezeigt werden?

d Finde die Ortskoordinaten deines aktuellen Standortes heraus. Ermittle anschließend mit einer Abfrage einen Freizeitpark in deiner Nähe.

1.3 Daten modellieren: Objekte und ihre Beziehungen

Folgende Liste zeigt die Schulsanitätsdienste am John-von-Neumann-Gymnasium:

name	vorname	klasse	einsatzart	tag	beginn	ende	taschen_id	geprueft_am
Müller	Martha	10b	Regeldienst	10.09.	8:00	13:30		
Müller	Martha	10b	Gottesdienst	17.09.	8:00	9:00	2	05.09.
Müller	Martha	10b	Sportfest	25.09.	11:30	13:30	1	05.09.
Alles	Erkan	9d	Regeldienst	11.09.	8:00	13:30		
Alles	Erkan	9d	Gottesdienst	17.09.	8:00	9:00	2	05.09.
...	...	...	...	...	...	...	...	...

a Zeichne mit den Informationen aus der Tabelle eine Objektkarte für den Sanitäter Erkan. Ergänze ein weiteres Attribut, das im Kontext des Sanitätsdienstes wichtig sein könnte.

b Martha schlägt vor, die Dienste zukünftig in der Teamsitzung über Karteikarten an einer Magnetwand zu planen, weil man die Karten leichter „hin- und herschieben" kann. Strukturiere die Information aus der Tabelle in Objektkarten so, dass auf der Magnetwand ein kurzfristiger Tausch von Einsätzen ohne „Schreibarbeit" leicht angezeigt werden kann. Visualisiere Beziehungen der Objekte durch Verbindungslinien.

c Diskutiert zu zweit Vor- und Nachteile der beiden Darstellungen: tabellarische Liste im Gegensatz zu Objektkarten mit Verbindungslinien.

Daten eines Sportvereins

Der Sportverein Infohausen bietet seinen knapp 2000 Mitgliedern Trainingsmöglichkeiten in über 100 Sportgruppen an. Die Gruppen sind jeweils einer Abteilung zugeordnet, um einerseits unterschiedliche Mitgliedsbeiträge erheben zu können und andererseits konkrete Ansprechpartner zu haben. Folgende Tabelle ist ein kleiner Ausschnitt der Mitgliederverwaltung des Vereins:

vorname	name	strasse	nr	plz	...	sportart	beitrag	...	gruppe	trainer	...
Martha	Pfahl	Sandstr.	5	84242	...	Volleyball	7,00	...	U16_w	Haudrauf	...
Martha	Pfahl	Sandstr.	5	84242	...	Volleyball	7,00	...	Beach	Flieg	...
Axel	Schweiß	Fliederweg	10	84242	...	Volleyball	7,00	...	Beach	Flieg	...
Axel	Schweiß	Fliederweg	10	84242	...	Turnen	9,00	...	Parkour	Spring	...
...	...	...	...	...	...	...	...	...	...	...	...

→ redundant: lat. überreichlich; Redundanz: lat. Überfluss

Trainiert ein Mitglied in mehreren Gruppen, werden in einer solchen Tabelle sowohl Adressdaten als auch Sportartinformationen mehrfach gespeichert. Diese Mehrfachspeicherung, → **Redundanz** genannt, ist in Datenbanken unerwünscht, da Speicherplatz verschwendet wird und z. B. Änderungen der Anschrift in allen Datensätzen der Person korrigiert werden müssen.

Informationen objektorientiert strukturieren

Redundanz lässt sich weitgehend durch eine gute Datenmodellierung vermeiden: Zunächst identifiziert man relevante Objekte und Attribute (siehe Objektkarten). Beziehungen der Objekte werden in einem Objektdiagramm durch Verbindungslinien dargestellt. Es kann hilfreich sein, die Beziehungen zu beschriften.

Sportgruppe21
name = "U16_w"
trainer = "Haudrauf"
...

Abteilung1
sportart = "Volleyball"
beitrag = 7,00
...

Mitglied101
vorname = "Martha"
name = "Pfahl"
strasse = "Sandstr."
...

Das folgende Objektdiagramm zeigt einen sehr kleinen Ausschnitt des Vereins:

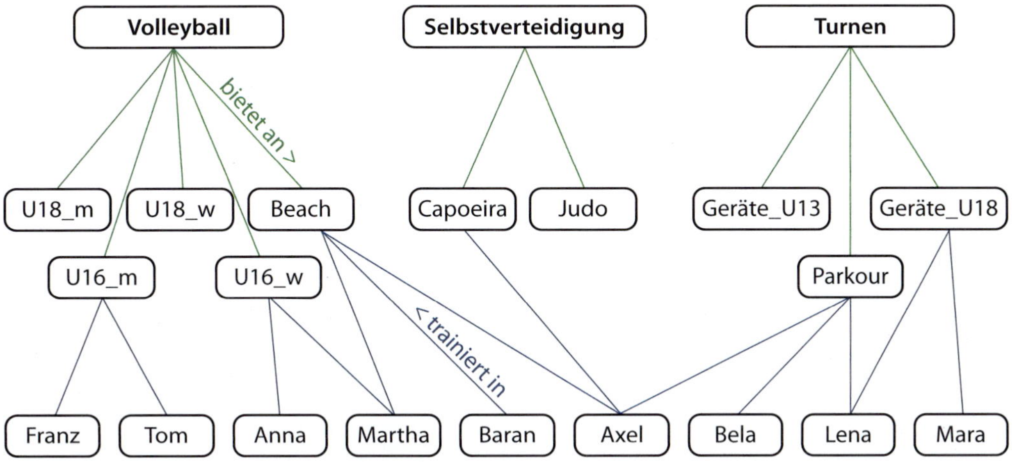

Beziehungstypen mit Kardinalitäten festlegen

Vollständige Objektdiagramme werden bei großen Datenbeständen schnell unübersichtlich. Zur Visualisierung der Struktur der Daten ist ein Klassendiagramm geeigneter. Zusammenhänge wie „Eine Abteilung bietet keine, eine oder mehrere Gruppen an." werden dabei als **Beziehungen** eingezeichnet:

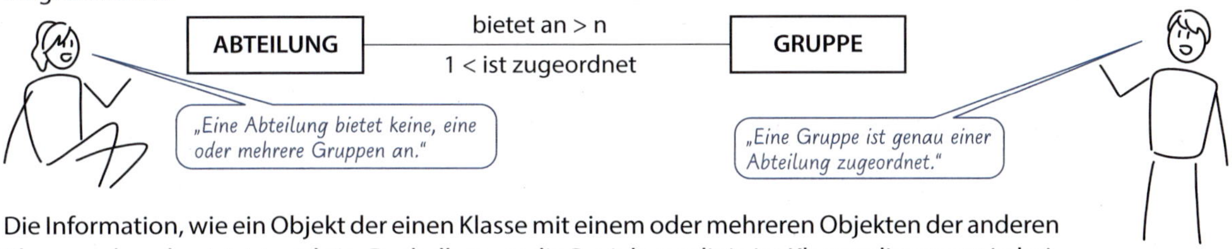

Die Information, wie ein Objekt der einen Klasse mit einem oder mehreren Objekten der anderen Klasse verbunden ist, ist wichtig. Deshalb muss die Beziehungslinie im Klassendiagramm in beiden Richtungen mit folgenden drei Informationen beschriftet werden:

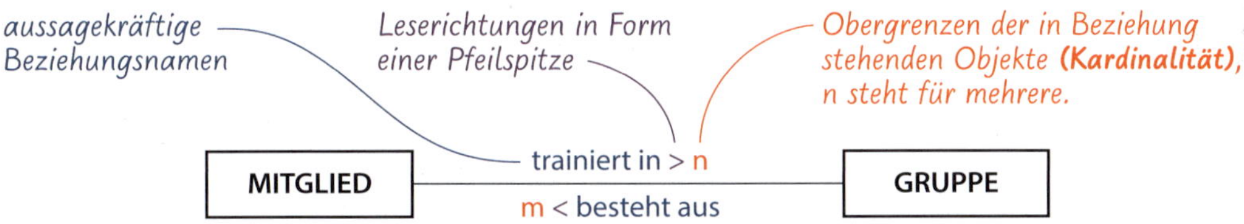

Für das Erstellen von Tabellenschemata ist es wichtig, ob ein Objekt mit einem oder mehreren Objekten in Beziehung steht. Darum werden bei der → **Kardinalität** drei grundlegende Typen unterschieden. In Kurzform werden diese Typen wie folgt genannt:

- 1 : 1
- 1 : n
- n : m

→ numerus cardinalis: spätlateinisch Grundzahlen – gemeint sind damit natürliche Zahlen

Redundanz bezeichnet die Mehrfachspeicherung von Daten. In Datenbanken sollte Redundanz durch eine gute Datenmodellierung vermieden werden.
Verbindungslinien im Klassendiagramm modellieren **Beziehungen** zwischen Objekten dieser Klassen. Jede Beziehung wird in beiden Richtungen mit einem aussagekräftigen Namen, der Leserichtung und der **Kardinalität** beschrieben. Wichtige Beziehungstypen sind 1:1, 1:n und n:m.

Aufgaben

1 Bücher

a Nenne zwei Bücher deiner Lieblingsautorin bzw. deines Lieblingsautors.
Nenne ein Buch, das von einem Autorenteam geschrieben wurde (z. B. dieses Schulbuch). Stelle beide Ergebnisse als Objektdiagramm dar.

b Zeichne ein Klassendiagramm mit den Beziehungen der Klassen BUCH, AUTOR und VERLAG. Achte auf beide Leserichtungen und drei wesentliche Attribute pro Klasse.

2 Beziehungen bei einer Schulverwaltung

In den folgenden Teilaufgaben sind jeweils zwei Klassen angegeben. Notiere im Klassendiagramm jeweils die Beziehung und die Kardinalität in beiden Leserichtungen. Zeichne nicht für jede Teilaufgabe separat, sondern ergänze dein Diagramm fortlaufend.

a SCHUELER–SCHULKLASSE

b RAUM–SCHULKLASSE

c SCHULKLASSE– LEHRKRAFT

d SCHULE–HAUSMEISTER

e Begründe, warum die Schulleitung nicht als eigene Klasse, sondern in Form einer Beziehung modelliert werden kann.

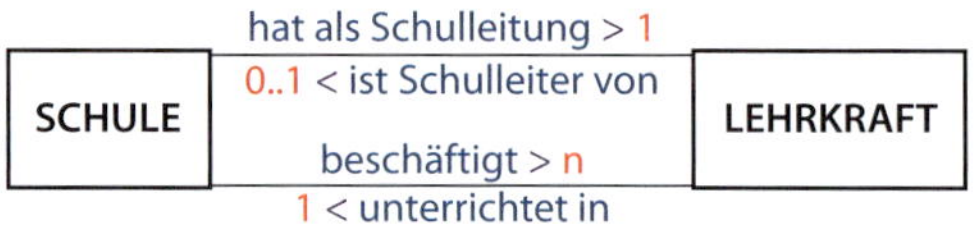

f Ergänze im Diagramm Klassensprecher und Klassenleitung.

g Suche dir einen anderen Kontext als Schule mit Objektbeziehungen unterschiedlicher Typen (1:1, 1:n und n:m). Zeichne dazu ein Klassendiagramm.

3 Kardinalität genauer betrachtet

Die im Lehrtext beschriebene Kardinalität „n“ legt nur fest, dass ein Objekt mit keinem, einem oder mehreren Objekten in Beziehung steht. Man erhält aber keine Information über die konkrete Anzahl.

In vielen Situationen gibt es eine genau festgelegte Minimal- bzw. Maximalzahl. Beispielsweise hat eine Abteilung eine oder zwei Leitungen (da es eine Stellvertretung geben kann) und jede Leitung führt genau eine Abteilung. Dies lässt sich auch in einem Klassendiagramm mit der Notation min..max eintragen:

a Begründe die Kardinalitäten der Beziehung zwischen MITGLIED und GRUPPE.

b Begründe, warum es sein kann, dass ein Sportvereinsmitglied in keiner Gruppe trainiert.

c Verwende die min..max-Notation bei zwei Beispielen aus Aufgabe 2 und begründe jeweils die Minimal- bzw. Maximalzahl.

d Erkläre den Unterschied zwischen 0..1 und 1..1 jeweils anhand eines Beispiels.

e Überlege dir ein Beispiel, bei dem die genaue Angabe der Kardinalität wichtig ist. Zeichne das Klassendiagramm dazu und begründe die Wahl der Kardinalitäten.

4 Redundanzen erkennen und entfernen
Folgende Tabelle ist Teil der Buchhaltung eines kleinen Buchladens.

vorname	name	e_mail	art_nr	art_typ	titel	preis	…	datum	zahlungsform
Gerd	Nehr	g.nehr@beispiel.de	11235	DVD	Karate Kid	5,99	…	21.10.	Rechnung
Wilma	Ruhe	wilma@beispiel.de	11235	DVD	Karate Kid	5,99	…	29.10.	Kreditkarte
Wilma	Ruhe	wilma@beispiel.de	35813	Buch	Löcher	8,99	…	29.10.	Kreditkarte
Gerd	Nehr	g.nehr@beispiel.de	81321	Buch	Charité	12,99	…	13.11.	Rechnung
Wilma	Ruhe	wilma@beispiel.de	89144	Shirt	Helden	17,99	…	15.11.	Kreditkarte
…	…	…	…	…	…	…	…	…	…

a Benenne Redundanzen, die auftreten.
b Identifiziere Objekte und stelle sie in einem Objektdiagramm (ohne Attribute) mit Beziehungen dar.
c Zeichne ein passendes Klassendiagramm (mit Attributen). Achte auf die vollständige Beschriftung der Beziehungen.

5 Räume mit rekursiver Beziehung
In Exit-Games bzw. Adventure-Spielen gibt es mehrere Räume, in denen man verschiedene Rätsel lösen muss. Wichtig zur Lösung sind „Gegenstände“ wie eine Lampe, Bilder usw., die man aber zuerst suchen muss. Folgendes Klassendiagramm modelliert einen Teil eines solchen Spiels.

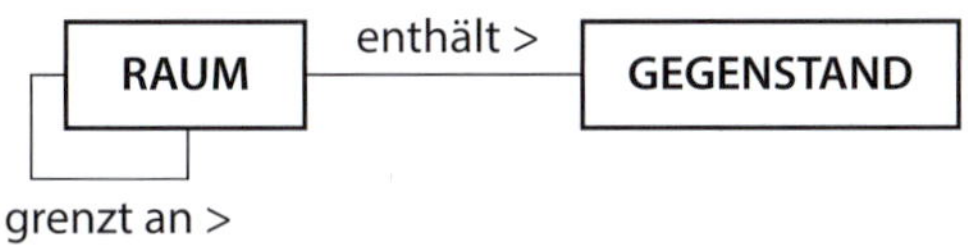

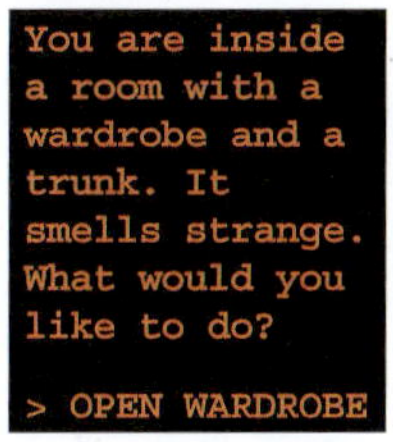

a Nenne die fehlenden Bestandteile der Beziehungen.
b Ein Klassenkamerad fragt über einen Chat nach den Beziehungen zwischen den Klassen. Schreibe ihm für jede Beziehungsrichtung einen Satz als Antwort.
c Die Beziehung „grenzt an“ nennt man rekursiv, weil Objekte mit Objekten der gleichen Klasse verbunden sind. Zeichne mindestens ein weiteres Beispiel von rekursiven Beziehungen.

6 Flüsse
a Beschreibe in Worten zur Klasse FLUSS je eine Beziehung mit der Kardinalität 1:n und n:m.
b Zeichne ein Klassendiagramm mit einer rekursiven Beziehung der Klasse FLUSS.

7 Forschungsauftrag: Vorteilhafte Redundanz
Datensicherheit hat das Ziel, alle Arten von Daten vor Verlust, widerrechtlicher Weitergabe und Manipulation zu schützen.
a Nenne zwei Gefahren, die zum Verlust von Daten auf deinem Computer bzw. Handy führen können, und eine mögliche Ursache für die Manipulation von Daten.
b Nenne eine Schutzmaßnahme vor Datenverlust, die du selbst treffen kannst. In welchem zeitlichen Intervall führst du diese Schutzmaßnahme durch?
c Begründe, warum durch ein → Back-up eine Redundanz entsteht, diese aber sinnvoll ist.

→ back-up: englisch unterstützen, hier übertragen: Sicherungskopie

1.4 Die 1:n-Beziehung umsetzen: Fremdschlüssel

Die AG Schülerzeitung des John-von-Neumann-Gymnasiums plant demnächst auch eine Onlineversion ihrer Zeitung zu veröffentlichen. Dabei soll eine Datenbank nach folgendem objektorientierten Modell zum Einsatz kommen:

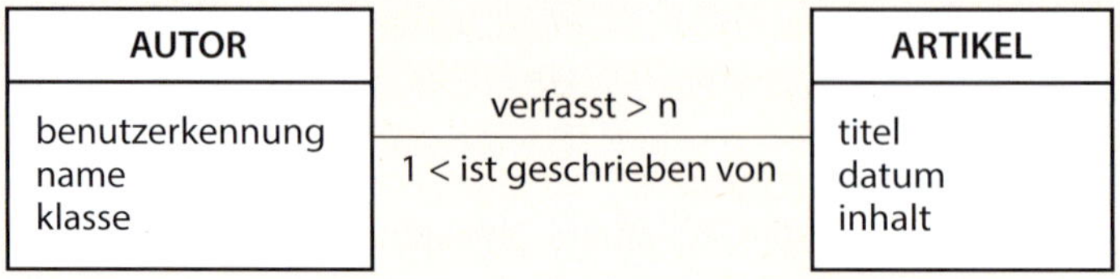

a Lege die Tabellen Autor und Artikel an, indem du für jedes Attribut eine entsprechende Tabellenspalte mit geeignetem Datentyp vorsiehst und für jede Tabelle einen geeigneten Primärschlüssel festlegst.

b Trage folgende Beispieldaten in die Tabellen aus a) ein: Bill Iger aus der Klasse 7A veröffentlicht eine dreiteilige Artikelserie über das Angebot des Pausenverkaufs, Ernst Haft aus der Klasse 9B schreibt über zwei neue Lehrkräfte jeweils ein Portrait. Ergänze fehlende Daten sinnvoll (Werte zum Attribut inhalt müssen nicht gesetzt werden).

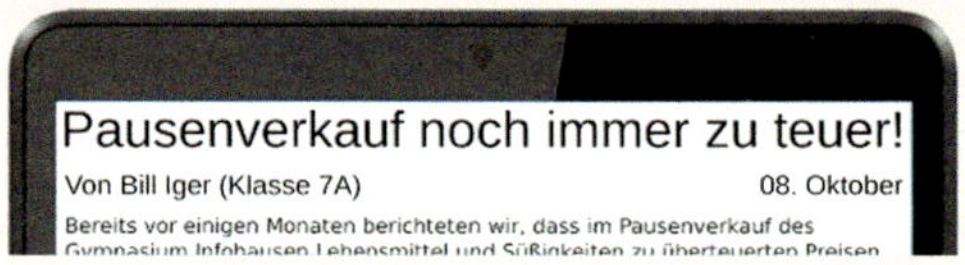

c Bei jedem Artikel soll stets angegeben sein, von wem der Artikel verfasst wurde. Erkläre, warum dies mit der aktuellen Tabellenstruktur nicht umsetzbar ist.

d Erweitere die Tabellenstruktur so, dass das Problem aus c) gelöst wird und zu jedem Artikel angegeben werden kann, wer ihn verfasst hat.

Vom Klassendiagramm zum Tabellenschema

Für die Erforschung der Erderwärmung werden die Messwerte weltweit fest installierter Wettermessstationen in einer Datenbank gesammelt. Ein Klassendiagramm für die Verwaltung dieser Temperaturmessungen könnte dabei wie folgt aussehen:

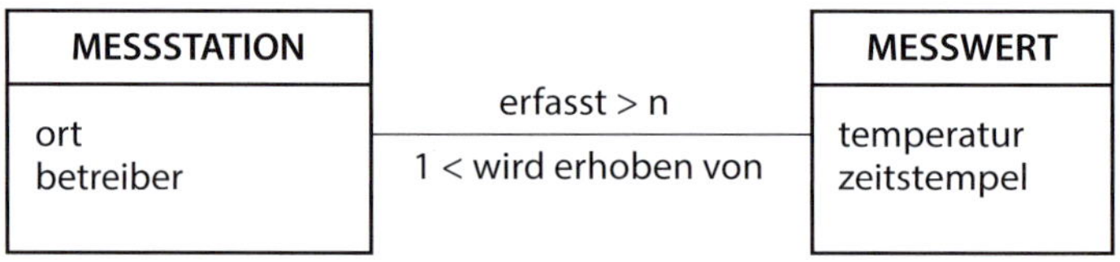

Legt man zwei Tabellen mit den im Klassendiagramm genannten Attributen als Spalten und je einem künstlichen Schlüssel an, können zwar Messstationen und Messwerte eingetragen werden, die im Klassendiagramm durch die 1:n-Beziehung angegebene Zuordnung von Messstationen und Messwerten bleibt aber unklar. Beziehungen im Klassendiagramm müssen deshalb auch bei der Umsetzung ins Tabellenschema berücksichtigt werden.

Messwert

id	temperatur	zeitstempel
134	23.4	2023-07-12 08:00
137	22.7	2023-07-12 08:00
158	21.0	2023-07-12 08:10
…	…	…

Messstation

id	ort	betreiber
35	Infohausen West	DWD
36	Infohausen Ost	DWD
…	…	…

Ein Fremdschlüssel stellt die Verbindung her

Um jeden Messwert einer Messstation zuordnen zu können, muss in einer zusätzlichen Spalte der Tabelle Messwert festgehalten werden, von welcher Station ein Messwerteintrag stammt. Die jeweilige Messstation muss dabei eindeutig identifiziert werden können. Dazu bietet es sich an, den Primärschlüssel aus der Tabelle Messstation zu verwenden, da dieser per Definition für jede Messstation eindeutig ist.

Messwert			
id	**temperatur**	**zeitstempel**	**station_id**
134	23.4	2020-07-12 08:00	35
137	22.7	2020-07-12 08:00	36
158	21.0	2020-07-12 08:10	36
...	...	...	...

Messstation		
id	**ort**	**betreiber**
35	Infohausen West	DWD
36	Infohausen Ost	DWD
...	...	...

Im Tabellenschema wird dies wie folgt dargestellt:
Messwert (id, temperatur, zeitstempel, station_id)   Messstation (id, ort, betreiber)

Die gestrichelte Unterstreichung von station_id kennzeichnet dabei, dass die Werte in dieser Spalte auf die Primärschlüsselwerte einer anderen Tabelle verweisen. Die Spalte station_id in der Tabelle Messwert wird daher auch **Fremdschlüssel** genannt und besitzt den gleichen Datentyp wie der Primärschlüssel, auf den sie verweist.

Den Fremdschlüssel in der richtigen Tabelle ergänzen

Der Primärschlüssel von Messstation wurde als Fremdschlüssel in die Tabelle Messwert eingetragen. Andersherum wäre die Umsetzung der Beziehung auch gar nicht möglich gewesen: Da zu einer Messstation viele Messwerte gehören, müsste man mehrere Messwert-IDs in nur einen Datensatz der Tabelle Messstation eintragen:

Messwert		
id	**temperatur**	**zeitstempel**
134	23.4	2020-07-12 08:00
137	22.7	2020-07-12 08:00
158	21.0	2020-07-12 08:10
...	...	...

Messstation			
id	**ort**	**betreiber**	**messwert_id**
35	Infohausen West	DWD	134
36	Infohausen Ost	DWD	137 | 158
...	...	...	...

Dies ist aber nicht erlaubt, da in Zellen mit Datentyp ZAHL nur eine einzige Zahl stehen darf. Bei 1:n-Beziehungen gilt deshalb allgemein: Der Schlüssel der „1"-Seite wird als Fremdschlüssel auf der „n-Seite" eingefügt.

Existiert im objektorientierten Datenmodell eine 1:n-Beziehung, wird im Tabellenschema der Primärschlüssel von der „1-Seite" der Beziehung in der Tabelle der „n-Seite" als sogenannter **Fremdschlüssel** hinzugefügt:

Messstation(id, ort, betreiber)
Messwert(id, temperatur, zeitstempel, **station_id**)

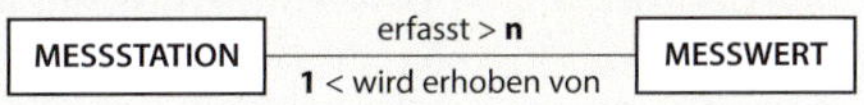

Im relationalen Tabellenschema werden Fremdschlüsselspalten durch eine gestrichelte Unterstreichung gekennzeichnet.

Aufgaben

1 Soziales Netzwerk

Auf der Online-Plattform *Facepalm* kann man eigene Fotos veröffentlichen. Dafür muss man sich zunächst auf der Plattform mit seinem Namen, einer gültigen E-Mail-Adresse und seinem Geburtsdatum registrieren. Beim Login werden die Nutzerinnen und Nutzer dann über ihre E-Mail-Adresse identifiziert. Veröffentlichte Fotos besitzen einen eindeutigen Dateinamen, einen Titel sowie eine kurze Bildunterschrift und können von anderen kommentiert werden. Neben dem Kommentartext wird dabei auch ein Zeitstempel gespeichert, um die Kommentare in chronologischer Reihenfolge anzeigen zu können. Alle diese Informationen sollen in einer Datenbank verwaltet werden.

a Zeichne das Klassendiagramm für ein objektorientiertes Datenmodell, welches die oben genannten Anforderungen erfüllt.

b Erstelle ein passendes relationales Tabellenschema und kennzeichne Primär- und Fremdschlüssel entsprechend.

c Skizziere einen Tabellenausschnitt ähnlich zur Abbildung S. 21 oben für folgendes Beispielszenario: Ein Nutzer veröffentlicht ein Foto auf der Online-Plattform, welches daraufhin von zwei anderen Nutzerinnen kommentiert wird.

d Für Schnelle: Formuliere eine SQL-Abfrage, mittels welcher alle Kommentare (Kommentartexte) für das in c) verwendete Foto zusammen mit den Namen ihrer Autorinnen in chronologisch aufsteigender Reihenfolge ausgegeben werden können.

2 Webshop

Neben dem Abwickeln von Bestellungen sollte ein guter Webshop auch ein Kontaktmanagement bieten, das es Kundinnen und Kunden erlaubt, Nachrichten mit Beschwerden oder Rückfragen zu verfassen. Dazu wird eilig eine Tabellenstruktur angelegt, ohne vorher die Datenbankexpertin der Firma um Rat zu fragen:

Nachricht (id, datum, betreff, inhalt)

Kunde (kundennummer, name, e-mail, nachricht_id)

In der Erprobungsphase kommt es jedoch wiederholt zu Problemen: Schickt ein Kunde zwei Nachrichten, so erscheint danach nur die zweite Nachricht in seinem Kundenkonto, obwohl die Tabelle Nachricht beide Nachrichten enthält.

a Erkläre, wie es zu diesem Problem kommt.

b Als die Datenbankexpertin von den Problemen hört, behauptet sie, dass diese bei einer sauberen Modellierung nicht aufgetreten wären. Zeichne selbst ein Klassendiagramm für die Klassen NACHRICHT und KUNDE mit einer geeigneten Beziehung.

c Wandle das Klassendiagramm aus b) in ein Tabellenschema um und vergleiche es mit dem oben gezeigten Tabellenschema.

3 1:n-Beziehungen umsetzen

a Erkläre an einem selbst gewählten Beispiel, wie man eine 1:n-Beziehung in einer Datenbank umsetzt.

b Begründe knapp, warum Fremdschlüsselspalte(n) und zugehörige Primärschlüsselspalte(n) im Datentyp übereinstimmen müssen.

4 Atomare Werte

In der Sprechblase auf S. 21 steht „In Datenbanken werden Werte atomar gespeichert, …“.

a Nenne (gern auch mit einer kurzen Recherche) die Wortbedeutung von „atomar“. In welchen Wissenschaften wird diese Wortbedeutung auch verwendet? Nenne ein Beispiel und erkläre daran den Zusammenhang zur Wortbedeutung.

b Ist der Wert „Anna Sophie“ in einer Spalte „vorname“ ein atomarer Eintrag? Diskutiere zwei Sichtweisen.

c Bei Online-Registrierungen gibt es manchmal ein Eingabefeld für Straße und Hausnummer, manchmal zwei getrennte. Offensichtlich gibt es hier unterschiedliche Vorstellungen von „atomar“. Nenne jeweils einen Anwendungsfall, der die unterschiedliche Sicht begründet.

5 Abteilungsleitungen und ihre Stellvertretung

Im Klassendiagramm ist die Beziehung zwischen den Klassen ABTEILUNG und LEITUNG modelliert (vgl. S. 18, Aufgabe 3).

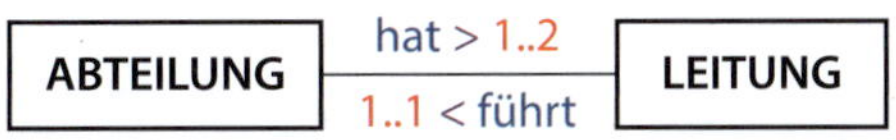

a Begründe knapp, dass es sich um eine 1:n-Beziehung handelt.

b Überführe die beiden Klassen in Tabellen mit selbst erfundenen Datensätzen. Mindestens zwei Abteilungen müssen enthalten sein. Pro Klasse kannst du dich auf zwei wesentliche Attribute beschränken.

c Kennzeichne über Farbe (Linien, Markierung) die Beziehung der Datensätze.

d Die Kardinalitäten im Klassendiagramm sind in der min..max-Notation angegeben. Erkläre knapp anhand deiner bisherigen Ergebnisse, welche Konsequenzen sich daraus für die Datensätze ergeben.

e Für Schnelle: In Datenbanksystemen ist es nicht ohne Weiteres möglich, eine Obergrenze von (verknüpften) Datensätzen festzulegen. Die Obergrenze kann aber mittels einer Methode im Frontend zur Datenbank gesichert werden.

i Gib die SQL-Abfrage an, die für die Abteilung „Kundenservice“ (mit der ID 12, falls du als Primärschlüssel eine ID verwendest) die Anzahl der bisher eingetragenen Abteilungsleitungen ausgibt.

ii Nenne die Kontrollstruktur, die in der Methode verwendet werden muss, um mehr als zwei Einträge zu verhindern. Notiere in deiner Programmiersprache die erste Zeile dieser Kontrollstruktur für das Eintragen einer neuen Abteilungsleitung.

6 Die 1:1-Beziehung

Personalabteilungen in größeren Unternehmen nutzen meist eine Datenbank für die Personalakten ihrer Mitarbeiterinnen und Mitarbeiter.

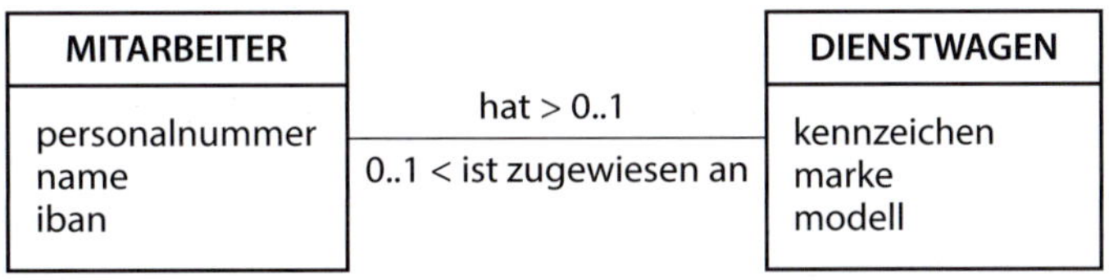

Erhalten diese einen Dienstwagen für regelmäßige Kundenbesuche, so wird auch dies dort verwaltet. Insgesamt ergibt sich das abgebildete Klassendiagramm.

a Die hier vorliegende Beziehung kann als 1:1-Beziehung klassifiziert werden. Diese lassen sich auf ähnliche Weise im relationalen Tabellenschema umsetzen wie 1:n-Beziehungen. Bei der Wahl des Fremdschlüssels gibt es jedoch eine Besonderheit. Formuliere eine allgemeine Regel für die Umsetzung von 1:1-Beziehungen im Tabellenschema und erkläre sie beispielhaft anhand der Klassen MITARBEITER und DIENSTWAGEN.

b Im Unterschied zu anderen Beziehungstypen ist es bei 1:1-Beziehungen auch möglich, die Attribute aus beiden beteiligten Klassen in einer gemeinsamen Tabelle zusammenzufassen. Zeichne ein entsprechendes Tabellenschema mit nur einer Tabelle für die Klassen MITARBEITER und DIENSTWAGEN und überlege dir einen geeigneten Primärschlüssel.

c Erörtere jeweils, ob die Umsetzungsvariante aus a) oder b) besser geeignet ist, falls:
- i in der Firma nur wenige Beschäftigte einen Dienstwagen haben.
- ii die meisten Mitarbeiterinnen und Mitarbeiter einen Dienstwagen haben.

7 Flugverspätungen

Das amerikanische *Department of Transportation* erhebt bereits seit 1987 Daten zu mittlerweile über 100 Millionen Flügen, wobei jeweils festgehalten wird, ob ein Flug verspätet war oder ausgefallen ist. Um die erhobenen Daten zu speichern, kann eine Datenbank nach folgendem objektorientierten Modell verwendet werden:

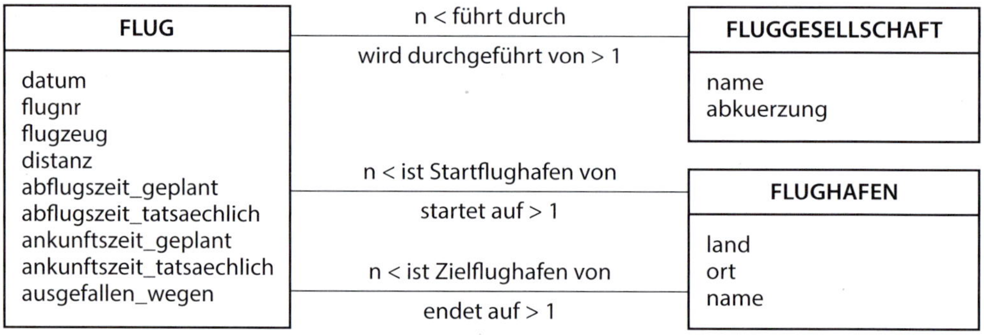

a Flughäfen können durch die Angabe von Land, Ort und Name eindeutig identifiziert werden. Erläutere, weshalb es in diesem Fall dennoch sinnvoller ist, für die Tabelle Flughafen einen künstlichen Primärschlüssel zu verwenden.

b Erstelle ein relationales Tabellenschema (ohne Datentypen) basierend auf dem abgebildeten Klassendiagramm. Analysiere anschließend den Aufbau der Datenbank Flugverspaetungen am Computer und vergleiche deren Struktur mit deinem Tabellenschema.

c Soll in einer SQL-Abfrage eine Tabelle mehrmals genutzt werden, z. B. als Teil verschiedener Verbund-Bedingungen, so müssen der Tabelle mittels des Schlüsselwortes AS verschiedene Platzhalternamen zugewiesen werden, z. B.:

```
FROM Flughafen AS start, Flughafen AS ziel
```

Formuliere auf diese Weise eine SQL-Abfrage, welche eine alphabetisch aufsteigend sortierte Liste aller Städte erzeugt (ohne doppelte Einträge), die laut Datenbank von Flughäfen in „Washington, DC" aus angeflogen wurden.

d Mittels einer Datenbankabfrage sollen die Namen aller Fluggesellschaften ermittelt werden, die Flüge von Deutschland in die USA durchgeführt haben. Formuliere die passende SQL-Abfrage und erkläre, weshalb hierfür insgesamt drei Verbund-Bedingungen benötigt werden.

8 Ladestationen für Elektroautos

Die Zahl der Elektroautos auf deutschen Straßen wächst stetig. Um diese laden zu können, werden immer mehr Ladestationen errichtet. Eine öffentliche Ladestation kann dabei aus mehreren Ladesäulen bestehen. Da aber je nach Fahrzeugmodell verschiedene Steckertypen und Ladeverfahren zum Einsatz kommen, verfügen viele Ladesäulen über mehrere Ladesteckdosen. Auf diese Weise können an einer Ladesäule auch mehrere Fahrzeuge gleichzeitig geladen werden. Damit Verkehrsteilnehmer leicht eine für sie geeignete Lademöglichkeit finden können, müssen die Lademöglichkeiten in einer zentralen Datenbank gesammelt werden.

a Zeichne das Klassendiagramm für das beschriebene Szenario. Überlege dir dabei auch sinnvolle Attribute für die beteiligten Klassen.

b Erstelle ein relationales Tabellenschema basierend auf Teilaufgabe a).

c Die Bundesnetzagentur veröffentlicht regelmäßig Daten zu Lademöglichkeiten für Elektrofahrzeuge. Analysiere die Struktur der Datenbank Ladepunkte, schreibe dir das zugrunde liegende relationale Tabellenschema auf und vergleiche es mit deiner Lösung aus b). Versuche festgestellte Unterschiede zu erklären.

d Die Elektroautofahrerin Wilma Strom muss auf ihrer Fahrt in den Urlaub einen Ladestopp in Nürnberg einplanen. Da sie dort nicht unnötig lange warten möchte, sucht sie nach Ladesäulen vom Typ „Schnellladeeinrichtung". Formuliere eine SQL-Abfrage, welche eine Liste aller geeigneten Ladesäulen in Nürnberg ausgibt. Die Ergebnistabelle soll alphabetisch aufsteigend nach den Straßennamen sortiert sein.

e Da Wilma eine Ladesteckdose der Bauart „AC Steckdose Typ 2" benötigt, sollen statt der Ladesäulen Standorte mit passenden Steckdosen angezeigt werden. Passe deine Abfrage aus d) entsprechend an, sodass die Ergebnistabelle die Spalten „Betreiber", „Adresse" und „Anzahl geeigneter Steckdosen" enthält.

f Für Schnelle: Formuliere eine SQL-Abfrage, welche die elektrische Energie (in kWh) ermittelt, die benötigt würde, wenn an allen in der Datenbank verzeichneten Ladesteckdosen in München ein Jahr lang jeweils 5 Stunden pro Tag mit der verfügbaren Maximalleistung geladen würde. Vergleiche das Ergebnis mit dem durchschnittlichen Stromverbrauch von Privathaushalten (Internetrecherche).

9 Forschungsauftrag: Datenbanken überall

Öffne in deiner App für SMS einen Gesprächsverlauf – und schon hast du eine komplexe Datenbankabfrage durchgeführt. Einfach so.

a Nenne Objekte, die du im Screenshot rechts siehst.

b Zeichne ein Klassendiagramm passend zu a).
Hinweis: In der App gibt es keine Möglichkeit, Gruppen zu erstellen, der Versand erfolgt immer an eine Person.

c Notiere ein Tabellenschema zum Klassendiagramm aus b), nachdem du dir geeignete Primärschlüssel überlegt hast.

d Formuliere die SQL-Abfrage, mit der man den Gesprächsverlauf in dem Screenshot anzeigen kann.

e Erstellt (ggf. in Absprache mit eurer Lehrkraft) in einer kleinen Gruppe eine entsprechende Datenbank. Füllt die Datenbank mit einigen Gesprächsverläufen. Verwendet als Nutzernamen keine Personen der Klasse bzw. der Schule! Da es sich um fiktive Gespräche handelt, sollen auch die Personen fiktiv sein.

f Erstellt eine Aufgabe zum Üben von SQL-Abfragen auf der Datenbank aus e) für eure Klassenkameraden.

1.5 Die n : m-Beziehung umsetzen: Beziehungstabellen

Jochen, Lena und Elin haben in der letzten Informatikstunde gut verstanden, dass zum Umsetzen einer Beziehung ein Fremdschlüssel ergänzt werden muss. Sie üben das Vorgehen mit den Tabellen Film und Schauspieler, kommen aber zu unterschiedlichen Ergebnissen.

Film		
id	**titel**	**laufzeit**
1	Dieses bescheuerte Herz	106
2	Fack ju Göhte	
…	…	
22	SMS für Dich	
…	…	

Schauspieler		
id	**name**	**vorname**
101	Herfurth	Karoline
102	M'Barek	Elyas
103	Riemann	Katja
…	…	…

a Jochen ergänzt die Film-ID in der Tabelle Schauspieler. Bei seinem anschließenden Versuch, über eine Abfrage alle Schauspieler des Films „Fack ju Göhte" aufzulisten, der die Film-ID 2 hat, stößt Jochen allerdings auf ein Problem. Beschreibe das Ergebnis der abgebildeten Abfrage.

```
SELECT name, vorname
FROM   SchauspielerNeu
WHERE  film_id = 2
```

SchauspielerNeu			
id	**name**	**vorname**	**film_id**
101	Herfurth	Karoline	2 | 22
102	M'Barek	Elyas	1 | 2
103	Riemann	Katja	2 | 22

Jochens Vorschlag

b Erkläre, warum die Spalte film_id den Datentyp ZAHL haben sollte. Begründe, warum ein Eintrag mit zwei Zahlen dann nicht möglich ist.

c Lenas Lösungsansatz, die Schauspieler-ID in der Tabelle Film zu ergänzen, führt auch nicht zum Ziel. Begründe anhand eines Datensatzes.

d Elin hat Schauspieler_zu_Film als zusätzliche, dritte Tabelle erstellt und dort die Primärschlüsselwerte aus den Tabellen Schauspieler und Film eingetragen. Bewerte ihren Lösungsansatz. Formuliere eine SQL-Abfrage zur Bestimmung aller Schauspieler des Films „Fack ju Göhte".

Schauspieler_zu_Film	
schauspieler_id	**film_id**
101	2
101	22
102	1
102	2
…	…

Wohin mit dem Fremdschlüssel?
In sozialen Netzwerken und bei Messengerdiensten sind Nutzer in Gruppen organisiert:

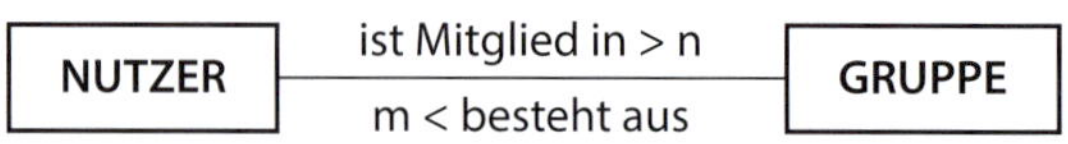

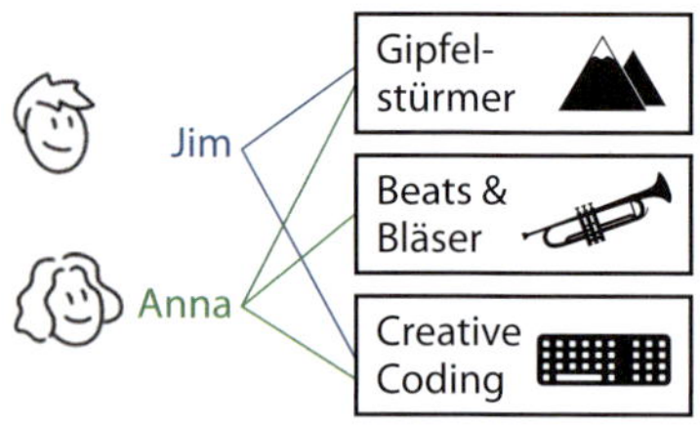

Die Information über die n : m-Beziehung muss in der Datenbank gespeichert werden. Das Verfahren, den Primärschlüssel Gruppen-ID bzw. Telefonnummer als Fremdschlüssel aufzunehmen, schlägt auf beiden Seiten der Beziehung fehl:

→ L1

Nutzer			
vorname	**name**	**telefon_nr**	**gruppen_id**
Jim	Panse	+4917622334	1 | 42
Anna	Nass	+4915976543	1 | 2 | 42

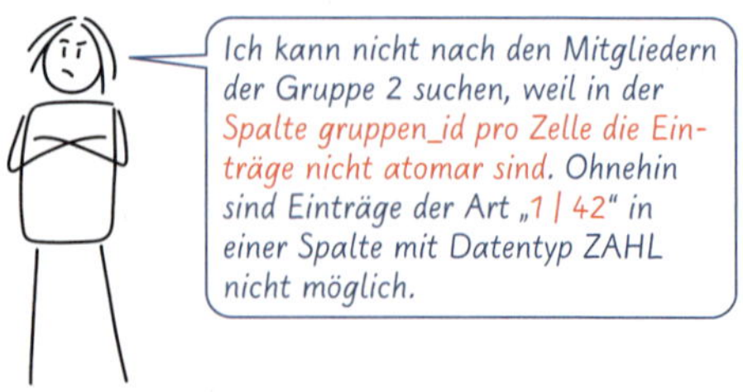

Gruppe			
id	**name**	**gegründet**	**telefon_nr**
1	Gipfelstürmer	2015-09-22	+4917622334
1	Gipfelstürmer	2015-09-22	+4915976543
2	Beats & Bläser	2020-06-10	+4915976543
	…		
42	Creative Coding	2021-04-15	+4917622334
42	Creative Coding	2021-04-15	+4915976543

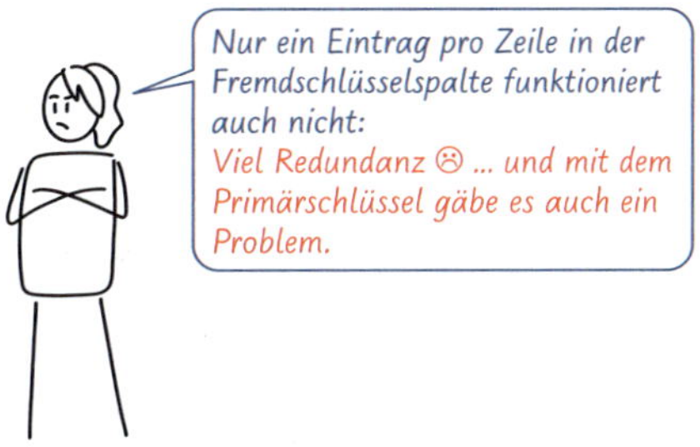

Umsetzung mit einer Beziehungstabelle
Um die Verbindungen zwischen den Nutzern und der Gruppe speichern zu können, benötigt man eine zusätzliche Tabelle, **Beziehungstabelle** genannt: In jeder Zeile der neuen Tabelle Nutzer_zu_Gruppe wird ein Nutzer einer Gruppe zugeordnet und umgekehrt.

Nutzer		
vorname	**name**	**telefon_nr**
Jim	Panse	+4917622334
Anna	Nass	+4915976543

Nutzer_zu_Gruppe	
telefon_nr	**gruppen_id**
+4917622334	1
+4917622334	42
+4915976543	1
+4915976543	2
+4915976543	42

Gruppe		
id	**name**	**gegründet**
1	Gipfelstürmer	2015-09-22
2	Beats & Bläser	2020-06-10
	…	
42	Creative Coding	2021-04-15

In der Beziehungstabelle sind immer die Primärschlüsselwerte der in Beziehung stehenden Datensätze gespeichert. Da die Paare aus telefon_nr und gruppen_id eindeutig sind, verwendet man sie gemeinsam als Primärschlüssel für die Beziehungstabelle.

Nutzer(vorname, name, telefon_nr) **Nutzer_zu_Gruppe**(telefon_nr, gruppen_id) **Gruppe**(id, name, gegründet)

Abfragen bei einer n:m-Beziehung
In welchen Gruppen ist Jim Panse Mitglied? Um eine Antwort zu erhalten, müssen drei Tabellen korrekt verknüpft werden. Wie bei einer 1:n-Beziehung sind in Abfragen Verbund-Bedingungen nötig, die für Gleichheit von Primär- und Fremdschlüsselwerten sorgen. Bei drei Tabellen sind dies zwei Verbund-Bedingungen:

```
SELECT Nutzer.name, Gruppe.name
FROM   Nutzer, Nutzer_zu_Gruppe, Gruppe
WHERE  Nutzer.name = "Panse"
       AND vorname = "Jim"
       AND Nutzer.telefon_nr = Nutzer_zu_Gruppe.telefon_nr
       AND gruppen_id = id
```

Verbund- Bedingung zu den Tabellen Nutzer und Nutzer_zu_Gruppe

Verbund-Bedingung zwischen den Tabellen Nutzer_zu_Gruppe und Gruppe

Eine n:m-Beziehung wird in einer Datenbank über eine zusätzliche **Beziehungstabelle** umgesetzt. Diese Tabelle enthält die Primärschlüssel der zueinander in Beziehung stehenden Tabellen als Fremdschlüssel. Der Primärschlüssel der Beziehungstabelle setzt sich zusammen aus den beiden Fremdschlüsseln.
Abfragen bei n:m-Beziehungen müssen drei Tabellen verknüpfen. Dazu sind zwei Verbund-Bedingungen nötig.

Weitere Informationen speichern

Sollte es im vorigen Beispiel von Interesse sein, seit wann ein Nutzer Mitglied in einer Gruppe ist, bedarf es in der Modellierung einer neuen Klasse zum Verwalten des Attributs seit. Die ursprüngliche n : m-Beziehung teilt sich dadurch in zwei 1 : n-Beziehungen auf:

Im Tabellenschema und bei den Datensätzen ändert sich dagegen wenig: Die ursprüngliche Beziehungstabelle erhält die zusätzliche Spalte seit vom Typ DATUM und wird passend zum Klassennamen in MITGLIEDSCHAFT umbenannt.

Mitgliedschaft(telefon_nr: ZEICHENKETTE, seit: DATUM, gruppen_id: ZAHL)

Nutzer

vorname	name	telefon_nr
Jim	Panse	+4917622334
Anna	Nass	+4915976543

Mitgliedschaft

telefon_nr	seit	gruppen_id
+4917622334	2020-06-10	1
+4917622334	2021-04-16	42
+4915976543	2020-06-12	1
+4915976543	2021-09-21	2
+4915976543	2021-04-15	42

Gruppe

id	name	gegründet
1	Gipfelstürmer	2020-06-10
2	Beats & Bläser	2015-09-22
	...	
42	Creative Coding	2021-04-15

Aufgaben

1 „Here comes the sun"

Viele Musiker spielen nicht nur in einer Band, sondern wirken bzw. wirkten in verschiedenen Formationen mit: Skizziere geeignete Tabellen, in die du die Informationen der beiden Musiknerds einträgst.

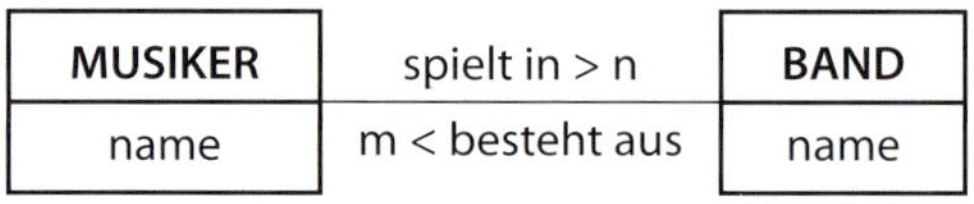

2 Rad- und Wanderwege

In der Datenbank Bayern sind neben Angaben zu allen bayerischen Gemeinden auch die offiziellen Rad- und Wanderwege im Freistaat verzeichnet.

a Formuliere beide Richtungen der Beziehung zwischen Objekten der Klassen GEMEINDE und WANDERWEG in ganzen Sätzen.

b Ermittle mit einer SQL-Abfrage die Namen aller Gemeinden, durch die man auf dem „Philosophenweg" wandern kann.

c Apps zur Routenplanung von Radtouren benötigen die Information, in welchen Gemeinden der Weg beginnt und endet. Dies ist in der Datenbank noch nicht enthalten. Zeichne das Klassendiagramm mit den Klassen GEMEINDE und RADWEG mit allen Beziehungen zwischen den beiden Klassen. Entwickle daraus das relationale Tabellenschema zur Erweiterung der Datenbank.

d Für Schnelle: Familie Kowalski aus Berlin plant eine Radtour durch Bayern und möchte dabei das Schloss Neuschwanstein (Gemeinde Schwangau), den Kurort Bad Tölz und den Königssee (Gemeinde Berchtesgaden) besuchen. Formuliere eine geeignete SQL-Abfrage, um herauszufinden, ob es einen geeigneten Radweg gibt, der alle diese Orte erreicht.

3 Gruppen bei Messengerdiensten

Setze die n:m-Beziehung zwischen Nutzer und Gruppe (siehe Klassendiagramm S.26) in einem Datenbanksystem um. Führe dazu folgende Schritte bei der gegebenen Datenbank MessengerVersion1 durch:

a Erstelle eine Tabelle Nutzer_zu_Gruppe. Achte auf die korrekte Festlegung von Datentypen, Primärschlüssel und Fremdschlüsseln.

b Füge in die Tabelle Nutzer_zu_Gruppe die fünf Datensätze aus dem Lehrtext ein und teste, indem du dir alle Datensätze der Tabelle anzeigen lässt.

c Zeige über eine SQL-Abfrage alle Gruppennamen an, in denen Anna Nass Mitglied ist. Vergleiche dein Ergebnis mit der Abbildung im Lehrtext.

d Versuche den Datensatz (+491598765432101, 5) in die Tabelle Nutzer_zu_Gruppe einzufügen. Notiere die Fehlermeldung und erkläre die Ursache.

Erstelle SQL-Anweisungen und teste mit der Datenbank MessengerVersion2.

e Erstelle eine Mitgliederliste inkl. Telefonnummern der Gruppe „Creative Coding".

***f** Erstelle eine aufsteigend nach Mitgliederzahl sortierte Liste der Gruppen.

***g** Es gibt Gruppen ohne Mitglieder. Nenne die Gruppen und erkläre, wie dies zustande kommen kann.

4 Projekttage

Bei den diesjährigen Projekttagen gibt es wieder ein mannigfaltiges Angebot: An jedem der drei Tage gibt es viele Workshops, keiner wird doppelt angeboten. Um einen reibungslosen Ablauf zu gewährleisten, muss man sich allerdings vorab eintragen. Die SMV hat dafür eine Datenbank erstellt. Aus den Abbildungen ist ersichtlich, wie die Daten aus den beiden gegebenen Tabellen zusammenhängen.

Schueler

id	name
1	Ronny
2	Johannes
3	Sebastian
4	Tina
5	Ada
...	...

Workshop

id	name	tag
1	Spontan-Tanz	Mo
2	Schafkopfturnier	Di
3	Easy Cooking	Mi
4	3D-Druck	Mi
...	...	

a Beschreibe die Beziehung zwischen Schülern und Workshops durch ein Klassendiagramm (ohne Attribute).

b Notiere eine Beziehungstabelle, welche die Information in den Tabellen und den Bildern korrekt miteinander verknüpft.

c Formuliere eine SQL-Abfrage, die alle Workshops ausgibt, für die sich Johannes eingeschrieben hat.

5 Nachbargemeinden

Für die Gemeinden der Bayern-Datenbank soll festgehalten werden, an welche Nachbargemeinden eine Gemeinde jeweils grenzt. In der Datenbank dient hierzu die Tabelle Nachbargemeinde.

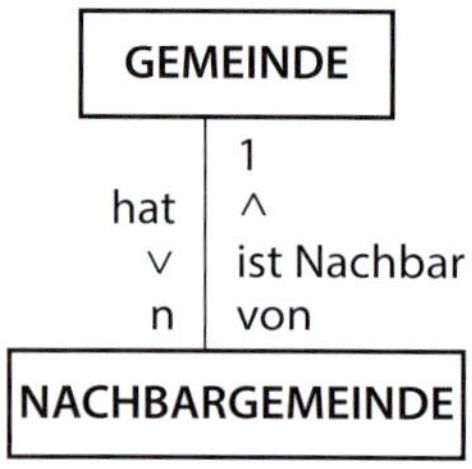

a Sam überlegt sich, welche Art von Beziehung der Datenbank zugrunde liegt. Er meint, dass eine 1:n-Beziehung wie im abgebildeten Klassendiagramm vorliegen müsste. Zeige Sam, dass er falsch liegt, indem du das Klassendiagramm verbesserst.

b Bestimme in der Tabelle Nachbargemeinde die Anzahl der verschiedenen Einträge in der Spalte gemeindeschlüssel_1 und vergleiche den Wert mit der Anzahl der Gemeinden in der Tabelle Gemeinde.

c Formuliere eine SQL-Abfrage, um eine Ergebnistabelle mit den Gemeindenamen und der Anzahl ihrer jeweiligen Nachbargemeinden zu erzeugen, welche absteigend nach der Anzahl der Nachbargemeinden sortiert ist.

d Für Schnelle: Beim Blick in die Tabelle Nachbargemeinde kritisiert Sam „Hier gibt es doppelt so viele Einträge wie eigentlich notwendig wären!". Erkläre am Beispiel zweier benachbarter Gemeinden, was Sam damit meint, und diskutiere, ob er Recht hat.

6 Beziehungen in einer Datenbank umsetzen

Karl fällt das Umsetzen von Beziehungen schwer. Schreibe für seine Fragen eine kurze Erklärung bzw. Anleitung. Oft hilft beim Erklären auch ein Beispiel.

a Was ist ein Fremdschlüssel?

b Wie setzt man eine 1:n-Beziehung um?

c Wie setzt man eine n:m-Beziehung um?

***7 SQL-Island**

Als einziger Überlebender eines Flugzeugabsturzes bist du auf der Insel SQL-Island gestrandet. Kannst du dich retten und von dieser Insel wieder entkommen?

Hinweis: In diesem textbasierten Abenteuerspiel benötigst du die unterschiedlichsten SQL-Befehle. Weite Teile sind deshalb sehr gut zur Wiederholung geeignet. Für „deine Rettung von der Insel" musst du 45 bis 60 Minuten einplanen.

8 Informatik ist überall: Kunstsammlung

Die Verantwortlichen der Kunstsammlung „Museum Moderner Kunst Stiftung Ludwig Wien" verwalten Informationen zu Werken, Künstlern und Ausstellungen in einer Datenbank, die nach folgendem Modell aufgebaut ist:

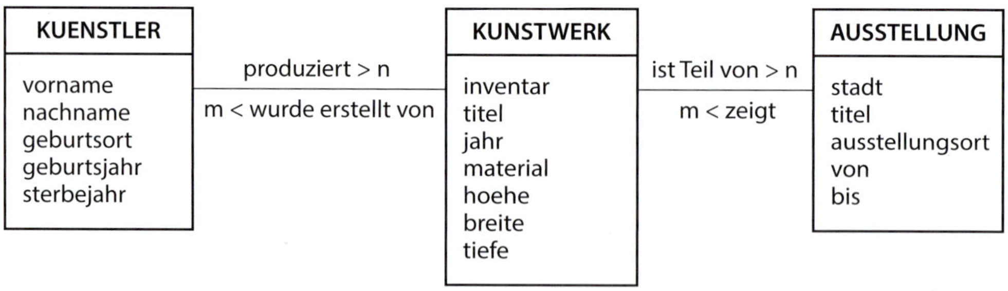

a In einem Brief an die Sammlungsverwaltung schildert ein Kunstbegeisterter, er habe vor vielen Jahren bei einer Ausstellung in Köln ein wunderbares Kunstwerk aus Bronzeguss gesehen und sei seitdem auf der Suche nach weiteren Informationen zu diesem Kunstwerk. Formuliere eine geeignete SQL-Abfrage, um dem Absender des Briefes bei der Identifizierung des beschriebenen Kunstwerks zu helfen.

b Als Teil einer für kommendes Jahr geplanten Ausstellung sollen besonders großformatige Werke noch lebender Künstlerinnen und Künstler gezeigt werden. Erstelle eine SQL-Anweisung, welche die Inventarnummer und den Titel von allen Kunstwerken ermittelt, deren Höhe 5 m übersteigt und an deren Erstellung mindestens ein noch lebender Künstler oder eine noch lebende Künstlerin beteiligt war.

c Formuliere für eine Chronik zum Jahrtausend eine SQL-Abfrage, welche den vollständigen Namen aller Künstler (ohne Duplikate) ausgibt, deren Werke im Jahr 2000 Teil einer Ausstellung waren.

d Erstelle selbst eine Aufgabe und die Lösung dazu. Stellt euch gegenseitig eure Aufgaben vor und vergleicht nach der Bearbeitung die Lösungen.

9 Erfahrungsberichte von Klettertouren

Im Verein → Rotpunkt haben sich Kletterbegeisterte zusammengeschlossen, um gemeinsam Touren zu unternehmen. Nach jeder Tour erstellen die beteiligten Mitglieder gemeinsam einen Erfahrungsbericht und stellen ihre Bewertung des Klettergebiets allen anderen mit Hilfe einer Datenbank zur Verfügung. Die Datenbank enthält für diesen Zweck folgende Tabellen:

Mitglied(<u>id</u>, vorname, nachname, e-mail, eintrittsjahr, status) — *kann aktiv oder passiv sein*
Klettergebiet(<u>id</u>, name, ort, beschreibung)
Ausflug(<u>id</u>, gebiet_id, datum, erfahrungsbericht, bewertung)
Teilnehmer(<u>ausflug_id</u>, <u>mitglied_id</u>)

→ Rotpunkt ist ein Begehungsstil beim Klettern: Das Meistern einer dem Kletterer bekannten Route im Vorstieg, bei dem das Sicherungsseil nicht belastet werden darf.

a Im Tabellenschema sind die Fremdschlüssel nicht gekennzeichnet. Bestimme und benenne alle Fremdschlüssel und den zugehörigen Primärschlüssel.

b Gesucht werden alle Kletterer, die dieses Jahr schon im Klettergebiet „Weißenstein" aktiv waren. Formuliere eine entsprechende SQL-Anweisung.

c Jedes Jahr werden unter den aktiven Mitgliedern diejenigen mit der langjährigsten Mitgliedschaft geehrt. Notiere den SQL-Befehl, der die Jahreszahl liefert, für die man ausgezeichnet wird.

d Für die Bewertung von Ausflügen ist lange die Skala sehr gut – gut – durchschnittlich – akzeptabel – wenig empfehlenswert – schlecht (Datentyp ZEICHENKETTE) verwendet worden. Nun wurde dieses System durch Schulnoten (1–6, Datentyp ZAHL) ersetzt. Erläutere, welche zusätzlichen Möglichkeiten sich durch das neue System ergeben und begründe kurz, weshalb dies vorher nicht möglich war.

10 Forschungsauftrag: Datensätze über SQL-Anweisungen einfügen

a Das Einfügen vieler Datensätzen über eine Benutzeroberfläche ist meist umständlich. Recherchiere zur SQL-Anweisung INSERT INTO.
  - i Formuliere den SQL-Befehl, mit dem Sandra Schneider (ImmerNachOben@beispiel.de) als neues, aktives Mitglied in der Datenbank des Vereins Rotpunkt (s. Aufgabe 9) hinzugefügt werden kann.
  - ii Teste die INSERT INTO-Anweisung in einer Datenbank, bei der du Schreibrechte hast.

b Bei SQL-Anweisungen muss Text immer durch Hochkommas begrenzt werden, damit man auch Leerzeichen, z. B. " " eingeben kann. Was aber, wenn die Zeichenkette selbst ein Hochkomma enthält, beispielsweise *Wie geht's?*.
Recherchiere eine Lösung für eine entsprechende INSERT-Anweisung.

1.6 Anomalie und Inkonsistenz vermeiden: Datenbankdesign

Zahlreiche Informationen zu olympischen Winterspielen sind in der folgenden Tabelle enthalten:
Olympia(jahr, sportart, disziplin, nachname, vorname, geschlecht, platzierung, herkunftsland, austragungsort)

a Die deutsche Skifahrerin Maria Höfl-Riesch ging vor ihrer Heirat mit dem Namen Riesch an den Start. Die Tabelle soll aber immer die aktuellen Namen der Athletinnen und Athleten enthalten. Zwei Zeilen in der Tabelle erfüllen diese Anforderung nicht. Finde diese mit einer passenden SQL-Abfrage heraus und notiere dir die Jahreszahlen aus der Ergebnistabelle.

b Bei vielen olympischen Spielen werden neue Disziplinen eingeführt. Erkläre, warum es vor der Austragung der Spiele nicht möglich ist, eine neue Disziplin in die Tabelle Olympia einzutragen.

c Überlege, wie das Tabellenschema verändert werden könnte, damit das Problem aus b) nicht entsteht.

Schlechtes Design führt zu Problemen

Der Wahlkurs Homepage am John-von-Neumann-Gymnasium programmiert eine Anmeldung für ein Projekt, bei dem gute Schülerinnen und Schüler Nachhilfe für Schwächere geben können. Das Projekt existierte bereits ohne eine Onlineanmeldung. Bisher sind die Daten per Hand in ein Rechenblatt eingetragen worden. Die Struktur des Rechenblatts wird als Basis für den Datenbankentwurf verwendet: Nachhilfe(schueler_name, schueler_tel, lehrkraft_name, lehrkraft_tel, fach)

schueler_name	schueler_tel	lehrkraft_name	lehrkraft_tel	fach
Erkan Alles	0176315248	Marion Nette	0178569421	Physik
Anna Gramm	0175843828	Marion Nette	084216899769	Latein
Klara Fall	0174562555	Marion Nette	0178569421	Physik
Bernhard Diener	0171817959	Ann Geber	0176443502	Deutsch
…	…			…

Der Kurs fügt Beispielwerte ein, um das Tabellenschema genau zu analysieren, und stellt fest, dass Redundanzen (in der Tabelle rot markiert) auftreten. Das schlechte Design der Datenbank kann zudem zu folgenden negativen Effekten führen:

- **Änderungs-Anomalie**
  Ein Problem kann auftreten, wenn der Wert einer Spalte bei vielen Zeilen verändert werden muss. Marion gibt vielen Personen Nachhilfe. Beim Anmelden hat sie zunächst ihre Festnetznummer angegeben. Um besser mit den Nachhilfeschülern kommunizieren zu können, bittet sie den Wahlkurs, nachträglich den Wert in ihre Handynummer zu ändern. Bei der Änderung ist eine Zeile übersehen worden. Die Daten sind in sich nicht mehr stimmig, sie sind inkonsistent. Die → Konsistenz der Datensätze ist verletzt worden. Da dies beim Ändern passiert ist, handelt es sich um eine Änderungs-Anomalie.

→ Konsistenz: Datensatz, der in sich stimmig ist.

- **Einfüge-Anomalie**
  Der Primärschlüssel in der Tabelle Nachhilfe ist die Kombination aus den Spalten schueler_tel, lehrkraft_tel, fach. Die Schülerin Ann Hänger will sich für die Nachhilfe anmelden. Der Versuch, Ann Hänger in die Tabelle einzutragen, scheitert, da noch kein Wert für die Spalten lehrkraft_tel und fach angegeben werden kann. Diesen Fehler bezeichnet man als Einfüge-Anomalie.

- **Lösch-Anomalie**
  Der Schüler Bernhard Diener hat sich so sehr verbessert, dass er keine Nachhilfe mehr benötigt. Daher werden alle Zeilen, in welchen er vorkommt, aus der Tabelle gelöscht. Bernhard war der einzige Schüler von Ann Geber. Mit dem Löschen von Bernhard werden auch alle Informationen zu Ann (Name, Telefonnummer und Fach) aus der Tabelle gelöscht. Dieses Problem wird als Lösch-Anomalie bezeichnet.

Gutes Design hilft, schützt aber nicht vor allen Problemen

→ 1.3

Um Redundanzen und Anomalien zu vermeiden, modelliert der Wahlkurs das Szenario zunächst objektorientiert. Dabei ergibt sich verkürzt folgendes Klassendiagramm.

Die Übertragung in ein Datenbankschema ergibt folgende Tabellen:
Schueler(schueler_nr, name, tel) Lehrkraft(lehrkraft_nr, name, tel)
Nachhilfe(schueler_nr, lehrkraft_nr, fach)

Aber selbst ein guter Datenbankentwurf schützt nicht vor inkonsistenten Daten. Wird beispielsweise Bernhard Diener aus der Tabelle Schueler gelöscht, so existiert in der Tabelle Nachhilfe ein Fremdschlüsselwert, der ins Leere läuft. Beim Einfügen, Verändern oder Löschen eines Datensatzes muss darauf geachtet werden, dass die Werte eines Fremdschlüssels auch als Werte eines Primärschlüssels vorhanden sind. Bei Nichtbeachtung spricht man davon, dass die → **referenzielle Integrität** verletzt wird.

→ Referenz: Verweis; Integrität: Unversehrtheit

schueler_nr	name	tel
546	Erkan Alles	0176315248
132	Anna Gramm	0175843828
113	Klara Fall	0174562555
~~652~~	~~Bernhard Diener~~	~~0171817959~~
	…	…

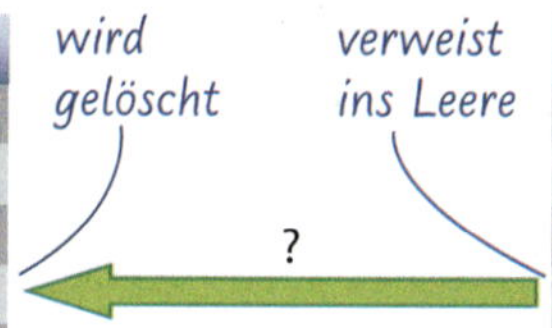

schueler_nr	lehrkraft_nr	fach
546	325	Physik
132	325	Latein
113	325	Physik
652	366	Deutsch
…	…	…

In vielen Datenbankmanagementsystemen gibt es die Möglichkeit, die referenzielle Integrität überwachen zu lassen.
Im Allgemeinen sind Datensätze konsistent, wenn die sogenannten **Integritätsbedingungen** eingehalten werden. Einige dieser Bedingungen werden in Datenbanksystemen üblicherweise automatisch umgesetzt: Die Bereichsintegrität garantiert, dass Werte im passenden Wertebereich liegen. Die Telefonnummer soll hier z. B. nur Ziffern und keine anderen Zeichen (z. B. Querstriche) enthalten. Die Entitätsintegrität meint, dass Primärschlüssel eindeutig sind. Die logische Konsistenz kann dagegen nicht immer vom Datenbankmanagementsystem überprüft werden. Sie umfasst Bedingungen, die selbst festgelegt werden können. Beispielsweise sollte ein Schüler keine Nachhilfe im gleichen Fach bei unterschiedlichen Lehrkräften besuchen.

Beim Arbeiten mit Datenbanken ist darauf zu achten, dass die Datensätze korrekt und stimmig sind. Wird die **Konsistenz** der Datensätze beim Einfügen, Löschen oder Ändern verletzt, spricht man von (Einfüge-/Lösch-/Änderungs-)**Anomalien**. Durch ein korrektes objektorientiertes Datenmodell können diese Anomalien weitgehend verhindert werden. Ein inkonsistenter Datensatz kann auch entstehen, wenn zu einem Fremdschlüsselwert in der einen Tabelle kein Primärschlüsselwert in der anderen Tabelle vorhanden ist (Verletzung der **referenziellen Integrität**). Datensätze sind in der Regel konsistent, wenn alle **Integritätsbedingungen** erfüllt werden.

Aufgaben

1 Qualitätsprüfung von Tabellen

a Analysiere die folgenden Tabellen dahingehend, ob Redundanzen vorhanden sind und ob Anomalien auftreten können. Beschreibe ggf. auch die Art der Anomalie unter Angabe eines konkreten Beispiels.

i Olympia
ii Wettermessung
iii Land
iv Freizeitpark

b Analysiere die Tabellen in a) aus objektorientierter Sicht. Zeichne für zwei der Tabellen ein Klassendiagramm und gib anschließend das Datenbankschema dafür an. Beurteile, ob sich die Anomalien durch eine saubere Modellierung vermeiden lassen.

c Überlege dir ein Tabellenschema, das zu zahlreichen Anomalien führen kann. Stelle das Beispiel der Klasse vor und gib auch, ausgehend von einem objektorientierten Datenmodell, eine verbesserte Version an.

2 IT-Beratung

Ein mittelständisches Unternehmen ist in den letzten Jahren stetig gewachsen. Viele Prozesse und Datenstrukturen sind immer wieder angepasst, aber nicht von Grund auf neu entwickelt worden. Daher kommt es zu Problemen und Fehlern in Arbeitsabläufen. Das Unternehmen beauftragt deshalb eine IT-Beratung. Nimm die Sicht der Beratungsfirma ein:

a Identifiziere Unstimmigkeiten in den Datensätzen der nebenstehenden Tabelle. Stelle eine Vermutung auf, wie es zu den Inkonsistenzen gekommen sein könnte.

name	vorname	abteilung	gehaltsstufe	abteilungsleiter
Auer	Karl	Entwicklung	Gruppe C	Martha Pfahl
Auer	Karl	Personal	Gruppe A	Kai Sehr
Rein	Ina	Werbung	Gruppe C	Ann Geber
Ter	Lee	Marketing	Gruppe A	Ann Meier
Tross	Albert	Marketing	Gruppe B	Ann Geber

b Die ersten Jahre nach Firmengründung konnten alle Mitarbeiter anhand ihres Namens eindeutig unterschieden werden. Irgendwann war das nicht mehr möglich und der Primärschlüssel der Tabelle wurde auf die Spalten name, vorname und abteilung ausgeweitet. Die Unternehmensphilosophie gibt vor, dass ein Mitarbeiter in den ersten drei Monaten alle Abteilungen kennenlernen soll. Dabei wird er keiner Abteilung zugeordnet. Beschreibe das Problem, welches sich dadurch beim Eintragen eines neuen Mitarbeiters in die Tabelle ergibt.

c Der Abteilungsleiter der Personalabteilung kündigt überraschend. Noch hat die Firma keinen Ersatz. Daher werden die Zeilen gelöscht, welche den Namen des Leiters beinhalten. Gib an, welche Informationen zusätzlich, aber ungewollt verloren gehen.

d Analysiere die Mitarbeiter und Abteilungen aus objektorientierter Sicht und zeichne ein Klassendiagramm mit passender Beziehung. Gib anschließend das daraus resultierende Tabellenschema an.

3 Fremdschlüsselbedingungen umsetzen

a Schaut euch zu zweit auf informatikschulbuch.de das Video zum Einfügen von Fremdschlüsselbedingungen für euer verwendetes Datenbankmanagementsystem an. Setzt die Anweisungen mit selbst gewählten Tabellen parallel an einem zweiten PC um. Die Tabellen sollten bereits einige Einträge haben.

b Fügt nun in eine weitere Tabelle eine Fremdschlüsselbedingung ein, ohne das Video zeitgleich laufen zu lassen.

c Beim Einfügen einer Fremdschlüsselbedingung kann angegeben werden, welche Aktion ausgeführt werden soll, wenn ein Fremdschlüsselwert gelöscht oder verändert wird. Nennt die verschiedenen Möglichkeiten, die euer Tool zur Verfügung stellt.

d Testet jede der Möglichkeiten, indem ihr sie einstellt und anschließend einen Fremdschlüsselwert löscht oder ändert.

e Für Schnelle: Findet Beispiele, in welchen die verschiedenen Verhaltensweisen beim Löschen oder Verändern eines Fremdschlüsselwertes sinnvoll sind.

4 Löschung mit Folgen

Die Abbildung zeigt einen Ausschnitt der Tabellen einer Online-Videoplattform. Ein Benutzer kann mehrere Videos erstellen und hochladen.
Die Nutzerin vanLu möchte ihren Account löschen.

Video

titel	kategorie	user_id
DIYS: 10 Upcycling Ideen	Trends	1827
How to play Bach	Musik	123
Walktrough Level 1 Age...	Spiele	1827

Benutzer

id	benutzername	passwort	...
123	wolfi1756	10b43971a8295f3720f38fbcdd9d6ac6	...
1827	vanLu	9ce244cd2524cbc392f3e5aa426491c3	...
...	...	...	...

a Erkläre, warum es beim Löschen des passenden Eintrags aus der Tabelle Benutzer zu inkonsistenten Datensätzen kommt.

b Für das Problem aus a) gibt es drei verschiedene Lösungsansätze:
1) Die → referenzierenden Datensätze werden auch gelöscht.
Hier: alle Videos der Nutzerin entfernen
2) Ein Datensatz, auf den referenziert wird, darf nicht gelöscht werden.
Hier: die Nutzerin kann nicht gelöscht werden
3) Fremdschlüssel in den referenzierenden Datensätzen werden auf NULL gesetzt.
Hier: alle Einträge für user_id in Video, die auf vanLu verweisen, auf NULL setzen

Diskutiert zu zweit, welche der angegebenen Möglichkeiten in diesem Beispiel am sinnvollsten ist.

→ referenzierender Datensatz: Datensatz, der auf einen anderen Datensatz verweist.

c Ein Benutzer hat seinen Account gekündigt. Unter einem Video findet sich danach ein alter Kommentar dieses Nutzers. Erkläre, welcher Ansatz aus b) hier gewählt worden sein könnte.

d Diskutiert am Beispiel eines Online-Shops, welche Vorgehensweise zu empfehlen ist, wenn ein Nutzer sich vom Shop abmeldet. Bezieht die Tabelle Bestellung(id, kunden_nr, status) mit in eure Überlegungen ein.

id	kunden_nr	status
302	44823	offen
441	7482	geliefert
548	3827	offen
...	...	...

nr	vorname	nachname	a	
3827	Thelonious	Parker	Maistraße 10	83412
44823	Charlie	Monk	Sommerweg 2	81369
...	...	...	...	...

5 Forschungsauftrag: Normalformen und Mehrbenutzerbetrieb

→ L1

a Recherchiere die Normalformen in Zusammenhang mit Datenbanken und stelle sie anhand von Beispielen der Klasse vor.

b Finde heraus, was hinter folgenden Begriffen steckt: Transaktion, nonrepeatable read, dirty read, Phantomproblem, lost update.
Überlege anschließend, ob die damit verbundenen Probleme auch im Unterricht bei der Verwendung von Datenbanken auftreten können.

1.7 Verknüpfte Daten analysieren: Chancen und Risiken

Anne Nühm legt großen Wert auf ihre Privatsphäre. Im Internet verwendet sie daher eine E-Mail-Adresse, die keine Rückschlüsse auf ihren Namen erlaubt. Damit registriert sie sich unter anderem bei einem Videoportal, bei dem sie unter einem Pseudonym eigene Videos zum Thema Mode veröffentlicht. Ebenso ist sie Kundin bei verschiedenen Onlineshops, bei denen sie neue Kleidungsstücke für ihre Videos kauft.
In den Nachrichten wird nun von einer neu entdeckten Sicherheitslücke in einer sehr weit verbreiteten Webserver-Software berichtet, die es Unbefugten leicht ermöglicht, vollen Zugriff auf das Datenbanksystem einer Webseite zu erhalten. Kurz darauf klingeln Fans ihrer Videos an ihrer Haustür und bitten um ein Autogramm.

a Formuliere eine Vermutung, wie die Fans an Annes Adresse gelangt sein könnten.
b Beschreibe, wie Anne ihre Privatsphäre besser hätte schützen können.
c Bei vielen Webseiten mit Registrierungsfunktion ist zur Verwaltung der Nutzerdaten in einer Datenbanktabelle die E-Mail-Adresse als Primärschlüssel festgelegt. Erkläre, weshalb E-Mail-Adressen für diesen Zweck besonders geeignet sind.

Neue Informationen durch verknüpfte Datenbestände

Die Stadtwerke Infohausen bieten neben der Versorgung mit Gas, Wasser und Strom auch einen Zugang zum Internet an. Die Abrechnung des Stromverbrauchs erfolgt dabei über sogenannte Smart-Meter, die den Stromverbrauch sekundengenau erfassen und die Messwerte automatisch an die Stadtwerke weiterleiten.

Für den Kunden Franz Ohse ergibt sich das folgende Stromverbrauchsprofil:

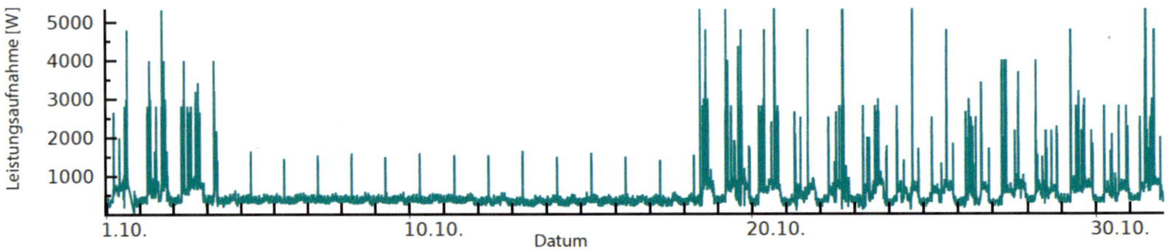

Zunächst kann hier nur vermutet werden, dass Herr Ohse wohl ab dem 4. Oktober für etwa zwei Wochen nicht zu Hause war. Die von den Stadtwerken ebenfalls aufgezeichneten Internetverkehrsdaten (siehe Tabelle unten) lassen wiederum für sich nur den Schluss zu, dass sich Herr Ohse allgemein für Tauchen und mutmaßlich eine Last-Minute-Reise nach Marseille interessiert. Erst die Verknüpfung dieser Daten lässt es naheliegend erscheinen, dass Franz Ohse zwischen dem 4. und 18. Oktober zum Tauchen nach Marseille gereist ist.

datum	uhrzeit	kontaktierter_Server
...	...	...
01. Oktober	13:05:24	www.lastminute.infohausen.de
01. Oktober	14:23:44	www.marseille.example.com
02. Oktober	14:37:12	www.tauchshop.infohausen.de
...	...	...

Gemeinsame Schlüssel ermöglichen die Verknüpfung

→ 1.2

Durch die Verknüpfung von Datenbeständen aus verschiedenen Quellen können oft neue Erkenntnisse gewonnen werden. Dabei werden häufig auch Daten miteinander verknüpft, bei denen dies zunächst gar nicht vorgesehen war. Damit eine Verknüpfung möglich ist, muss ein

Schlüssel (oder ein anderes, ebenso eindeutiges Merkmal) in beiden Datenbanken vorkommen. Ist dies der Fall, können mit wenig zusätzlichem Aufwand Abfragen mit einer entsprechenden Verknüpfungsbedingung formuliert werden. Oft erfolgt dabei die Verknüpfung über natürliche Schlüssel wie E-Mail-Adressen.

e_mail	zeitstempel	breitengrad	laengengrad
post@inf...	2020-12-12 23:42:13	48.1...	11.6...
mail@web...	2020-12-12 23:25:54	48.2...	11.5...
...	...	...	...

e_mail	zeitstempel	suchbegriff
post@inf...	2020-12-12 23:41:09	Dermatologe...
max@inter...	2020-12-12 23:55:16	Fast Food R...
...	...	...

Chancen & Risiken

Viele Wissenschaftler wie z. B. Historiker wissen den Mehrwert von verknüpften Datenbeständen zu schätzen. Oft ergibt sich erst durch die Verknüpfung von Informationen aus vielen alten Dokumenten ein aussagekräftiges Gesamtbild über ein geschichtliches Ereignis. Sind die historischen Daten bereits in Datenbanken digitalisiert, erleichtert dies die Arbeit sehr. Das Beispiel der Stadtwerke Infohausen zeigt aber auch, dass insbesondere die Verknüpfung von personenbezogenen Daten aus Gründen des Datenschutzes problematisch sein kann. Durch eine Verknüpfung der vorhandenen Daten können gegebenenfalls voll automatisiert Persönlichkeitsprofile ohne das Wissen oder die Zustimmung der Betroffenen erzeugt werden. Für die Vermittlung von personalisierter Werbung sind genau solche Persönlichkeitsprofile sehr wertvoll, aber auch Krankenversicherungen könnten beispielsweise ihre Beiträge erhöhen, wenn das Persönlichkeitsprofil einer versicherten Person auf einen ungesunden Lebensstil schließen lässt.

Effektive Verbrechensbekämpfung oder Überwachungsstaat?

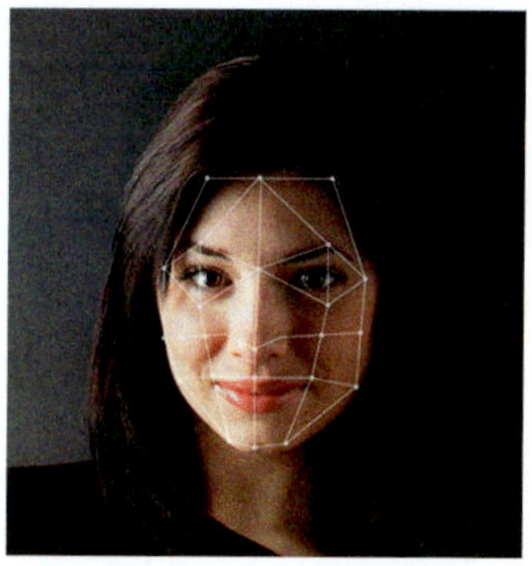

Auch die Analyse verknüpfter Datenbestände durch staatliche Stellen wird immer wieder kontrovers diskutiert. Ein Beispiel ist die Videoüberwachung öffentlicher Plätze im Zusammenspiel mit Gesichtserkennungssystemen. Befürworter dieser Systeme argumentieren oft, dass durch einen Abgleich der Videobilder mit Fahndungsfotos der Aufenthaltsort von gesuchten Personen direkt an die Polizei gemeldet werden könne. Gegner derartiger Auswertungen kritisieren hingegen, dass auf diese Weise leicht unschuldige Bürgerinnen und Bürger ins Visier staatlicher Überwachung geraten könnten, wenn ein System fälschlicherweise eine Übereinstimmung mit einem Fahndungsfoto meldet. Auch könnte man die Videoaufnahmen mit einer staatlichen Passfotodatenbank abgleichen und so die Bewegungen jedes Bürgers verfolgen. Weiterhin könnte man die Teilnehmer einer Demonstration leicht identifizieren ... es gibt Länder, in denen öffentliche Kritik an der Regierung zu → Repressionen führen kann.

→ Repression: gewaltsame Unterdrückung von Kritik

Daten aus eigentlich unabhängigen Datenbeständen können über Schlüssel wie z. B. Telefonnummern und E-Mail-Adressen miteinander verknüpft werden. Bei personenbezogenen Daten besteht dabei die Gefahr, dass aus einzelnen Informationsfragmenten umfangreiche Persönlichkeitsprofile erstellt werden können.

Aufgaben

1 Datenspuren bei der Polizeiarbeit

Bei der Polizeiarbeit spielt die Suche nach verdächtigen oder vermissten Personen eine wichtige Rolle.

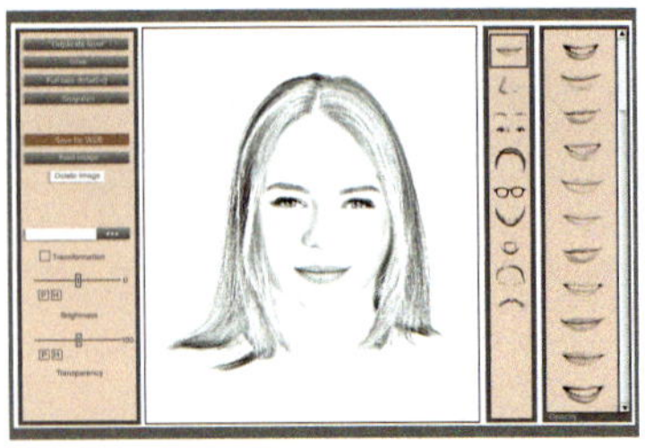

- **a** Entwirf ein Klassendiagramm und Tabellenschema für eine Vermisstendatenbank. Überlege dir dabei, welche Merkmale einer Person für die Suche und ggf. Identifizierung gespeichert werden sollten.
- **b** Die Datenbank einer Fluggesellschaft enthält unter anderem folgende Tabelle:
  Passagier (id, vorname, nachname, geschlecht, geburtsdatum)
  Formuliere eine mögliche SQL-Abfrage, mittels welcher überprüft werden kann, ob Personen in der Vermisstendatenbank aus a) in der Passagiertabelle der Fluggesellschaft verzeichnet sind.
- **c** Nenne verschiedene andere Datenbestände, mit denen ein Eintrag in der Datenbank aus a) abgeglichen werden kann, um mehr über eine vermisste Person in Erfahrung zu bringen.
- **d** Informiere dich im Internet über das „Phantom von Heilbronn“ und erläutere an diesem Beispiel, wie die Verknüpfung verschiedener Datenbestände zur Erkennung fehlerhafter Daten beitragen kann.

2 Soziales Netzwerk

Der Online-Kurznachrichtendienst *Litter* ermöglicht es seinen Nutzerinnen und Nutzern, kurze Textbeiträge zu veröffentlichen und diese mit Schlagworten zu kennzeichnen. Weiterhin können sich Nutzerinnen und Nutzer gegenseitig „folgen“. All diese Informationen werden in einer Datenbank verwaltet:

Nutzer (id, benutzername, passwort, geschlecht)
Folgt (nutzer_id, gefolgte_nutzer_id)
Nachricht (id, nutzer_id, inhalt)
Schlagwort (nachricht_id, wort)

- **a** Die Angabe des Geschlechts ist freiwillig und fehlt deshalb für manche Nutzereinträge in der Datenbank. Beschreibe, wie der Kurznachrichtendienst die in der Datenbank vorliegenden Daten analysieren könnte, um auch für diese Nutzerinnen und Nutzer das Geschlecht möglichst gut zu bestimmen. Bedenke dabei, dass der Dienst viele Millionen Nutzerinnen und Nutzer hat und das Verfahren daher voll automatisch durchführbar sein muss.
- **b** Um die eigene Plattform attraktiver zu machen, sollen angemeldeten Nutzerinnen und Nutzern nur solche Kurznachrichten gezeigt werden, die sie auch interessieren. Erkläre, wie die Betreiber des Kurznachrichtendienstes dies mit den ihnen zur Verfügung stehenden Daten umsetzen könnten.
- **c** Wäge ab, inwieweit das in b) geschilderte Vorgehen für die Nutzerinnen und Nutzer vorteilhaft ist. Informiere dich dabei ggf. auch über das Phänomen der „Filterblase“.

3 Planspiel „Daten im alltäglichen Leben“

Eure Lehrkraft bereitet für euch ein zweiteiliges Planspiel vor: Im ersten Teil habt ihr eine berufliche und eine private Rolle. Achtet darauf, in eurer beruflichen Rolle sorgfältig zu arbeiten, und behaltet das Private für euch. Im zweiten Teil müsst ihr dann detektivische Ermittlungsarbeit leisten.

4 Datenanalyse vs. Datenschutz

Beurteile das Beispiel der Stadtwerke Infohausen aus dem Lehrtext rechtlich aus Sicht des Datenschutzes:

- **a** Erörtere, ob die Stadtwerke Daten über Herrn Ohses Stromverbrauch und Internetaktivitäten erheben und verarbeiten dürfen. Informiere dich gegebenenfalls im Internet über die diesbezüglich gültigen Rechtsvorschriften.
- **b** Um ihren Gewinn zu steigern, möchten die Stadtwerke auch in das Geschäft mit Onlinewerbung einsteigen. Entscheide, ob die Stadtwerke nach aktuell gültigem Recht die bereits bestehenden Daten über ihre Kunden für diesen Zweck verwenden dürfen. Begründe deine Entscheidung.
- **c** Erkläre, wie sich die rechtliche Bewertung aus b) ändert, wenn Herr Ohse in der Datenschutzerklärung ein Häkchen setzt und damit die entsprechende Freigabe erteilt.

5 Data-Mining in öffentlichen Daten

Der Datenwissenschaftler David Kriesel hat in mehreren Vorträgen zu verschiedenen Themen demonstriert, auf welche Weise sich neue Informationen aus frei verfügbaren Daten gewinnen lassen. Sieh dir mindestens die ersten 10 Minuten eines seiner Vorträge an.

- **a** Gib die Quellen an, die benutzt worden sind. Unterscheide dabei in öffentliche und nicht öffentliche.
- **b** Gib an, welche neuen Informationen durch das Verknüpfen öffentlicher Daten gewonnen wurden.

6 Überwachungsstaaten

Verschiedene Länder gelten als sogenannte Überwachungsstaaten, da dort das tägliche Leben der Bevölkerung auf verschiedenen Wegen vom Staat überwacht wird.

- **a** Verschaffe dir durch eine kurze Internetrecherche einen Überblick darüber, für welche Staaten der Begriff Überwachungsstaat aktuell verwendet wird.
- **b** Bildet Kleingruppen und bereitet pro Gruppe eine Kurzpräsentation mit Hintergrundinformationen zu einem der folgenden Themenbereiche vor:
  - i Ein Staat (außer Deutschland) aus dem Rechercheergebnis von a)
  - ii Ein historischer Überwachungsstaat auf deutschem Boden (z.B. DDR oder Deutschland zur Zeit des Nationalsozialismus).

  Geht in eurer Präsentation auch auf die folgenden Fragestellungen ein:
  - Welche Informationsquellen werden/wurden in diesem Staat zur Überwachung der Bürgerinnen und Bürger herangezogen?
  - Mit welchen Vorteilen wird/wurde die staatliche Überwachung gerechtfertigt?
  - Welche Nachteile oder Risiken entstehen/entstanden für die Bevölkerung?
  - Achtet auf die Verwendung mehrerer, möglichst objektiver Informationsquellen.
- **c** Diskutiert in der Klasse, inwieweit der Begriff Überwachungsstaat auch auf das Deutschland der Gegenwart zutrifft. Recherchiert auch hierzu zunächst entsprechende Hintergrundinformationen.

7 Werbetracker entlarven

Auf vielen kommerziellen Webseiten werden Analysewerkzeuge eingesetzt, um das Surfverhalten der Webseitenbesucher aufzuzeichnen. Wird das Analysewerkzeug eines Anbieters auf verschiedenen Webseiten eingesetzt, so kann der Anbieter erkennen, welche dieser Webseiten ein Nutzer oder eine Nutzerin in welcher Reihenfolge und für wie lange besucht hat. Mittels einer entsprechenden Browsererweiterung können diese webseitenübergreifenden Analysewerkzeuge aufgespürt und visualisiert werden.

a Verwende einen Webbrowser mit aktivierter Analyseerweiterung und besuche verschiedene Webseiten deiner Wahl (z. B. Schulhomepage, Nachrichtenportale, etc.). Untersuche, welche externen Inhalte die verschiedenen Webseiten verwenden, und vergleiche deine Beobachtungen mit denen von anderen.

b Oft sind die Bereitsteller von Trackingwerkzeugen auch Vermarkter von Werbeanzeigen im Internet. Erkläre, weshalb diese Werbevermarkter großes Interesse an Daten über das Surfverhalten der Webseitenbesucher haben.

c Erläutere an einem konkreten Beispiel, wie ein großer Werbevermarkter, dessen Analysewerkzeug auf sehr vielen populären Webseiten zum Einsatz kommt, intime Details über das Leben eines Internetnutzers in Erfahrung bringen kann.

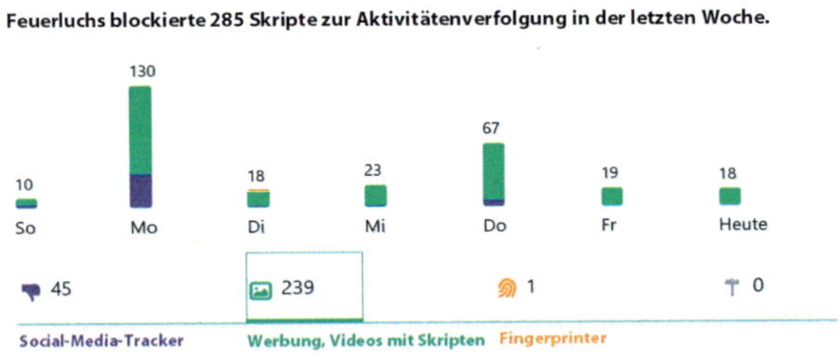

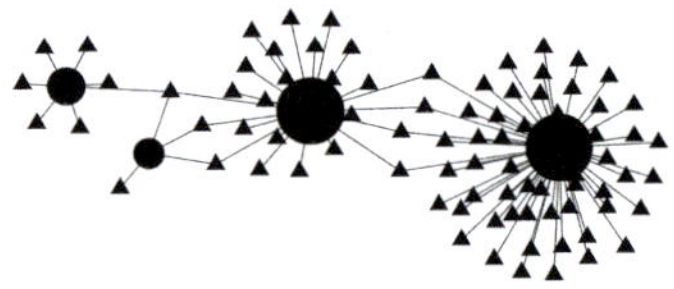

8 Forschungsauftrag: Datenspuren überall!

Bei der Nutzung mobiler Endgeräte (Tablets, vernetzte Uhren und Fitnessgeräte, etc.) fallen unterschiedliche Nutzungsdaten an. Der Hersteller des verwendeten Betriebssystems hat dabei in der Regel einen sehr umfassenden Zugriff auf die anfallenden Daten und kann so leicht verschiedene Nutzungsdaten verknüpfen.

a Informiere dich über ein mobiles Endgerät deiner Wahl (z. B. dein Smartphone):
- Welches Betriebssystem kommt auf dem Gerät zum Einsatz?
- Welche Nutzungsdaten werden vom Hersteller des Betriebssystems gesammelt (inkl. vom Hersteller bereitgestellter Apps)?
- Durch welche eindeutigen Schlüssel kann der Hersteller die anfallenden Daten verknüpfen und eindeutig einer Person bzw. einem Nutzerkonto zuordnen?
- Welche Möglichkeiten gibt es, die Weiterleitung dieser Nutzungsdaten einzuschränken?

b Paul Maduschen war kürzlich in der Fußgängerzone von Infohausen, um in einer Parfümerie persönlich nach einem Valentinstagsgeschenk für seine Frau Isolde zu suchen. Nun bemerkt er, dass auf vielen Webseiten, die er besucht, Werbeanzeigen für Blumenläden eingeblendet werden. Erkläre, wie es dazu gekommen sein könnte, und welche Daten dabei im Hintergrund verknüpft wurden.

c Beschreibe verschiedene potentielle Vor- und Nachteile, die Nutzern/Kunden entstehen können, wenn private Firmen Daten über sie sammeln und verknüpfen, sodass detaillierte Persönlichkeitsprofile entstehen.

d Tausche dich mit anderen über diese Form der zielgerichteten Werbung aus. Hast du selbst bereits ähnliche Situationen erlebt? Wie denkst du über diese Art der Werbung? Beziehe auch politische Werbung in die Überlegungen ein.

InstaHub – Aufgaben im Kontext eines sozialen Netzwerks

Fast alle Menschen nutzen digitale soziale Netzwerke, um mit Befreundeten und Gleichgesinnten in Kontakt zu bleiben. Dadurch, dass teilweise Milliarden Menschen dasselbe soziale Netzwerk nutzen, kommt einzelnen Anbietern eine sehr große Bedeutung zu. Aus technischer Sicht besteht ein soziales Netzwerk aus einem Datenbanksystem und einer speziellen Server-Anwendung („Backend“). Der Nutzer greift entweder per App oder Browser („Frontend“) auf die Daten in der Datenbank zu.

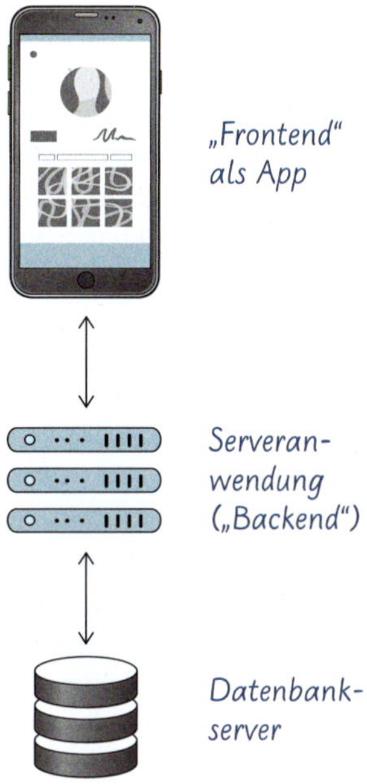

Du wirst Datenbankadmin

Auf einer Party hast du ein Teammitglied des jungen Startups InstaHub kennen gelernt. Das Unternehmen möchte ein eigenes soziales Netzwerk gründen. Die Anwendung ist schon fertig. Nur die Datenbank fehlt noch. Du hast gefragt, ob du mitmachen kannst und schon bist du als einer der Datenbankadmins dabei. Hole dir deine Zugangsdaten bei deiner Lehrkraft ab.

1 Nutzerdaten in InstaHub (ab 1.1)

An deinem ersten Tag beim Startup InstaHub wirst du mit folgenden Worten begrüßt: „Herzlich willkommen im Team. Bevor du richtig anfängst, musst du erst einmal unsere Datenbank kennenlernen.“

a Rufe die Profilseite eines InstaHub-Mitglieds auf. Vergleiche die dort sichtbaren Attribute mit der Gesamtzahl der Attribute im Tabellenschema unten. Begründe für jedes nicht sichtbare Attribut, warum es auf der Profilseite nicht erscheint.

users (id: ZAHL, username: ZEICHENKETTE, email: ZEICHENKETTE, password: ZEICHENKETTE, name: ZEICHENKETTE, bio: ZEICHENKETTE, gender: AUFZÄHLUNG, birthday: DATUM, city: ZEICHENKETTE, country: ZEICHENKETTE, centimeters: ZAHL, avatar: ZEICHENKETTE, role: AUFZÄHLUNG, is_active: WAHRHEITSWERT, remember_token: ZEICHENKETTE, created_at: ZEITSTEMPEL, updated_at: ZEITSTEMPEL)

b Lass dir mit einer SQL-Abfrage alle Zeilen und alle Spalten der Tabelle users ausgeben.

c Gib Benutzernamen und Anzeigenamen aller Datensätze aus users aus. Ordne die Ergebnise alphabetisch nach dem Benutzernamen.

d Gib die Wohnorte aller Mitglieder aus. Vermeide dabei Duplikate.

e Bestimme auf zwei unterschiedliche Arten, wie alt das älteste Mitglied ist.

f Prüfe, ob es Mitglieder gibt, die am gleichen Datum geboren worden sind.

g Wähle alle Einträge aus der Tabelle users aus, bei denen das Geschlecht (gender) weiblich (female) ist.

h Bestimme die Durchschnittsgröße aller Männer bzw. Frauen.

i Gib alle Kinder und jugendlichen Mitglieder aus.
Hinweis: Jedes Datum hat folgendes Format: "2022-05-28"

j Liste alle Mitglieder auf, deren (Vor-)Namen mit einem B beginnen.
Tipp: Verwende die SQL-Anweisung LIKE. Recherchiere gegebenenfalls.

k Gib die Namen aller weiblichen Leipziger Mitglieder aus.

l Ordne alle Männer, welche mindestens 16 Jahre alt sind, nach ihrer Körpergröße.

***m** Erstelle eine Liste, in der jedem Wohnort die Anzahl der Mitglieder zugeordnet ist.

n Wähle alle Nutzerinnen mit dem Vornamen Julia aus, die nicht aus München kommen.

o Bestimme die Anzahl der User, die kein Geburtsdatum angegeben haben.
Tipp: Verwende IS NULL in der Bedingung. Recherchiere gegebenenfalls.

p Beschreibe knapp weitere Aspekte, die dich interessieren, und formuliere dazu passende SQL-Abfragen.

2 Fotos ins Datenmodell von InstaHub aufnehmen (ab 1.3)

Du konntest dich behaupten? Super! Dann lass uns gemeinsam überlegen, wie wir ausgehend von der Tabelle users die Datenbank so erweitern, dass unsere Mitglieder Fotos hochladen, liken und kommentieren können. Als Hilfe ist schon ein → Mockup für die Ansicht eines typischen Fotoeintrags abgebildet. Fokussiere dich in den folgenden Diagrammen ausschließlich auf die Datenmodellierung. Schaltflächen des Frontends (wie die Sprechblase zum Eintragen von Kommentaren) haben hier keine Bedeutung.

→ Mockup: Vorführmodell ohne Funktionalität, um das Design eines geplanten Produkts zu demonstrieren

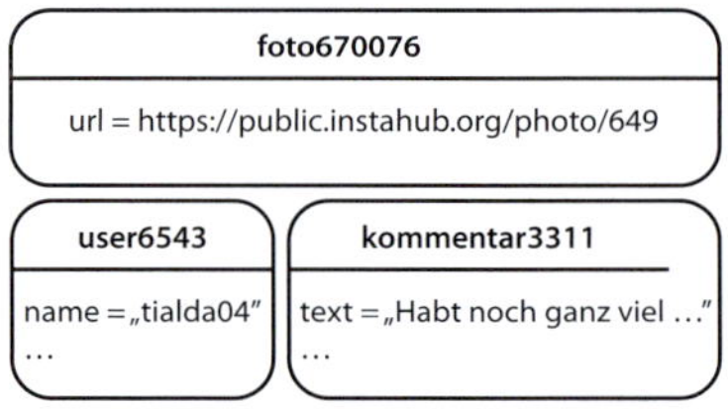

a Finde heraus, wo die drei in Objektkarten dargestellten Objekte im Screenshot sichtbar sind. Übertrage dann die Objektkarten in dein Heft und ergänze weitere im Screenshot ersichtliche Objekte. Vervollständige dein Objektdiagramm, indem du auch die Beziehungen zwischen den Objekten einzeichnest.

b Erstelle passend zum Objektdiagramm aus a) ein Klassendiagramm. Ergänze gegebenenfalls weitere Attribute, die du für wichtig hältst.

c Erstelle das Tabellenschema zu dem Klassendiagramm aus b). Bei den Spalten darfst du dich auf die Primär- und Fremdschlüssel beschränken. Achte auf aussagekräftige Bezeichner, sodass die Beziehung zwischen Fremdschlüssel und zugehörigem Primärschlüssel deutlich wird.

3 Verknüpfte Daten in InstaHub auswerten (ab 1.4)

Die Foto-Funktionalität ist nun schon einige Zeit online. Verschaffe dir einen kleinen Überblick über eingestellte Daten durch SQL-Abfragen:

a Liste die Links zu allen Fotos von samina369 auf.

b Es soll Werbung an alle Strandurlauber verschickt werden. Finde alle Fotos, die den Hashtag #meer enthalten. Gib den Namen, die E-Mail-Adresse, den Geburtstag und die Stadt der zugehörigen Benutzer aus.

c Gib alle Kommentare und die Namen der Verfasser aus München an.

***d** Erstelle eine Liste, welche die Nutzer mit den meisten Fotos in absteigender Reihenfolge beinhaltet.

e Ermittle die URLs aller Fotos, die von aileen2 kommentiert worden sind.

f Bewerte knapp, welche der Abfrageergebnisse aus a) bis e) du als öffentliche und welche als private Informationen einstufst.

4 Likes in InstaHub (ab 1.5)

Als Betreiber eines sozialen Netzwerkes ist es interessant zu wissen, welche Trends es gibt. Nutze deinen Zugang zur Datenbank, um entsprechende SQL-Abfragen durchzuführen.

a Liste alle URLs der Fotos auf, die ameli490 gelikt hat.

b Ordne alle Fotos nach ihrer Beliebtheit und gib deren id, url und die Nutzer-id aus.

c Führe die SQL-Abfrage in Teilaufgabe d einmal mit der letzten Zeile und einmal ohne die letzte Zeile aus. Erläutere die unterschiedlichen Ergebnisse.

d Gib die folgende Datenbankabfrage einmal mit der vorletzten Zeile und einmal ohne die vorletzte Zeile ein. Du erhältst verschiedene Ergebnisse! Erläutere knapp worin der Unterschied liegt.

```
SELECT photos.id, photos.url, likes.user_id
FROM   photos, likes
WHERE  photos.description like "%#meer%"
AND    photos.id = likes.photo_id
LIMIT  1000
```

e Für Schnelle: Finde das Blumenfoto mit den meisten Likes.

f Für ganz Schnelle: Gib jedem Foto mit dem Hashtag „meer", das noch keine Likes hat, einen Like. (Tipp: Aufgrund der vielen Daten ist ein INSERT-Befehl empfehlenswert.) → 3.3

5 Die Macht der Daten (ab 1.6)

Du warst auf der Party der Munich School for gifted Youngsters und hattest eine sehr nette Begegnung. Ihr habt über einiges gesprochen, auch, dass ihr beide Mitglied bei Instahub seid. Leider hast du dich nicht getraut, nach dem Namen zu fragen. Also beschließt du, dir mit deinen Adminrechten in der Datenbank alle Münchner InstaHub-Benutzer anzusehen.

a Du kannst dich erinnern, dass eine Teamkollegin gesagt hat, es gäbe mehr als 25 Mitglieder aus München. Aber du kannst nicht alle finden, auch nicht die nette Bekanntschaft. Forsche nach möglichen Ursachen im Hub.

b Beschreibe für mindestens eine der gefundenen Ursachen einen Ansatz, durch den vermieden werden kann, dass Nutzer nicht gefunden werden.

c Glück gehabt: Da ist das Profil! Aber nun kommen dir Zweifel. Solltest du wirklich deinen Zugriff auf die Datenbank nutzen, um den Kontakt herzustellen? Diskutiert kurz zu zweit verschiedene Sichtweisen.

6 Werbung auf InstaHub (ab 1.7)

Es läuft richtig gut mit unserem sozialen Netzwerk. Die User sind begeistert. Sie fotografieren ihr Frühstück, ihren Hund und lustige Szenen auf Partys. Nur möchte keiner für unsere Plattform bezahlen. Wir müssen also Werbung schalten. Erste Versuche mit einem Baumarkt haben aber gezeigt, dass die User anscheinend keine Blumenzwiebeln und Akkuschrauber kaufen möchten. Wir müssen also mehr über unsere User erfahren, um passendere Werbung anzeigen zu können.

a Besuche deine Lieblingsseite oder -app, in der Werbung angezeigt wird, die für Einnahmen sorgt. Was wird dir angeboten? Nenne konkrete Produkte.
Notiere eine knappe Einschätzung, ob die Anzeigen zufällig erscheinen oder aufgrund welcher Annahmen du genau diese Produkte angeboten bekommst.

b Der Reiseanbieter Truti ist bereit, auf InstaHub für Reisen ans Meer zu werben. Er möchte jedoch nur dafür bezahlen, wenn die Werbung zielgerichtet passenden Nutzern angezeigt wird.

- i Ermittle alle Fotos mit dem Hashtag "reisen".
- ii Ermittle alle User, die ein Foto mit dem Hashtag "reisen" gelikt haben.

7 Tracking auf InstaHub (ab 1.7)

So richtig erfolgreich sind die auf InstaHub geschalteten Werbekampagnen noch nicht, die Auftraggeber sind unzufrieden. Es würde helfen zu wissen, ob ein User nur einmalig auf ein Foto zum Thema Reisen geklickt hat oder ob er sich doch gerade längere Gedanken über seine nächste Urlaubsbuchung macht. InstaHub kann das Verhalten der User überwachen. Dafür gibt es die analytics-Tabelle. Deine Aufgabe: Lote aus, wie man damit die Werbung besser personalisieren kann.

a Wenn du dich als Admin in Instahub bewegst, bist du gleichzeitig auch Nutzer. Bewege dich ein wenig im Netzwerk, like und kommentiere zwei oder drei Bilder. Betrachte danach die analytics-Tabelle und suche die neu hinzugekommenen Einträge.

b Analysiere in Form einer Klassenkarte, welche Daten in der analytics-Tabelle erfasst werden. Verwende als Attributnamen deutsche Begriffe.

c Für Schnelle: Wechsle zu einem anderen Benutzeraccount in deinem Hub. (Verwendest du einen zweiten Browser, kannst du gleichzeitig mit unterschiedlichen Nutzern im Hub agieren). Suche gezielt Fotos zum Thema Reisen und klicke mindestens drei an. Wechsle nun wieder zurück zum admin-Account. Lasse dir über eine SQL-Abfrage alle User anzeigen, die sich mindestens drei Fotos zum Thema Reisen angesehen haben.

d Bereite dich auf ein Telefongespräch mit der Marketingabteilung von Truti vor. Stelle kurz dar, warum das Einbeziehen der analytics-Tabelle für das gezielte Schalten von Werbung ausschlaggebend für eine höhere Erfolgsquote der Werbekampagne sein kann, aber nicht zwingend sein muss.

e Nächste Woche hat die Datenschutzbeauftrage einen Kontrollbesuch angekündigt. Nenne als Vorbereitung für den Termin drei Punkte, bei denen ihr auf den Datenschutz achtet.

8 Forschungsauftrag: Werbung auf InstaHub für Profis (ab 1.7)

a Einigen Betreibern von großen sozialen Netzwerken reicht es nicht, dein Verhalten innerhalb ihrer Umgebung zu kennen. Sie möchten auch wissen, was du außerhalb ihrer sozialen Netzwerke im Internet machst. Finde heraus, welche Wege sie dazu gefunden haben und welche Daten sie über dich damit sammeln können.

b Schalte deine eigene Werbeanzeige auf InstaHub. Eine Anleitung steht dazu auf informatikschulbuch.de zur Verfügung. Unter dem Menüpunkt „Kampagnen" findest du schon eine Vielzahl an Anbietern, die bei uns werben wollen.

- i princess – dein Shoppingpalast und der Freizeitpark Gützlow wollen speziell Jugendliche deines Geschlechts bewerben. Erstelle für eines der beiden Unternehmen Werbeanzeigen, die entweder nur bei Mädchen oder nur bei Jungs angezeigt werden.
- ii „Oodel – Besser als Petersilie" bietet Produkte gegen Hautunreinheiten an. Überlege, welche Zielgruppe interessiert ist, und erstelle für diese eine Werbeanzeige.
- iii Du magst Schokolade, du findest Kraftsport super oder entspannst mit Lavendeltee? Schalte für zwei deiner Lieblingsbeschäftigungen oder Produkte je eine Werbeanzeige.

Teste dich selbst

T1 Richtig oder falsch?

Beurteile, ob folgende Aussagen richtig oder falsch sind. Begründe deine Meinung bei falschen Aussagen und gib eine berichtigte Aussage an:

a Das kartesische Produkt zweier Tabellen mit je vier Einträgen besteht aus vier Zeilen.
b Die Punktnotation bei Abfragen wird verwendet, um die Verbund-Bedingung zu formulieren.
c Eine Beziehung zwischen Objekten wird mit einer Verbindungslinie notiert, auf der ein Name, die Leserichtung sowie die Kardinalität stehen.
d Es gibt genau drei verschiedene Kardinalitäten: 1:1, 1:n und n:m.
e Bei der Umsetzung einer 1:n-Beziehung wird der Primärschlüssel der „n-Seite" auf der „1-Seite" eingefügt.
f Die n:m-Beziehung wird mit einer Beziehungstabelle umgesetzt.
g Referenzielle Integrität sorgt dafür, dass nicht mehrere personenbezogenen Daten miteinander zu umfangreichen Persönlichkeitsprofilen verknüpft werden können.

T2 Ich check's, dank deiner Hilfe!

Ferdi hat im Unterricht nicht gut aufgepasst und braucht dringend deine Nachhilfe vor der alles entscheidenden letzten Prüfung. Hilf ihm, indem du ihm die folgenden Begriffe erklärst und an einem Beispiel erläuterst (nach Möglichkeit am Rechner, nicht auf Papier!): Punktnotation, Verbund-Bedingung, Kardinalität, 1:n-Beziehung in der Datenbank, Beziehungstabelle.

T3 Notenverwaltung – SQL-Abfragen

Eine Datenbank zur Notenverwaltung einer Lehrerin hat folgende beiden Tabellen.

a Gib eine (beliebige) unsinnige Zeile aus der Ergebnistabelle der Abfrage unten an und erkläre unter Verwendung von Fachbegriffen, wie es dazu kommt.

```
SELECT name, vorname, note, typ
FROM Schueler, Noten
```

b Notiere die SQL-Abfrage, die alle Namen und deren Kurzarbeitsnoten auflistet.
c Benenne Spalten, welche gleiche Werte in unterschiedlichen Zeilen enthalten. Erläutere, ob es sich dabei um redundante Daten handelt, die mit einem angepassten Tabellenschema vermieden werden können.

Schueler

nr	name	vorname	klasse
1	Scott	Abigayle	10c
2	Meier	Tom	10c
…	…	…	…

Note

id	schueler_nr	note	typ	fach
1	1	2	Abfrage	Inf
2	2	4	Unterrichtsbeitrag	Inf
3	1	3	Kurzarbeit	Inf
4	2	1	Kurzarbeit	Inf
…	…	…	…	…

T4 Datenbank eines Musikvereins

Miro Schmitt, Mara Huber und Bela Müller sind Mitglieder im Musikverein Infohausen. Miro und Mara haben Instrumentalunterricht. Miro lernt Saxophon bei Lehrer Charly. Mara ist im Trompetenunterricht von Miles. Mara ist zusätzlich noch Mitglied in der Bigband des Vereins, die Charly leitet. Bela singt im Chor. Der Vereinsbeitrag für jeden Instrumentalunterricht ist gleich. Für weitere Angebote wie Chor und Bigband werden andere Mitgliedsbeiträge erhoben, sodass Miro, Mara und Bela unterschiedlich hohe Mitgliedsbeiträge zahlen müssen.

a Erstelle ein objektorientiertes Datenmodell zur Planung einer Datenbank.
b Entwickle aus a) die Tabellenschemata.

Vom Modell zur Datenbank

1 : n-Beziehung | **n : m-Beziehung**

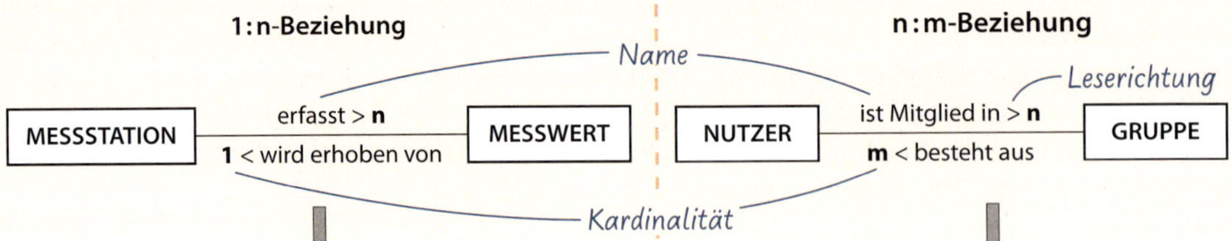

Messstation (id, ort, betreiber)

Der Primärschlüssel der „1-Seite" wird als Fremdschlüssel auf der „n-Seite" eingefügt.

Messwert (id, temperatur, zeitstempel, station_id)

Die 1 : 1-Beziehung ist ein Sonderfall der 1 : n-Beziehung. Der Fremdschlüssel ist auf beiden Seiten möglich; die zwei Tabellen können auch zu einer zusammengefasst werden.

Nutzer(telefon_nr, vorname, name)

Nutzer_zu_Gruppe(telefon_nr, gruppen_id)

Gruppe(id, name, gegründet)

In der Beziehungstabelle werden die Primärschlüssel beider Seiten gespeichert.

Abfragen über verknüpfte Tabellen

Verbund-Bedingung(en)

```
SELECT *
FROM Messstation, Messwert
WHERE Messstation.id = station_id
```

Punktnotation bei gleichen Spaltennamen in mehreren Tabellen

```
SELECT Gruppe.name
FROM Nutzer, Nutzer_zu_Gruppe, Gruppe
WHERE id = gruppen_id AND
Nutzer.telefon_nr = Nutzer_zu_Gruppe.telefon_nr
```

Anomalien und Redundanz

Lösch-Anomalie: Beim Löschen eines Datensatzes werden mehr Informationen gelöscht als gewollt.

schueler_name	schueler_tel	lehrer_name	lehrer_tel	fach
Erkan Alles	0176315248	Marion Nette	0178569421	Physik
Anna Gramm	0175843828	Marion Nette	084216899769	Latein
Klara Fall	0174562555	Marion Nette	0178569421	Physik
~~Bernhard Diener~~	~~0171817959~~	~~Ann Geber~~	~~0176443502~~	~~Deutsch~~
Ann Hänger	0171534782	???	???	???

redundante Datensätze

Einfüge-Anomalie: Ein Datensatz kann nicht eingefügt werden, weil Primärschlüsselwerte fehlen.

Änderungs-Anomalie: Beim Ändern sind nicht alle Datensätze berücksichtigt worden.

Referenzielle Integrität

Zu jedem Fremdschlüssel muss ein Primärschlüsselwert in der referenzierten Tabelle vorhanden sein.

Analyse von Datensätzen

Durch die Verknüpfung von natürlichen Schlüsseln wie Telefonnummer und E-Mail-Adresse aus mehreren unabhängigen Datensätzen besteht die Gefahr der Erstellung von umfangreichen Persönlichkeitsprofilen.

Zum Weiterlesen

L1 Normalformen

In den vorangegangenen Teilkapiteln wurde bereits festgestellt, dass es eines „guten" Datenbankentwurfs bedarf, um Probleme mit widersprüchlichen Daten oder den Verlust noch benötigter Information zu vermeiden. Die bisher aufgestellten Grundregeln zur Datenmodellierung lassen sich formaler fassen. Auf diesem Weg kann man sie auch in nicht so offensichtlichen Fällen überprüfen und einhalten.
Erfüllt eine Datenbank eine dieser Grundregeln, so sagt man: „Die Datenbank ist in der jeweiligen Normalform." Die Normalformen sind aufsteigend nummeriert, jede höhere Nummer schließt die Ansprüche aller niedrigeren Nummern mit ein.

1. Normalform:
Eine Tabelle enthält ausschließlich atomare (einelementige) Feldwerte.

Erläuterung mit Beispiel: → 1.5

Die 1. Normalform fordert, dass in Tabellen keine zusammengesetzten Werte oder Aufzählungen vorkommen. Eine Tabelle, in welcher die verschiedenen Gruppen-IDs eines Nutzers in einer Zelle des jeweiligen Datensatzes gespeichert werden würden, verstieße gegen diese Bedingung. Deshalb wurde z. B. für die Zuordnung der Nutzer zu den Gruppen die zusätzliche Tabelle Nutzer_zu_Gruppe angelegt.

Nutzer

vorname	name	telefon_nr	gruppen_id
Jim	Panse	+4917622334	1 | 42
Anna	Nass	+4915976543	1 | 2 | 42

Nutzer

vorname	name	telefon_nr
Jim	Panse	+4917622334
Anna	Nass	+4915976543

Nutzer_zu_Gruppe

telefon_nr	gruppen_id
+4917622334	1
+4917622334	42
+4915976543	1
+4915976543	2
+4915976543	42

Gruppe

id	name	gegründet
1	Gipfelstürmer	2020-06-10
2	Beats & Bläser	2015-09-22
	...	
42	Creative Coding	2021-04-15

2. Normalform:
Zusätzlich zur 1. Normalform muss gelten:
Jedes Nicht-Schlüsselattribut muss vom gesamten Schlüssel abhängen.

Dabei gilt folgende **Definition**:
Ein Attribut Y ist von einem Attribut X abhängig, wenn der Wert von X den Wert von Y festlegt.

Anmerkung:
Besteht der Schlüssel nur aus einer Spalte, ist die Tabelle immer in der zweiten Normalform. Um bei Schlüsseln, die aus mehreren Spalten bestehen, die zweite Normalform zu erreichen, erstellt man für die Teile des Schlüssels, von denen weitere Attribute abhängen, eigene Tabellen und lässt sie dann in der ursprünglichen Tabelle weg.

Erläuterung mit Beispiel: → 1.6

In Kapitel 1.6 wurde zunächst die Tabelle Nachhilfe betrachtet. Der Primärschlüssel bestand aus den Spalten schueler_tel, lehrkraft_tel und fach. Die Werte der Spalte schueler_name sind hier beispielsweise nur abhängig von der Spalte schueler_tel, nicht jedoch vom Rest des Schlüssels. Analog gibt es eine Teilabhängigkeit zwischen den Spalten lehrkraft_name und lehrkraft_tel. Diese Art der Abhängigkeit kann man auch an den Redundanzen in der Tabelle erkennen. Es wird deutlich, dass in der Tabelle Nachhilfe die Klassen SCHUELER und LEHRKRAFT fälschlicherweise in einer Tabelle umgesetzt worden sind.

schueler_name	schueler_tel	lehrkraft_name	lehrkraft_tel	fach
Erkan Alles	0176315248	Marion Nette	0178569421	Physik
Anna Gramm	0175843828	Marion Nette	084216899769	Latein
Klara Fall	0174562555	Marion Nette	0178569421	Physik
Bernhard Diener	0171817959	Ann Geber	0176443502	Deutsch
...	...			...

3. Normalform:
Zusätzlich zur 2. Normalform muss gelten:
Attribute sind nur vom Schlüssel, nicht voneinander, abhängig.

Erläuterung mit Beispiel:
Ein ähnlicher Konflikt wie in der Tabelle Nachhilfe würde entstehen, wenn ein Streamingdienst die Informationen zu Alben und Interpreten in nebenstehender Form mit der Spalte titel als Primärschlüssel speichern würde. Die Werte der Spalte infos_interpret hängen von den jeweiligen Werten der Spalte interpret ab. Dieser Fall muss ausgeschlossen werden und wird durch eine Aufteilung in die Tabellen Album und Interpret gelöst.

titel	genre	interpret	infos_interpret
Gaslighter	country	The Chicks	Die Chicks sind eine amerikanische Country ...
March March	country	The Chicks	Die Chicks sind eine amerikanische Country ...
Wavin' Flag	world	K'naan	Keinan Abdi Warsame, besser bekannt als ...
Try	country rock	Neil Young	Neil Young wurde am 12. November 1945 in ...
...	...	...	...

Album		
titel	**genre**	**interpret**
Gaslighter	country	The Chicks
March March	country	The Chicks
Wavin' Flag	world	K'naan
Try	country rock	Neil Young
...	...	...

Interpret	
name	**infos**
The Chicks	Die Chicks sind eine amerikanische Country ...
K'naan	Keinan Abdi Warsame, besser bekannt als ...
Neil Young	Neil Young wurde am 12. November 1945 in ...
...	...

Anmerkung: In dieser Umsetzung kann ein Album nicht von mehreren Interpreten veröffentlicht werden. Möchte man diesen Fall berücksichtigen, müsste man die Beziehung über eine Beziehungstabelle umsetzen.

L2 Daten und Datenträger

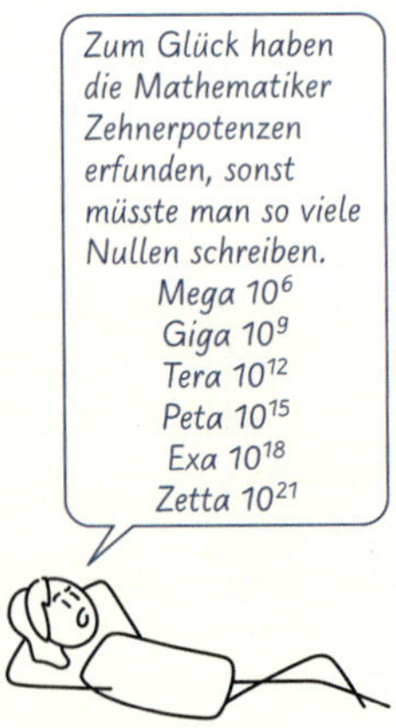

Mittlerweile wird weltweit eine kaum vorstellbare Menge an Daten produziert: Jährlich werden Billionen von Fotos gemacht und teilweise ins Netz geladen. Auf großen Video-Plattformen werden jede Minute viele Hundert Stunden an Videomaterial hochgeladen und müssen auf den Servern der Unternehmen gespeichert werden. Milliarden von Geräten geben Sensordaten oder Daten, die bei der Benutzung von Programmen entstehen, weiter, damit sie gespeichert werden. Aber auch Unternehmen produzieren täglich eine Vielzahl an Daten.
Und immer öfter lautet die Antwort auf die Frage, wo die Daten gespeichert werden: In der Cloud. Dabei ist klar, dass die Daten nicht irgendwo in der Luft gespeichert werden. Jemand anderes übernimmt die Bereitstellung von Speichermedien für uns. Dadurch haben wir das Gefühl, dass die Daten in einer Wolke gespeichert sind.
Im Jahr 2018 wurde die weltweite Datenmenge auf 33 Zettabyte (ZB) geschätzt. Aus diesem Jahr stammt auch eine Studie, welche die Datenmenge für 2025 auf 175 ZB schätzt. Die Vorsilbe Zetta bedeutet dabei eine 1 mit 21 Nullen, eine unvorstellbar große Zahl. Geht man von einem Tablet mit einer Speicherkapazität von 128 Gigabyte (GB) aus, so bräuchte man über 1,36 Billionen

Geräte, um diese Datenmenge zu speichern. Bei einer angenommenen Höhe von 7,5 mm pro Tablet ergäbe das einen Turm von 10 200 000 Kilometern. Das wäre ca. 26 Mal von der Erde bis zum Mond.
Die Tatsache, dass so große Mengen an Daten verarbeitet und gespeichert werden können, setzt Speichermedien entsprechender Größe voraus. Die Kapazität von Datenspeichern entwickelte sich sehr rasant:

Informatiker verwenden aus technischen Gründen oft aber auch Zweierpotenzen:
Kibi 2^{10}
Mibi 2^{20}
Gibi 2^{30}
Tebi 2^{40}
Pebi 2^{50}
Exbi 2^{60}
Zebi 2^{70}
Die Abkürzungen werden nicht immer eindeutig verwendet. Oft ist z. B. MB angegeben aber MibiB gemeint.

Lochkarte

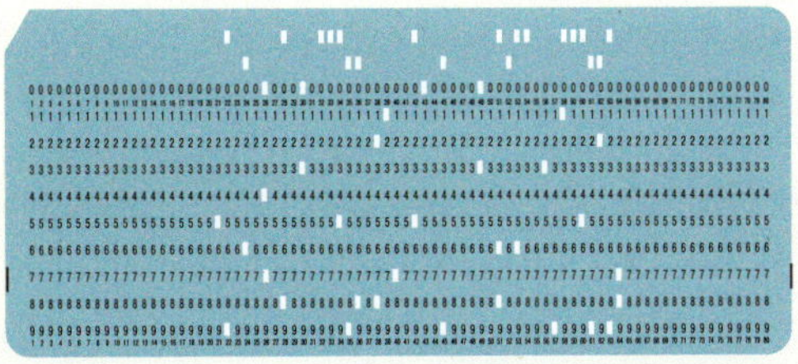

Lochkarten bestehen aus Karton. Die Daten werden durch ein spezifisches Lochmuster auf der Karte gespeichert. Bereits sehr früh (Mitte des 18. Jahrhunderts) wurden Lochkarten in Webstühlen verwendet, um wiederkehrende Abläufe zu automatisieren. Noch heute werden manche Musikorgeln mit Lochstreifen gesteuert. Die Lochkarte im IT-Bereich geht auf Herman Hollerith zurück. Im Rahmen einer Volkszählung in den USA wurden 1890/91 die Karten zum ersten Mal im großen Stil verwendet. Hier wurden nicht mehr Abläufe mit Löchern dargestellt, sondern statistische Daten auf den Karten gespeichert.
1928 meldete IBM ein Patent für eine Lochkarte mit 80 Spalten und 12 Zeilen an. Mit der Standardlochung konnten 64 verschiedene Zeichen codiert werden. Insgesamt entspricht das einer Kapazität von 80 Byte. Um 175 ZB zu speichern, bräuchte man also ca. 2 Trilliarden Lochkarten. Geht man von einem 0,17 mm dünnen Karton aus, wäre das ein Turm von mehr als 370 Billionen Kilometern. Zum Vergleich: Der sonnennächste Stern Proxima Centauri ist dagegen nur 40 Billionen Kilometer von der Sonne entfernt.

Magnetband

In den 50er Jahren des 20. Jahrhunderts wurden Lochkarten durch Magnetbänder ersetzt. Diese bestehen aus langen, dünnen Kunststofffolien, die mit einem magnetisierbaren Material beschichtet sind. Das Band ist aufgerollt, damit es möglichst wenig Platz einnimmt. Magnetbänder wurden auch zur Speicherung von Audio-Aufnahmen (z. B. Audio-Kassette) und Videos (z. B. VHS-Kassette) verwendet. Im IT-Bereich sind Magnetbänder vereinzelt bis heute zu finden, werden aber zunehmend von anderen Speichermedien verdrängt. Die Kapazität heutiger Bänder ist mit einigen Gigabyte vergleichsweise hoch. Auf den ersten Magnetbändern konnten bis zu 800 Kilobyte (KB) gespeichert werden. Um 175 ZB auf solchen Bändern speichern zu können, wären also über 200 Billiarden Magnetbänder notwendig. Geht man von einer Rolle der Höhe 3 cm aus, so ergäbe das einen Turm der Höhe 6,56 Billionen Kilometer. Ein Fahrzeug, das sich mit Lichtgeschwindigkeit bewegen könnte, würde in etwa 8 Monate für eine Strecke dieser Länge benötigen.

Daten am Computer werden als Binärzahlen gespeichert: Für jede Ziffer ist nur eine 0 oder eine 1 erlaubt (Bit). Magnetspeicher bestehen aus vielen, kleinen magnetisierten Bereichen. Je nach Richtung des magnetischen Nordpols stellt der Bereich eine 0 oder eine 1 dar.

Audio-Kassetten

VHS-Kassetten

5-Zoll-Magnetband

Datenbanksymbol

Festplatte

1956 brachte IBM die erste Festplatte (engl. **H**ard **D**isk **D**rive) auf den Markt. Die Eckdaten waren:

- Speicherkapazität: 3,75 MB
- Gewicht: 1 Tonne
- Größe samt Aufbewahrungsschrank: 1,52 m × 1,72 m × 0,63 m

Die Festplatte war so schwer, da sie aus 50 magnetbeschichteten Eisenscheiben bestand. Diese Scheiben drehten sich mit 1200 Umdrehungen pro Minute und konnten bei einer Zugriffszeit von 600 Millisekunden bis zu 100 Bit pro Zoll speichern.
IBM benötigte 6 Jahre für die Entwicklung dieser Festplatte. Das Gerät wurde nicht verkauft, sondern für 3200 Dollar pro Monat vermietet. Trotz dieser gewaltigen Größe brachte die Festplatte Vorteile für IBM, denn bisher wurde dort hauptsächlich mit Lochkarten gearbeitet. Um 175 ZB auf Festplatten dieser Art zu speichern, wären mehr als 46 Billiarden Platten notwendig. Unnötig zu erwähnen, welchen riesigen Raum diese Menge an Geräten einnehmen würde.

Erst 1979 wurden Festplatten so klein, dass sie für den privaten Gebrauch verwendet werden konnten. Das heute noch gängige Symbol für Datenbanken zeigt einen Stapel runder Festplatten.
Heute gängige magnetische Festplatten haben andere Dimensionen.

moderne Festplatte mit drei Magnetscheiben

Disketten

Zwischen 1969 und 1982 wurden Disketten mit unterschiedlichen Formaten entwickelt. Eine Diskette besteht aus einer dünnen Kunststoffscheibe, die mit einem magnetisierbaren Material beschichtet ist. Diese Scheibe steckt in einer Hülle, damit es zu keiner Beschädigung kommt. Die ersten Disketten hatten noch einen Durchmesser von 8 Zoll (ca. 20 cm) und eine Speicherkapazität von anfangs 80 KB. Nach und nach wurden die Disketten kleiner und die speicherbare Datenmenge größer:
Die 3,5-Zoll-Diskette mit 1,44 MB war bis in die 1990er Jahre ein beliebtes Speichermedium, das wegen seiner Handlichkeit auch im privaten Bereich eingesetzt wurde. Das Office-Paket 4.3 wurde beispielsweise auf 32 Disketten geliefert. Die weite Verbreitung der Diskette hat dazu geführt, dass die Abbildung einer Diskette in der Menüleiste vieler Programme bis heute als Symbol zum Speichern verwendet wird.

Compact Disc, DVD und Blu-ray Disc

Anfang der 1980er Jahre stellten Sony und Philips ein neues optisches Speichermedium vor: die Compact Disc, kurz CD. Da sie die Schallplatte ablösen sollte, hatte Philips zunächst mit Datenträgern mit einem Durchmesser von 30 cm experimentiert. Da den Herstellern jedoch zum einen klar war, dass sich der Markt mit einer so großen Datenmenge extrem verändern würde und da sie das Format an die Kassette anpassen wollten, einigten sich Sony und Philips auf ein Format mit einem Durchmesser von 12 cm. Um die Festlegung dieser Größe ranken sich viele Legenden. Eine besagt, dass die längste Aufnahme von Beethovens Neunter Symphonie auf die CD passen sollte. Diese Version kann aber mittlerweile widerlegt werden.

Später wurde die CD auch als Datenträger im IT-Bereich verwendet. Ähnlich wie bei Schallplatten waren aber auch bei CDs viele Jahre nur fertig gepresste CDs gängig, deren Inhalt nicht mehr verändert werden konnte. Erst später wurden auch mehrfach beschreibbare „Rohlinge" und entsprechende „CD-Brenner" bezahlbar. Der Datenträger wurde mit verschiedenen Kapazitäten produziert. Ein gängiges Format hatte 650 MB Speicherplatz. Von solchen CDs wären 269 Billionen Stück notwendig, um 175 ZB zu speichern. Bei einer Höhe von 1,2 mm wäre das ein Turm der Größe 323 Millionen Kilometer. Das ist immer noch mehr als die Entfernung zwischen Sonne und Erde.

Die später entwickelte DVD sah genauso aus wie eine CD und funktionierte mit ähnlicher Technik. Sie brachte es aber schon zu Beginn mit 4,7 GB auf deutlich mehr Speicherplatz.
Noch mehr Kapazität bietet die immer noch verbreitete Blu-ray Disc. Auf ihr haben bis zu 128 GB Daten Platz.

USB-Stick und SD Memory Card
Der USB-Stick wurde 1996 erfunden und löste schnell Diskette und CD ab. Auf dem ersten USB-Stick hatten 8 MB Platz. Mittlerweile besteht ein USB-Stick häufig nur noch aus einer winzigen Platine, kann jedoch viele Gigabyte Daten speichern. Die Platine wird in unterschiedlichste Hüllen gesteckt. Es existieren Hüllen in Form von Batterien, Tieren, Goldbarren und vielem mehr.
Wie USB-Sticks basieren auch SD-Karten auf einem Flash-Speicher, der ohne Energiezufuhr Daten dauerhaft speichern kann. Dieser Flash-Speicher ist auch in kleinen Geräten wie Smartphones verbaut.

Solid State Disk
Bereits in den 1970er und 1980er Jahren wurden Solid State Drives bzw. Solid State Disks (kurz SSDs) in Supercomputern verbaut. Da die Preise für SSDs anfänglich sehr hoch waren, wurden sie erst im 21. Jahrhundert massentauglich. Moderne SSD-Speichermedien basieren, wie USB-Sticks, ebenfalls auf Flash-Speicher. Bei gleicher Speicherkapazität sind sie immer noch teurer als herkömmliche Festplatten. Sie bieten aber auch große Vorteile wie schnellere Zugriffszeiten und geräuschloses Arbeiten. In vielen Computern sind mittlerweile sowohl Festplatten in Form von Hard Disk Drives (HDDs) als auch SSDs eingebaut.

L3 Hacken für Anfänger: SQL-Injection-Angriffe
Viele Webseiten verwenden als Teil ihres Backends ein Datenbanksystem, mittels welchem z. B. Seiteninhalte nach Bedarf abgerufen oder Login-Daten verwaltet und abgeglichen werden können. Unter dem Begriff *SQL-Injection* versteht man das „Einschleusen“ eigener SQL-Kommandos durch einen (oft böswillig agierenden) Hacker, um so Informationen auszuspähen oder gar Datenbankinhalte zu manipulieren. Bei schlecht gesicherten Webseiten kommt es häufig vor, dass Nutzereingaben auf der Webseite ungeprüft in SQL-Ausdrücke übernommen werden, wodurch es einem Angreifer möglich wird, durch geschickte, vom Webseitenbetreiber nicht vorgesehene Eingaben beinahe beliebige SQL-Befehle und Abfragen auszuführen.
Eine schlecht gesicherte Webseite mit Anmeldefunktion könnte beispielsweise eine Datenbanktabelle Nutzer verwenden, mit der die beim Login eingegebenen Zugangsdaten abgeglichen werden.

benutzername	passwort	rolle	e_mail	geburtsdatum	telefonnr
admin1	1337!	Administrator	admin@…	23.12.1978	0160 9…
kunde2834	passwOrt	Kunde	post@…	22.07.1965	0151 4…
…	…	…	…	…	…

Durch eine eingeschleuste SELECT * Abfrage auf diese Tabelle könnten hier persönliche Daten und Passwörter geklaut werden; aber auch eine Manipulation der Daten (z. B. kunde2834 macht sich selbst zum Administrator) oder rein zerstörerische Aktionen wie das Löschen der gesamten Datenbank sind durch eingeschleuste SQL-Befehle möglich.

Beim Login-Versuch eines Nutzers muss das System intern das in der Nutzertabelle gespeicherte Passwort für den Vergleich mit der Passworteingabe abfragen. Dafür wäre folgende Abfrage denkbar:

```
SELECT passwort
FROM   Nutzer
WHERE  benutzername = "eingegebener Benutzername"
```

Gibt man als Benutzername beim Login nun folgendes ein:

kunde2834"; UPDATE Nutzer SET rolle = "Administrator" WHERE benutzername = "kunde2834

so führt das Datenbanksystem insgesamt folgendes aus:

```
SELECT passwort
FROM   Nutzer
WHERE  benutzername = "kunde2834";
UPDATE Nutzer
SET rolle = "Administrator"
WHERE benutzername = "kunde2834";
```

Neben dem eigentlichen Passwortabgleich wird so zusätzlich dem Benutzerkonto von kunde2834 die Rolle eines Administrators zugewiesen.

SQL-Injections selbst ausprobieren

Da bereits durch einen versuchten SQL-Injection-Angriff ein Schaden für den Webseitenbetreiber entstehen kann, darf nur bei Webseiten, die dies ausdrücklich erlauben, mit solchen Angriffen experimentiert werden. Andernfalls ist bereits der Versuch einer SQL-Injection strafbar! Auf der speziell für diesen Zweck eingerichteten Seite www.dbiu.de/schule einer fiktiven Schule, darfst du versuchen, mittels SQL-Injections an eigentlich nicht öffentlich zugängliche Informationen zu gelangen.

Die Webseite verwendet ein sogenanntes *Content Management System* (CMS), bei dem die Inhalte der einzelnen Seiten in einer Datenbanktabelle verwaltet werden. Die Startseite ist dabei z. B. unter der URL www.dbiu.de/schule/index.php?page_id=0 erreichbar, wobei der Parameter page_id=0 angibt, welche Seite geladen werden soll. Es liegt also nahe, dass der Seiteninhalt mittels einer Abfrage wie rechts dargestellt abgerufen wird.

```
SELECT ???
FROM ???
WHERE page_id=0
```

Durch einen recht einfachen „Hack" kannst du nun versuchen, die Notenlisten der Schule abzurufen, welche nur sehr schlecht gegen unerlaubten Zugriff geschützt sind.

Mit einem etwas anspruchsvolleren Angriff kann außerdem Zugriff auf die Login-Daten aus der Nutzertabelle erlangt werden. Hierzu muss zunächst die genaue Struktur der Datenbank ermittelt werden. Das verwendete Datenbanksystem bietet hierzu die SQL-Befehle **SHOW TABLES** und **DESCRIBE** *Tabellenname* an, welche durch eine SQL-Injection ausgeführt werden können. Kennt man die Tabellenstruktur, können mittels beliebiger eingeschleuster **SELECT**-Befehle weitere Daten abgerufen werden.

2 Objektorientierte Modellierung und Programmierung

Am Ende dieses Kapitels kannst du ...

... Objekte miteinander kommunizieren lassen.

... viele Objekte der gleichen Klasse effizient verwalten.

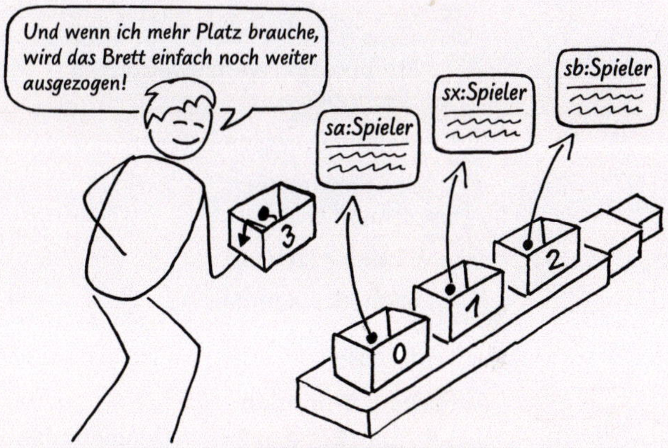

... Vererbungshierarchien sinnvoll einsetzen.

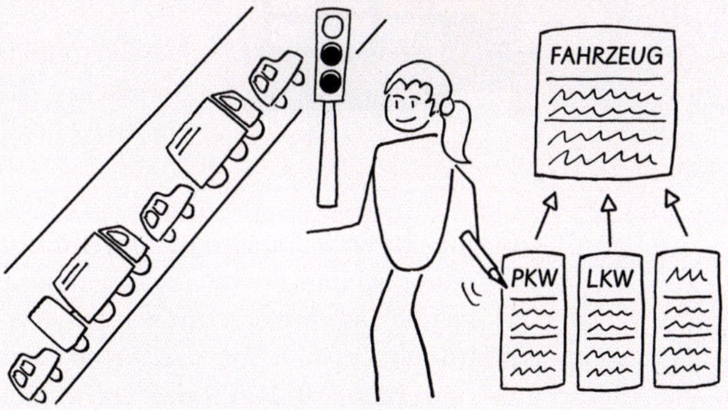

2.1 Startklar: Objektorientiertes Programmieren

In diesem Kapitel kannst du testen, ob du noch fit in den Inhalten des letzten Schuljahres bist! Zum Testen findest du kleine Aufgaben zum „Aufwärmen“ und Üben. Wenn du unsicher bist, kannst du die kurzen Zusammenfassungen im Anschluss an die jeweilige Aufgabe lesen. Als weitere Hilfe findest du auf der Seite informatikschulbuch.de zum Download einen „Spickzettel“, der die wichtigsten Befehle in deiner Programmiersprache zusammenfasst. Tipp: Erweitere ihn im Verlauf des Jahres um die neuen Inhalte.
Außerdem findest du auf der Webseite nicht nur die Vorlagen zu den Aufgaben dieses Kapitels, sondern auch eine Checkliste und die Lösungen. Versuche es aber zunächst selbst!

Kontrollstrukturen/Algorithmen

Ich kann Algorithmen formulieren mit der …	Aufgaben
… bedingten Anweisung.	5, 6
… Zählwiederholung.	5
… bedingten Wiederholung.	5
… Mehrfachauswahl.	3

Objektorientiertes Programmieren

Ich kann …	Aufgaben
… Attribute und Wertzuweisungen implementieren.	3, 5, 6
… Methoden implementieren.	2, 3, 5
… den Konstruktor implementieren.	4
… Objekte erzeugen.	1
… Methoden aufrufen.	1, 2, 3, 5

Arbeitsprozess und objektorientierte Konzepte

Ich kann …	Aufgaben
… objektorientiert analysieren und modellieren.	2, 5, 6, 7
… das Vererbungskonzept zielgerichtet einsetzen.	2, 3, 6, 7, 9
… sinnvolle Datentypen zuordnen.	3, 4
… testen und modifizieren.	5, 8
… mit Fachbegriffen kommunizieren.	5

Übe das bei allen Aufgaben, bei denen du oder jemand anderes nicht weiterkommt!

Aufgabe 1: Mondrian

Der niederländische Maler Piet Mondrian (1872–1944) gehört zu den Vätern der abstrakten Malerei. Seine bekanntesten Werke bestehen aus Rechtecken in den Primärfarben, wie hier zu sehen in einem Nachbau des Bilds „Komposition mit Rot, Gelb, Blau“ aus dem Jahr 1921.
Erstelle mithilfe der Vorlage selbst ein Bild bestehend aus den geometrischen Grundfiguren (du darfst auch Dreiecke und Kreise verwenden), bei dem du dich von Mondrians Werk inspirieren lässt.

In einer Entwicklungsumgebung (IDE) können in einer Programmiersprache Klassen beschrieben werden und damit **Objekte erzeugt** werden. Mit der **Punktnotation** kann man **Botschaften** an diese Objekte senden und damit **Methoden aufrufen.**

Beispiel:

```
r1 = neu RECHTECK()
r1.FarbeSetzen("rot")
r1.PositionSetzen(20, 20)
r1.GrößeSetzen(100, 100)
```

Objektname.Methodenname(Eingabewerte)

Aufgabe 2: Zeichnen von Figuren

In der Vorlage findest du eine Klasse HAUS, die von FIGUR erbt und bei Aufruf der zugehörigen Methode ein Haus zeichnet. Entwickle analog eine Klasse für den nebenstehenden Vogel.

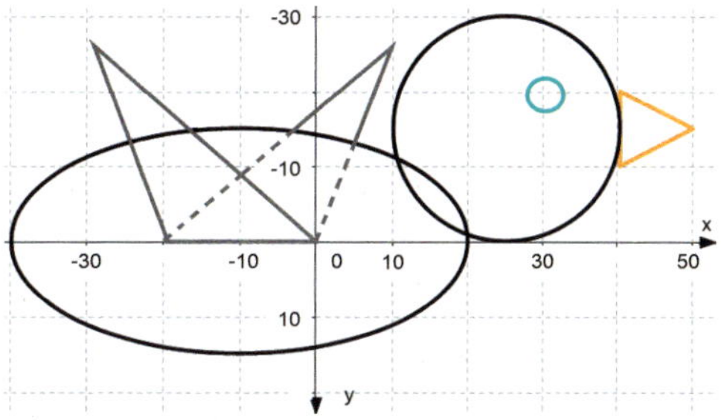

Durch das Konzept der **Vererbung** können Baupläne erweitert werden: **Unterklassen** erben von **Oberklassen** alle Attribute und Methoden und können um neue Attribute und Methoden ergänzt werden.
Methodenbeschreibungen bestehen aus **Methodenkopf** und **Methodenrumpf**. Der Methodenkopf enthält den Namen der Methode sowie gegebenenfalls Parameter und den Typ des Rückgabewerts. Der Methodenrumpf ist eine **Sequenz** von Anweisungen, welche nach Aufruf der Methode ausgeführt wird.

```
klasse HAUS beerbt FIGUR
  methode HausZeichnen()
    FigurteilFestlegenDreieck(0,-10,10,0,-10,0,"rot")
    FigurteilFestlegenRechteck(-10, 0, 20, 20, "gelb")
  endemethode
endeklasse
```

Methodenkopf

Methodenrumpf

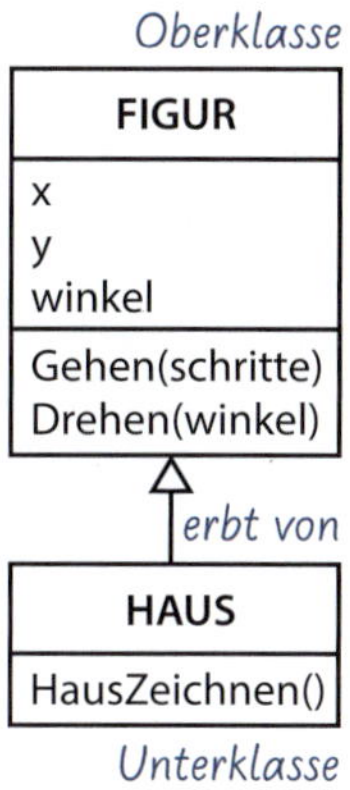

Aufgabe 3: Vogel, flieg!

In diesem Projekt findest du neben der Darstellung des Vogels wie in Aufgabe 2 zwei weitere Methoden, die den Vogel in verschiedenen Flugphasen darstellen; zwei der Darstellungen sind dabei identisch. Überschreibe die Methode *AktionAusführen*, die regelmäßig taktgesteuert aufgerufen wird, damit der Vogel abwechselnd in den vier Flugphasen dargestellt wird. Verwende die Mehrfachauswahl wie im Struktogramm auf der nächsten Seite. Dazu wird auch ein Attribut für die Flugphase benötigt, dem in jeder Flugphase ein neuer Wert zugewiesen wird.

Unterklassen können von der Oberklasse geerbte Methoden neu definieren, sie können diese **überschreiben.**
In der Unterklassenmethode ist es weiterhin möglich, die überschriebene Oberklassenmethode zu nutzen.

```
klasse QUADRAT beerbt RECHTECK

  überschreibe methode GrößeSetzen(breite:
    GANZZAHL, höhe: GANZZAHL)
    super.GrößeSetzen(breite, breite)
  endemethode
endeklasse
```

Aufruf gleichnamiger Oberklassenmethode

Eine **Variable** ist allgemein eine Möglichkeit, Werte zu speichern. Dazu gehören Attribute, Parameter (zur Übergabe von Werten bei Methoden) und lokale Variablen (innerhalb von Methoden).
Zur Festlegung einer Variablen muss man Name und **Datentyp** angeben. Typische **Datentypen** sind **GANZZAHL, KOMMAZAHL, WAHRHEITSWERT, ZEICHEN** und **ZEICHENKETTE.**
Der **Zustand** eines Objekts ist festgelegt durch die Werte all seiner Attribute. Durch die **Zuweisung** eines neuen Werts an ein Attribut findet ein Zustandsübergang statt.

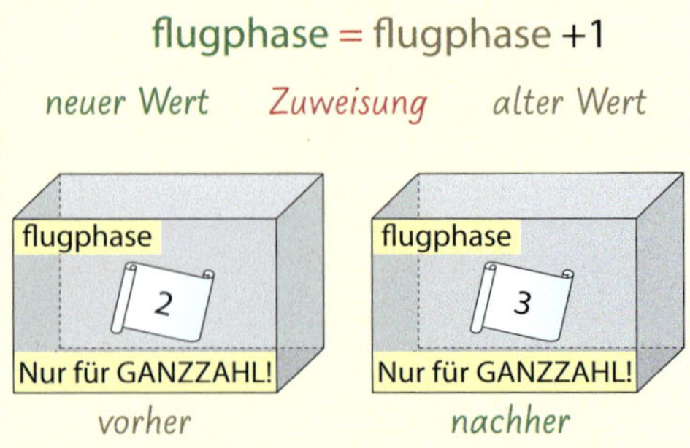

Die **Mehrfachauswahl** erlaubt es, abhängig vom Wert einer Variablen aus beliebig vielen Alternativen zu wählen.

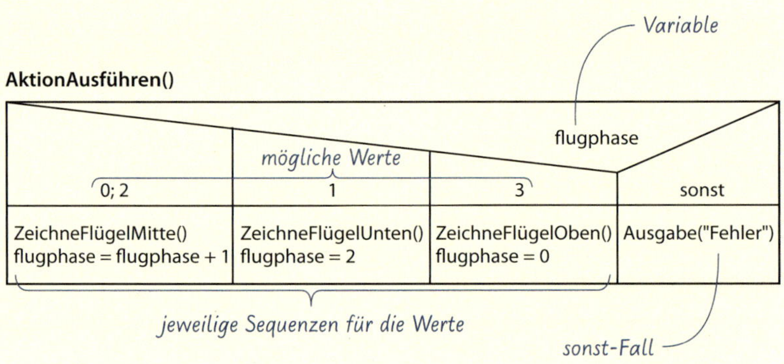

Aufgabe 4: Ein Vogel, von Anfang an!
Bei der Lösung der letzten Aufgabe gibt es noch ein Problem: Beim Erzeugen ist noch kein Vogel sichtbar, sondern die Standardfigur. Implementiere den Konstruktor, sodass der Vogel von Beginn an sichtbar ist und in der Phase 1 (Datentyp: GANZZAHL) startet.

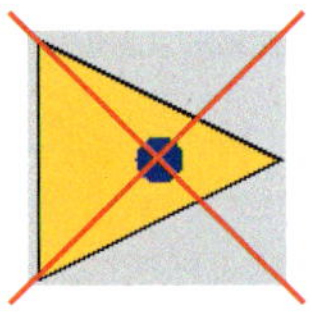

Der **Konstruktor** ist eine besondere Methode, die beim Erzeugen eines Objekts automatisch aufgerufen wird und in der den Attributen sinnvolle Anfangswerte zugewiesen werden.

```
klasse QUADRAT beerbt RECHTECK
  konstruktor(seitenlänge: GANZZAHL)
    super()        Aufruf Oberklassenkonstruktor

    selbst.BreiteSetzen(seitenlänge)
  endekonstruktor
...
```

Aufgabe 5: Frei nach Mondrian

Eine Künstlerin möchte inspiriert von den Werken von Mondrian (Aufgabe 1) Kunstwerke aus roten, gelben, blauen und schwarzen Rechtecken erstellen, aber anders als Mondrian ohne die Linien dazwischen. Um sich die Arbeit zu erleichtern, möchte sie die Bilderstellung automatisieren.

a Die Klasse RECHTECK_MONDRIAN ist bereits fertig. Analysiert sie in Zweierteams. Beschreibt euch gegenseitig, wie sie arbeitet mit den Begriffen Oberklasse, Unterklasse, Konstruktor, Aufruf des Oberklassenkonstruktors / einer Oberklassenmethode, Zufallszahl.

b In der Klasse BILD muss noch die Methode *BildZeichnen* gemäß dem nachfolgenden Struktogramm implementiert werden. Beschreibe, unter welchen Umständen beim Aufruf *BildZeichnen(20)* mehr als 20 Rechtecke gezeichnet werden.

c Ergänze in der Klasse BILD die Methode *BildZeichnen* gemäß dem Struktogramm.

d Teste die Methode mit den Aufrufen *BildZeichnen(100)* und *BildZeichnen(0)*. Die Zeichnung soll enden, wenn mindestens ein Rechteck von jeder Farbe vorhanden ist. Zeichne ein berichtigtes Struktogramm des Abschnitts und berichtige die Methode entsprechend.

*Die **Zählwiederholung** wird verwendet, wenn bereits vor Eintritt in die Wiederholung feststeht, wie oft wiederholt werden muss.*

BildZeichnen(GANZZAHL anzahlRechtecke)

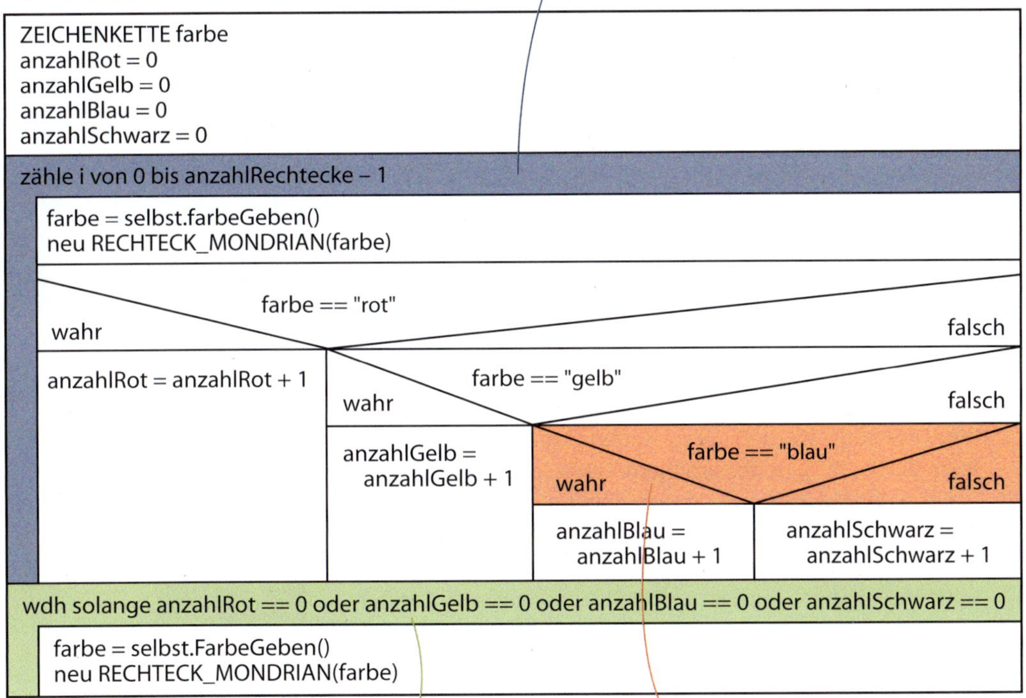

*Die **bedingte Wiederholung** wird verwendet, wenn eine Sequenz wiederholt werden soll, solange eine Bedingung wahr ist.*
Bedingungen können mit den logischen Operatoren UND, ODER und NICHT verknüpft werden.

*Die **bedingte Anweisung** wird verwendet, um abhängig von einer Bedingung eine von zwei verschiedenen Sequenzen auszuführen.*
Zum Erstellen von Bedingungen können folgende Vergleichsoperatoren verwendet werden: <, >, <=, >=, ==, !=

e Das Werk soll automatisch benannt werden in der Form „Komposition aus … roten, … blauen, … gelben und … schwarzen Rechtecken". Entwickle eine Methode mit Rückgabewert, die den Namen des zuletzt gezeichneten Bildes liefert.

f Diskutiert in der Klasse, inwieweit ihr ein solches maschinell erstelltes Werk noch als Kunstwerk empfindet. Recherchiert aktuelle Beispiele, wie Rechner eingesetzt werden, um Kunstwerke zu erschaffen.

Eine **Methode mit Rückgabewert (Funktion)** gibt am Ende ihrer Ausführung einen Wert zurück.

Methode hat Rückgabewert vom Typ GANZZAHL

```
methode AnzahlRechteckeGeben()-> GANZZAHL
  rückkehrmit anzahlRot + anzahlGelb + anzahlBlau
    + anzahlSchwarz
endemethode
```

Wert wird zurückgegeben

Weitere Aufgaben zur Wiederholung

6 Robot Karol mit Rucksack

Karol ist es leid, unendlich viele Ziegel mit sich herumzuschleppen und dabei noch gut gelaunt zu wirken! Ab sofort hat er nur noch eine begrenzte Ziegelanzahl in einem Rucksack dabei, die zu Beginn festgelegt wird. Er legt höchstens so viele Ziegel hin, wie er dabei hat. Danach gibt er bei Aufruf der Methode *Hinlegen* jedesmal eine passende Fehlermeldung aus und macht ansonsten normal weiter.

a Skizziere ein Klassendiagramm mit der Vererbungsbeziehung und den neuen Attributen und Methoden der Klasse RUCKSACKKAROL.

b Implementiere und teste in einer selbstgewählten Aufgabenstellung.

7 Fit für's Abi? (aus: Abitur Bayern 2019)

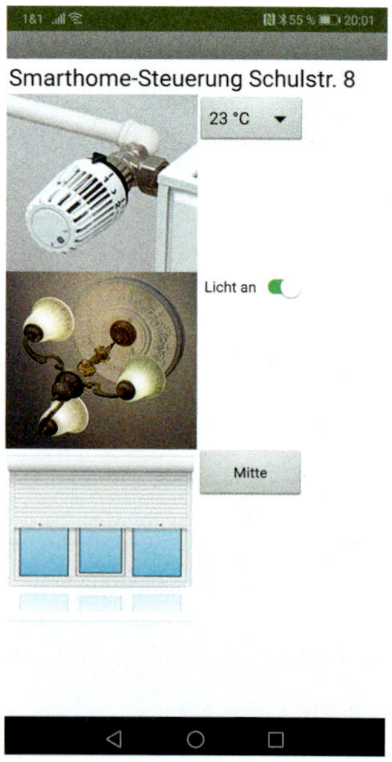

Mit den bisherigen Kenntnissen kannst du bereits erste Abituraufgaben lösen:
Ein Softwareentwicklungsteam wird beauftragt, eine Steuerungs-App für Smart-Home-Systeme zu entwickeln. (…) In einer Vorstudie werden die zu steuernden Geräte durch Objekte simuliert. Für jedes simulierte Gerät soll der Ist-Zustand – wie in der Abbildung (…) beispielhaft dargestellt – mittels einer Methode *informationAusgeben()* angezeigt werden können. Alle Geräte besitzen einen eindeutigen Namen und können ein- oder ausgeschaltet sein. Bei einigen Geräten werden außerdem ein ganzzahliger Messwert und die zugehörige Einheit gespeichert, z. B. bei der Heizung aktuell 23 °C für die Temperatur. Falls ein solches Gerät eingeschaltet ist, soll der aktuell gemessene Wert mit Einheit, sonst „aus" angezeigt werden.
Bei der Erzeugung eines Objekts für ein Gerät wird der Name übergeben, für Geräte mit Messwert zusätzlich ein Minimal- und Maximalwert sowie die Einheit. Eine Methode *istImErlaubtenBereich()* soll bei Geräten ohne Messwert immer wahr zurückgeben, bei Geräten mit Messwert genau dann wahr, wenn dieser im Bereich von Minimalwert bis Maximalwert

liegt, unabhängig davon, ob das Gerät ein- oder ausgeschaltet ist. (…) Zeichnen Sie ein Klassendiagramm mit einer Klasse GERAET und mindestens einer weiteren Klasse für die oben beschriebene Situation.

8 „proud to fail early" …

… ist ein Spruch von Softwareentwicklern, der aussagt, dass es normal und wertvoll ist, Fehler zu machen.

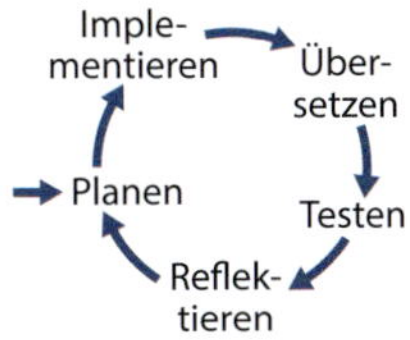

- **a** Betrachte den Kreislauf beim Programmieren. Nenne die Phasen, in denen Fehler entdeckt werden können, und gib je ein Beispiel dazu an.
- **b** Beschreibe den typischen Vorgang eines Tests nach dem Schreiben einer Methode.
- **c** Für eine Spielfigur hast du die Aufgabe, die vier Methoden *NachNordenGehen* usw. zu schreiben. Begründe, welchen Vorteil es hat, den Kreislauf mehr als einmal zu durchlaufen. Spanne dabei auch den Bogen zu „proud to fail early".
- **d** Fehler können ein Gewinn sein, wenn man Wichtiges schriftlich festhält. Hast du letztes Jahr eine Tabelle mit Fehlermeldungen und zugehörigen Lösungen oder Ähnliches erstellt? Notiere dieses Jahr deine Erkenntnisse regelmäßig in deinem Heft nach dem agilen Spruch „What did you learn today?".

9 Rückwärtsturtle

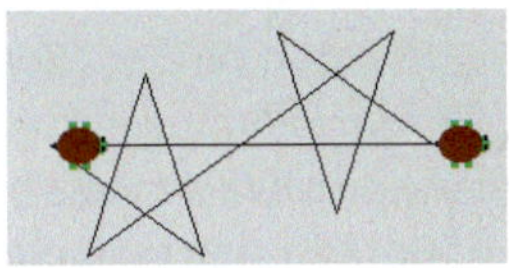

- **a** Entwickle eine Klasse RÜCKWÄRTSTURTLE, die sich von einer normalen Turtle nur dadurch unterscheidet, dass sie sich rückwärts anstatt vorwärts bewegt. Dazu musst du nur eine Methode überschreiben.
- **b** Teste deine neue Klasse, indem du eine normale und eine Rückwärtsturtle erzeugst und ihnen jeweils die gleichen Anweisungen gibst. Benenne und begründe die mathematische Eigenschaft der entstehenden Figur.

2.2 Objekte kommunizieren miteinander: Referenzen

Am John-von-Neumann-Gymnasium sollen die normalen Türen durch Schiebetüren als Eingang und Ausgang ersetzt werden, die per Lichtschranke gesteuert werden. Lilly und Robina haben für eine Vorstudie im Rahmen ihres P-Seminars eine Simulation entwickelt, in der jede von den beiden eine Klasse für eine Lichtschranke geschrieben hat. Lillys Lichtschranke ist links, Robinas ist rechts.

- **a** Erprobe die Simulation, indem du die Figur mittels Mausklicks durch die Türen steuerst, bis ein Fehler auftritt.
- **b** Vergleicht in Zweierteams jeweils die Lichtschranken-Klassen von Lilly und Robina und formuliert Unterschiede sowie eine Vermutung zur Ursache des Problems.
- **c** Verbessert gemeinsam Robinas Klasse, damit sich auch ihre Tür öffnet.

In einem einfachen Computerspiel muss ein Vögelchen, das mit der Tastatur nach oben und unten bewegt werden kann, Bergen ausweichen und kleine Insekten fangen. Berge und Insekten bewegen sich von rechts nach links; verschwinden sie links, so tauchen sie rechts wieder auf. Berührt der Vogel ein Insekt, so erhält der Spieler einen Punkt; wird dagegen der Berg berührt, so endet das Spiel. Um das zu realisieren, benötigt man in diesem komplexeren Programm neben den einzelnen Spielfiguren ein Objekt der Klasse SPIEL, das die Gesamtsteuerung übernimmt. Dieses steht mit allen fünf Objekten in Beziehung, wie im Klassendiagramm skizziert.
Um eine solche Beziehung in einem Programm umzusetzen, muss man in mehreren Schritten vorgehen, die im Folgenden exemplarisch an der Beziehung „Das Objekt Spiel steuert Insekt Nummer 1“ erläutert werden.

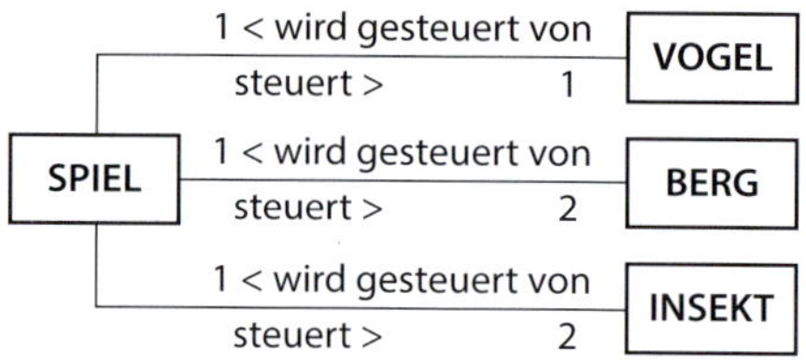

→ 1.3

1. Schritt der Umsetzung: Vereinbarung

Zunächst ist zu klären, welches Objekt an das andere Botschaften in Form von Methodenaufrufen schicken muss. Im Beispiel steuert das Spiel den Ablauf, indem es über Methodenaufrufe einzelne Bewegungsschritte der anderen Objekte anstößt und je nach Berührung Punkte gutschreibt oder das Ende anzeigt. Umgekehrt muss das Insekt keine Botschaften aktiv an das Spiel senden. Damit das Spiel das Insekt-Objekt „kennt“, benötigt man ein spezielles Attribut, ein sogenanntes **Referenzattribut**. Dieses enthält anders als die Attribute der bisher behandelten Datentypen – sogenannte primitive Datentypen (GANZZAHL, ZEICHEN, …) – keinen unmittelbaren Wert, sondern eine → **Referenz** (eine Art Zeiger) auf ein anderes Objekt.

→ referre: lat. zurückführen, sich auf etwas beziehen

```
klasse SPIEL
  ...
  spielLäuft : WAHRHEITSWERT
  ...
  insekt1 : INSEKT
```

Die Vereinbarung (Deklaration) aller Attribute erfolgt typischerweise vor dem Konstruktor; sie enthält jeweils Bezeichner und Datentyp.

Bei Referenzattributen ist der Datentyp der Name der Klasse, von der das referenzierte Objekt ist.

Nach diesem Schritt existiert noch kein Objekt der Klasse INSEKT, nur eine Referenz „ins Leere". Man kann sich so ein Referenzattribut vorstellen wie eine Schachtel, die einen Pfeil („Lasso") mit einem darin fixierten Fuß enthält, an dessen Spitze man ein anderes Objekt anbinden kann. Das Lasso liegt jedoch noch ungenutzt in der Schachtel. Das primitive Attribut enthält den Wert dagegen unmittelbar.

Schachtelmodell:

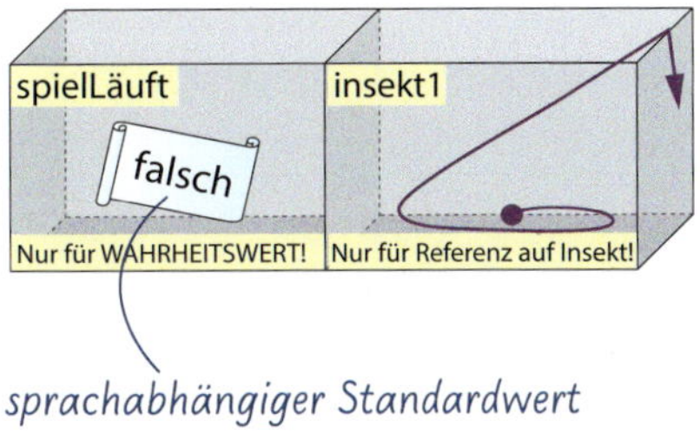

Objektdiagramm:

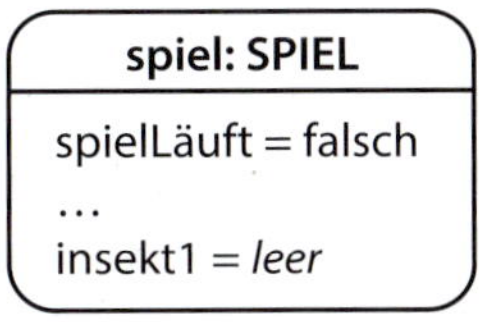

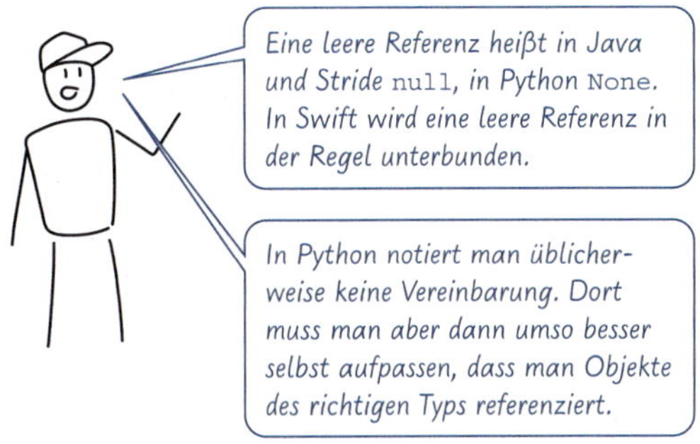

2. Schritt: Initialisierung

Das referenzierende SPIEL-Objekt muss nun ein passendes INSEKT-Objekt erzeugen und mit dem Referenzattribut verbinden. Diese Initialisierung des Referenzattributs geschieht typischerweise im Konstruktor. Dadurch wird das Referenzattribut initialisiert.

```
konstruktor()
  ...
  spielLäuft = wahr
  ...
  insekt1 = neu INSEKT()
```

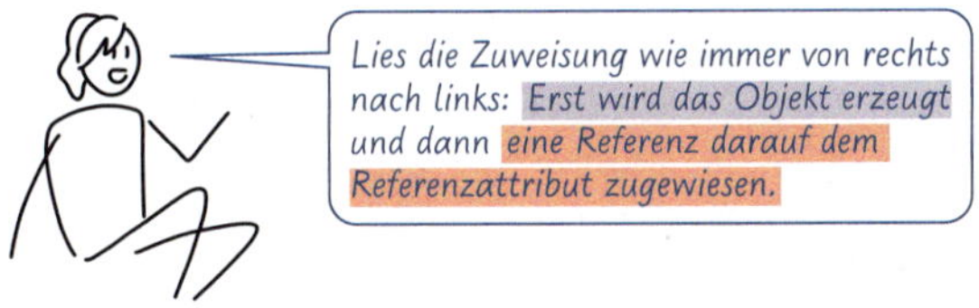

Nach Ausführung des Konstruktors sieht die Situation dann wie folgt aus:

Schachtelmodell:

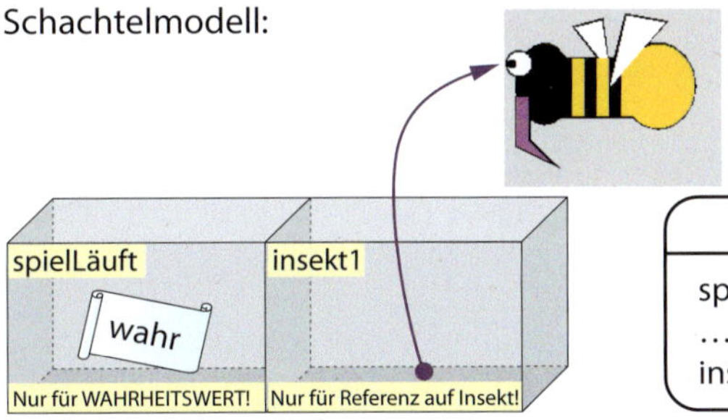

Objektdiagramm:

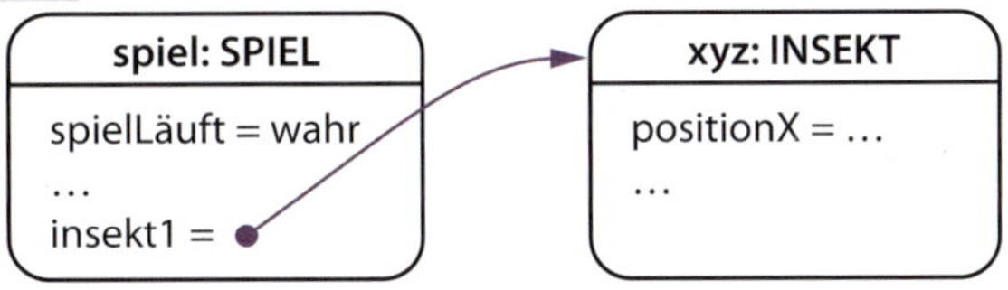

Während der Wert eines primitiven Attributs direkt gespeichert ist, ist das Insekt ein eigenständiges Objekt, das über die gespeicherte Referenz „angesprochen" werden kann.

3. Schritt: Nutzung der Objektreferenz zur Kommunikation zwischen Objekten

Die Objektreferenz ist jetzt vollständig. Das Objekt, das die Referenz besitzt, kann nun mit dem referenzierten Objekt kommunizieren; es kann ihm Botschaften schicken, auf die das referenzierte Objekt geeignet reagiert.

Klasse SPIEL, Auszug aus der zentralen Methode *TaktImpulsAusführen*:

```
berührt: WAHRHEITSWERT
berührt = insekt1.Berührt(vogel)
wenn berührt
  insekt1.PositionSetzen(800,300)
```

Insekt verschwindet und taucht als „neues“ Insekt rechts wieder auf

Zunächst wird die Methode *Berührt* aufgerufen und dabei dem Insekt eine Referenz auf den Vogel übergeben. Das Insekt überprüft, ob er das referenzierte Objekt (den Vogel) berührt, und gibt im Anschluss den passenden Wert zurück.

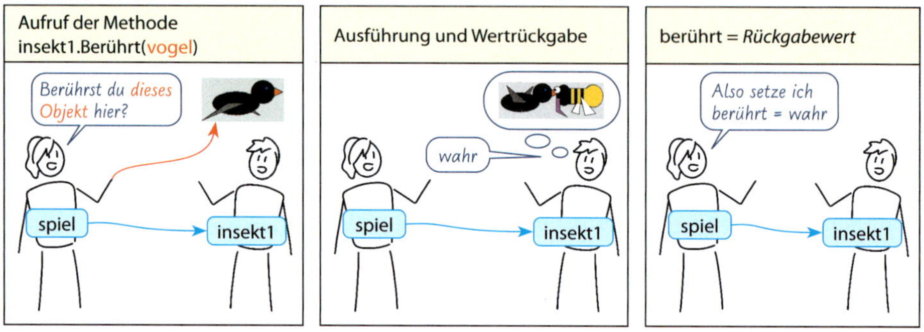

Ausführung der Zeile berührt = insekt1.Berührt(vogel) im Rollenspiel

Die Methode *PositionSetzen* ist dagegen eine Methode ohne Rückgabewert. Nach Aufruf durch das Spiel führt das Insekt die Methode aus und erhält eine neue Position als scheinbar neues Insekt. Danach arbeitet das Spiel weiter.

Ausführung der Zeile insekt1.PositionSetzen(800,300)

In der formalen Darstellung des **Sequenzdiagramms** lässt sich der gesamte Kommunikationsvorgang strukturiert visualisieren.

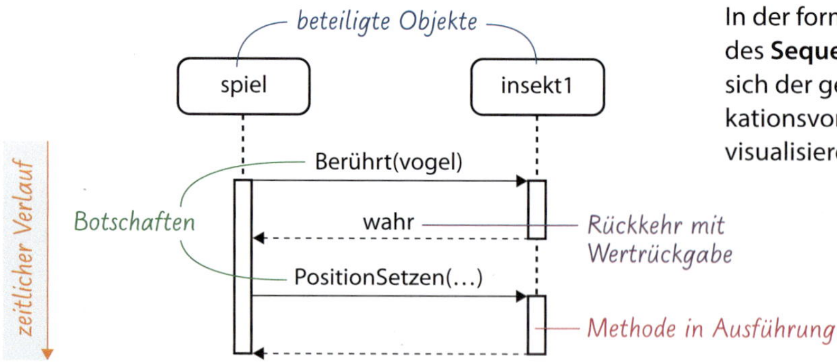

Ausführung der Zeile insekt1.PositionSetzen(800,300)

Referenzattribute sind Attribute, die eine **Referenz** (Zeiger) auf ein anderes Objekt enthalten können. Ein Objekt benötigt eine Referenz auf ein anderes Objekt, um ihm Botschaften in Form von Methodenaufrufen schicken zu können.

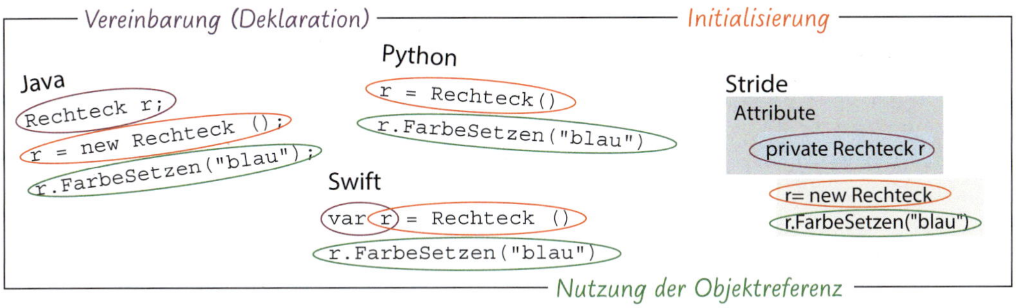

Aufgaben

1 Informatik ist überall: Schiffe verwalten (a, b nach Abitur 2018/II)

Die Bayerische Verwaltung der staatlichen Schlösser, Gärten und Seen (kurz: Bayerische Schlösserverwaltung) ist unter anderem für den Betrieb der auf dem Königssee, Ammersee, Starnberger See und Tegernsee eingesetzten Passagierschiffsflotte zuständig. Jedes Schiff der Flotte ist dabei einem dieser Seen zugeteilt und hat neben seinem Namen eine Reihe von bauartbedingten Eigenschaften. Die Zentralverwaltung in München beabsichtigt, auf ein neues Softwaresystem umzustellen, das alle für die Organisation relevanten Aspekte berücksichtigt.

- **a** Modellieren Sie für den Neuentwurf des Systems die oben beschriebene Situation als Klassendiagramm unter Verwendung der Klassen SCHIFF, SEE und ANLEGESTELLE. Ergänzen Sie für jede Klasse mindestens zwei sinnvolle Attribute.
- **b** Aufgrund von Unterschieden in Betrieb und Wartung lässt sich der Flottenbestand in Elektroboote, Dieselmotorschiffe und mit Dieselmotoren ausgestattete Schaufelraddampfer gliedern. Passen Sie den betreffenden Teil Ihres Klassendiagramms so an, dass die unterschiedlichen Eigenschaften und Funktionalitäten der Schiffstypen berücksichtigt werden können.
- **c** Skizziere ein Objektdiagramm mit einem See sowie je einem Elektro- und Dieselschiff und vergleiche mit dem Klassendiagramm. Begründe, weshalb man im Objektdiagramm Vererbungsbeziehungen im Gegensatz zu anderen Beziehungen nicht erkennen kann.
- **d** Die Software soll auch die Dienstpläne der Mitarbeiter verwalten. Dennis formuliert: „Zu einem festen Zeitpunkt haben n Schiffe m Mitarbeiter an Bord. Also handelt es sich um eine n : m-Beziehung." Erkläre Dennis, welchen Denkfehler er macht und worauf er bei der Formulierung von Beziehungen achten muss.

2 Doppelt gemoppelt

- **a** Im gegebenen Projekt findest du eine Klasse zu Teilaufgabe a). Analysiere und erprobe diese. Versuche, die Rechtecke durch Ergänzung der Methode *WeiterÄndern* zu verändern. Zeichne danach ein passendes Objektdiagramm ohne Attribute.
- **b** Ergänze in der Klasse zu Teilaufgabe b) die Methode *WeiterÄndern* um Methodenaufrufe (*PositionSetzen, FarbeSetzen* …) mithilfe der beiden Referenzattribute. Zeichne ein passendes Objektdiagramm.

3 Suche nicht nach Fehlern, suche nach Lösungen!

a Für einen Fahrradverleih soll eine neue Software entwickelt werden. Darin haben sich Fehler eingeschlichen, die du berichtigen musst, bevor du das Programm ausführen kannst (sog. ***Kompilierzeitfehler***). Berichtige diese; notiere dir auch für dich neue Fehler und Tipps zur Beseitigung in deinem Heft.

b Nach dem Übersetzen kannst du nun für den Fahrradverleih die Methode *Ausleihen* mit einer Fahrradnummer zwischen 1 und 3 und einer Kundennummer von 1 bis 2 aufrufen. Dabei tritt ein Fehler zur Laufzeit des Programms (***Laufzeitfehler***) auf. Analysiere den Fehler durch Untersuchung der Attributwerte. Finde und beseitige die Ursache im Konstruktor und teste!

c Als Entleiher wird bei jedem Entleihvorgang der Name „Karl Kopf" ausgegeben, der gar nicht Kunde des Fahrradverleihs ist. Finde und beseitige die Ursache dieses ***logischen Fehlers***.

d Begründe, weshalb es kein Fehler ist, dass in der Methode *FahrradZeichnen* nur eine lokale Referenzvariable vom Typ KREIS vereinbart ist, obwohl vier Kreise erzeugt werden.

e Für Schnelle: Das Programm weist darüber hinaus weitere konzeptionelle Schwächen auf. Benenne Aspekte, warum es so nicht praxistauglich ist.

Auftragsbestätigung
Entleiher: Karl Kopf
Anschrift: Ameisenstraße1, Turing
Fahrradtyp: Mountainbike
Farbe: blau

4 Diagramme

a Erzeuge eine Grafik in den Schritten, wie sie durch die Objektdiagramme vorgegeben sind. Teste und vergleiche nach jedem Schritt die aktuellen Attributwerte im Programm. Beide Rechtecke sollen am Ende die Position (200, 200) haben und gelb sein.

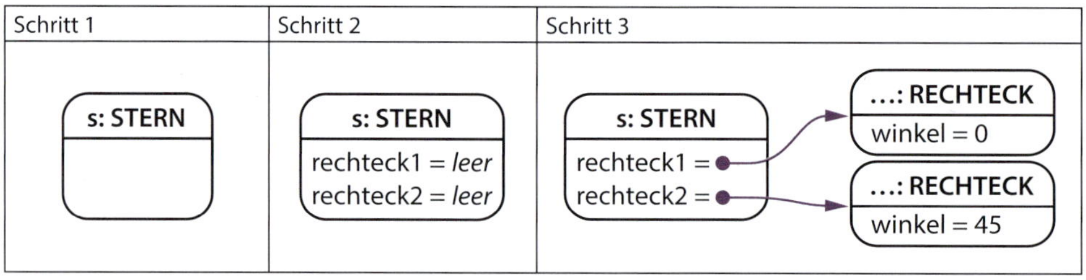

b Skizziere das zugrundeliegende Klassendiagramm mit der Beziehung zwischen den Klassen. Begründe, weshalb es in der Regel genügt, die zweiseitige Beziehung eines Klassendiagramms nur in eine Richtung umzusetzen.

c Skizziere ein Sequenzdiagramm ab dem Zeitpunkt, zu dem alle Objekte erzeugt sind.

5 Pep up my house!

Für die Doku-Soap „Pep up my house" soll ein Animationsfilm als Trailer erstellt werden, bei dem ein durcheinandergeratenes Haus aufgemöbelt wird.

a Betrachte die Klasse BÜHNE und untersuche, wie darin die verschiedenen Objekte erzeugt werden.

b Ergänze die unvollständigen Methoden jeweils auf Basis der Beschreibung in den Kommentaren. Teste!

c Die Sonne wird zwar angezeigt, kann aber nicht verändert werden. Untersuche im Konstruktor, was hier schiefgelaufen ist! Korrigiere!

d Erweitere den Film um zusätzliche Objekte.

6 Bienen- und Vogel-Spiel

Für das Spiel, das im Lehrtext beschrieben ist, sind die Figuren bereits vorgegeben. Auch der Vogel fliegt schon und ist steuerbar mit der ↑-Taste.

a Ergänze Berge und Insekten um eine Methode *Bewegen*, die die Objekte ein kleines Stück nach links bewegt und sie wieder ganz nach rechts bringt, wenn sie am linken Bildschirmrand verschwunden sind.

b Entwickle die Klasse SPIEL als Unterklasse von EREIGNISSTEUERUNG mit Referenzattributen und steuere die Objekte, indem du in den Methoden *TaktImpulsAusführen* und *SondertasteGedrückt* die Methoden aus a) geeignet aufrufst.

c Erweitere das Projekt um eigene Ideen (z. B. zufälliges Herumschwirren der Insekten, Punktestand, weitere Figuren …).

7 Akkustandanzeige

a Zeichne ein Klassendiagramm zu einer Akkustandanzeige mit Balken und begründe knapp, warum zur Umsetzung Referenzattribute nötig sind.

b Analysiere das gegebene Projekt. Es enthält Fehler und ist nicht vollständig. Verbessere bzw. ergänze zu einer funktionierenden Akkustandanzeige, die auf orange bei einem Ladezustand unter 30 % und auf rot unter 10 % schaltet.

c Beschreibe stichwortartig Verbesserungsmöglichkeiten der Lösung aus b). Für Schnelle: Setze die Verbesserungen um.

8 Turtles symmetrisch

a Erstelle eine Unterklasse von TURTLE, deren Objekte sich genau andersherum drehen als eine normale Turtle und sich ansonsten gleich verhalten. Entwickle eine Klasse ACHSENSYMMETRIE, die jeweils ein Objekt der jeweiligen Turtleart referenziert, und steuere die Turtles damit so, dass sie achsensymmetrische Figuren zeichnen.

b Entwickle analog eine Klasse für Punktsymmetrie.

c Turtles als Synchronschwimmer: Vier Turtles werden zentral gesteuert und starten im gleichen Punkt um jeweils 90 Grad gedreht mit den gleichen Übungen. Experimentiere und sei kreativ.

***9 Wer knackt den Highscore? – Datenbankverbindung**

Nach der Beendigung eines Programms gehen die Daten normalerweise verloren. Um aus einem Programm heraus Daten dauerhaft zu speichern, auf die man später zurückgreifen will, kann man die Anbindung an eine Datenbank verwenden. Im Projekt 2_2_A09_Vorlage findest du ein (triviales!) Spiel, das mit einer Klasse DATENBANKANBINDUNG verbunden ist.

→ 3.3

a Analysiere die Klasse SPIEL: Skizziere ein Klassendiagramm mit der Beziehung zwischen SPIEL und DATENBANKANBINDUNG und verschaffe dir einen Überblick, wie nach der Beendigung des Spiels der Eintrag in die Datenbank und die Ausgabe der Highscoreliste erfolgt.

b Das Projekt 2_2_A09_Aufgabe liefert dir ein anderes Spiel. Realisiere für dieses Spiel eine Datenbankanbindung nach dem Beispiel aus a).

10 Forschungsauftrag: Objektkommunikation

a Untersuche, ob du mit einem Referenzattribut auch Objekte „fremder" Klassen referenzieren kannst (z. B. ein Dreieck im Attribut vom Typ KREIS).

b Recherchiere zu Sequenzdiagrammen (vgl. S. 62) und finde weitere Elemente, die darin enthalten sein können. Stelle diese in einem Kurzreferat vor.

2.3 Objekte schützen: Sichtbarkeit und Kapselung

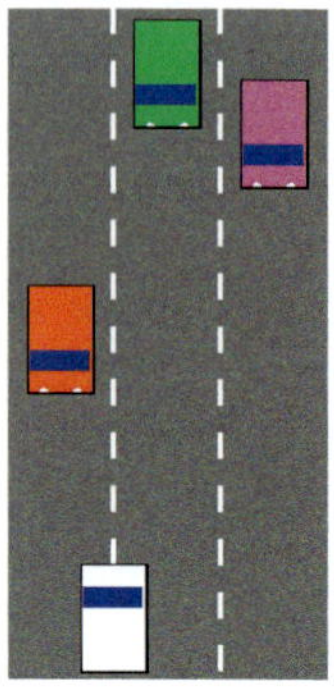

Im Spiel „Alles Geisterfahrer" musst du im weißen Auto durch Drücken der Pfeiltasten den entgegenkommenden Fahrzeugen ausweichen. Allerdings gibt es noch Probleme: Das grüne Auto fährt nicht und das weiße lässt sich nur nach rechts bewegen, nicht nach links.

a Untersuche das Programm und beseitige die Fehler.

b Begründe, weshalb es zu keiner Fehlermeldung, aber zu einem fehlerhaften Verhalten kam.

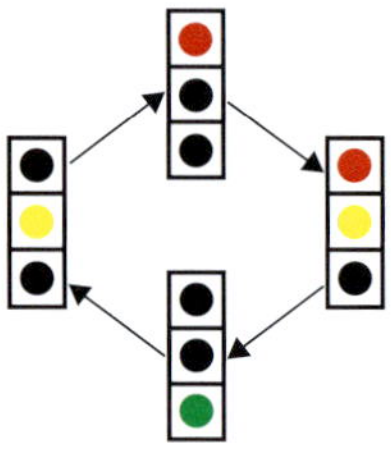

Kapselungsprinzip

Eine Ampel hat vier Phasen, die zyklisch in fester Reihenfolge durchlaufen werden: rot – rotgelb – grün – gelb. Die Ampel entscheidet nicht selbst, wann sie die Phase wechselt. Sie wird gesteuert von einem zentralen Objekt steuerung, das allen Ampeln der Anlage sagt, wann sie in die nächste Phase wechseln.

Stefan und Amelie erproben das in einer Simulation und parallel dazu im Rollenspiel:

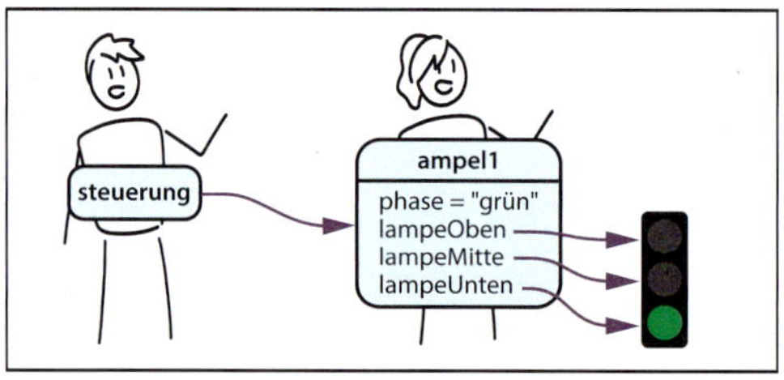

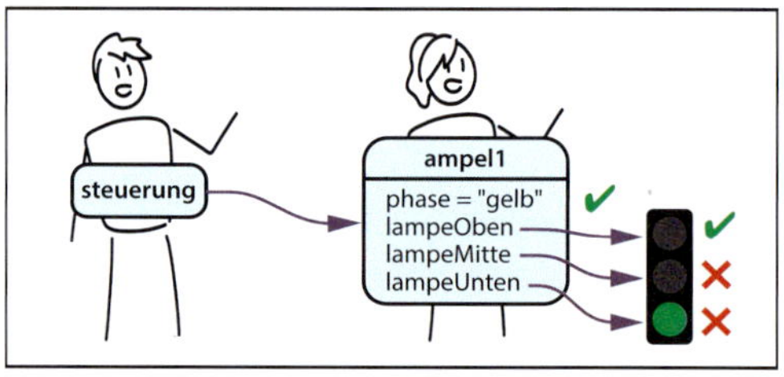

Stefan sendet als Botschaft die Zuweisung:

```
ampel1.phase = "gelb"
```

Dadurch ändert sich zwar das Attribut *phase* der Ampel auf den neuen Wert. Da Stefan die Klasse AMPEL aber nicht gut genug kennt, hat er übersehen, dass auch die von der Ampel referenzierten Lampen über die Änderung informiert werden müssen. Solche Fehler passieren leicht: Wenn ein Objekt unmittelbar auf die Attribute eines anderen Objekts zugreift und diese verändert, besteht die Gefahr, dass dabei notwendige Nebeneffekte, z. B. sonstige Werte, die geändert werden müssen, übersehen werden. Deshalb gibt es in der objektorientierten Programmierung den Grundsatz der **Datenkapselung**: Dieser besagt, dass nur ein Objekt selbst unmittelbaren Zugriff auf seine Daten (d. h. Attributwerte) haben sollte. Der Zugriff von außen soll nur über passende Methoden erfolgen, die vom aufgerufenen Objekt bereitgestellt werden. Im Beispiel braucht die Ampel eine Methode *GelbSetzen*, die nicht nur den Attributwert setzt, sondern auch bei den Lampen die folgenden Methoden aufruft:

```
lampeOben.Ausschalten()
lampeMitte.Anschalten()
lampeUnten.Ausschalten()
```

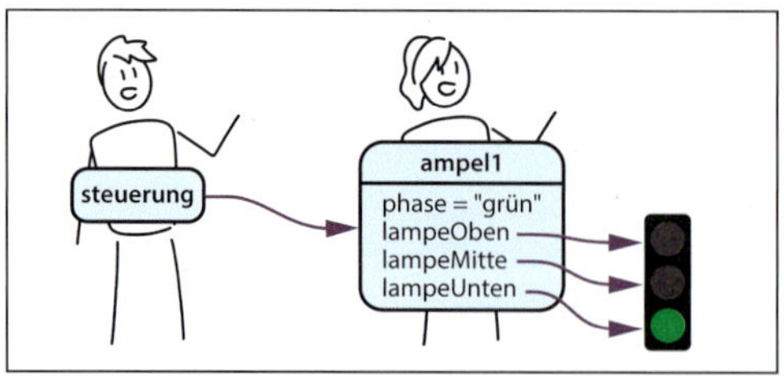

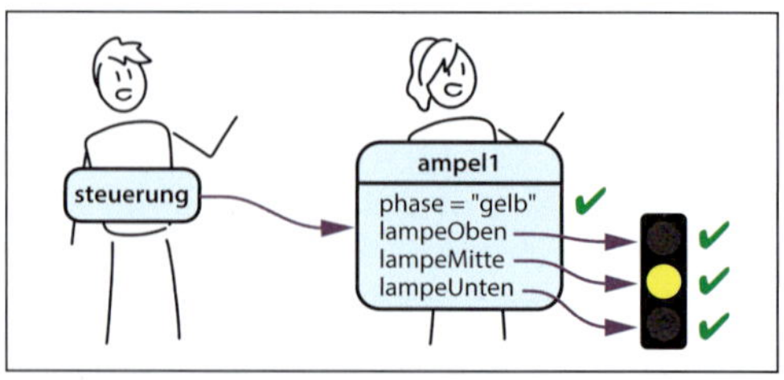

Das nebenstehende Bild veranschaulicht das Kapselungsprinzip: Die Attribute und Referenzattribute in der Mitte sind geschützt durch eine Hülle, die keinen unmittelbaren Zugriff erlaubt. Der Zugriff darf nur über passende Methoden erfolgen, z. B. über Getter („…*Geben*")- und Setter („…*Setzen*")-Methoden.

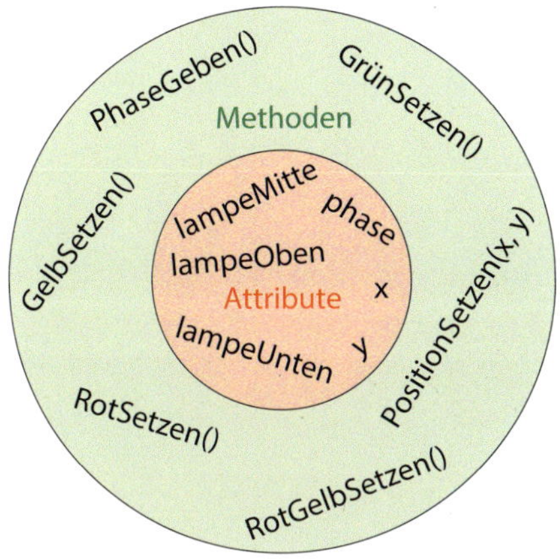

Zugriffsrechte

Um den Zugriff auf Klassen, Attribute und Methoden zu regulieren, stellen viele objektorientierte Programmiersprachen **Zugriffsmodifikatoren** zur Verfügung. Wenn man ein Attribut als **privat** kennzeichnet, kann nur das Objekt selbst (oder ein anderes Objekt der Klasse mit einer Referenz darauf) lesend und schreibend darauf zugreifen. Dadurch schützen Programmierer die Objekte ihrer Klassen vor Zugriff von anderen Programmierern, die die Klassen nicht genau kennen. Ebenso können private Methoden nur innerhalb der Klasse aufgerufen werden; dies ist sinnvoll bei Hilfsmethoden, auf die von außen nicht zugegriffen werden soll, um Fehler zu vermeiden. Üblicherweise werden Methoden aber als **öffentlich** gekennzeichnet, wodurch sie für alle anderen Objekte – auch außerhalb des aktuellen Projekts – verwendbar sind. Als weiteres Zugriffsrecht gibt es noch **geschützt**, das je nach Sprache für einen engeren Kreis von Klassen Zugriff gewährt.

	privat	öffentlich	geschützt	ohne Kennzeichnung
Java	private	public	protected	innerhalb des Pakets
Stride	private	public	protected	
Swift	private fileprivate	open public	internal	wie internal
Python	keine echten Zugriffsmodifikatoren; interne Methoden werden durch vorangestellten Unterstrich gekennzeichnet (_*methode*); dies wird jedoch nicht vom Interpreter beachtet. Umso besser muss man selbst auf das Kapselungsprinzip achten! Ein doppelter führender Unterstrich __*methode* verhindert unmittelbaren Zugriff von außen.			

Datenkapselung verhindert den direkten Zugriff auf Attribute. Es gilt der Grundsatz, dass Attribute nur über Methoden gelesen und verändert werden sollen.
Programmiersprachen unterstützen das Kapselungsprinzip durch **Zugriffsrechte**.

Java

```
public class Quadrat
{
    private int seitenlänge;
    ...
    public int SeitenlängeGeben()
    ...
```

Python

```
#Keine Zugriffsrechte.
#Nur Festlegung für
#interne Hilfsmethoden:
def _geheim(self):
    ...
```

Swift

```
open class Quadrat
{
    private var seitenlänge = 0
    ...
    open func SeitenlängeGeben()
    ...
```

Stride:

class**Quadrat**
Attribute
private int seitenlänge
Methoden
public int **SeitenlängeGeben()**

Aufgaben

1 Informatik ist überall

Bei einer Onlinebank gibt es auf Seiten des Kunden eine App, die das zugehörige Kontoobjekt auf Seiten der Bank referenziert. Der Kunde kann für sein Konto eine Überweisung beauftragen, wobei er eine IBAN, einen Betrag und einen Verwendungszweck angeben muss. Das serverseitige Konto hat einen Kontostand und eine IBAN, die der Kunde zwar abrufen, aber nicht direkt verändern kann. Spezielle Konten sind Girokonten und Sparkonten, die direkten Zugriff auf den Kontostand haben, aber die IBAN nur lesen können.
Skizziere ein Klassendiagramm und gib bei allen beschriebenen Methoden zusätzlich passende Zugriffsmodifikatoren an. Ergänze je zwei weitere sinnvolle Attribute und Methoden.

2 Kontrolle alter Projekte

a Untersuche die Projekte aus dem letzten Kapitel auf fehlende Zugriffsrechte: Wo könnte man möglicherweise Unfug durch direkten Zugriff auf Attribute anrichten? Teste, korrigiere und ergänze Zugriffsrechte.

b Teste im Anschluss, wie das System reagiert, wenn du weiterhin versuchst, direkt auf die Attribute zuzugreifen.

3 Ampel

Eine Ampel besteht aus drei Lampen; die Phasen rot – rotgelb – grün – gelb wiederholen sich zyklisch.

a Vervollständige die Klasse AMPEL um das fehlende Referenzattribut und die weiteren Methoden für die Ampelphasen.

b Vergib in den Klassen AMPEL und LAMPE passende Zugriffsrechte für Attribute und Methoden.

c Momentan besteht die Gefahr, dass die Ampel durch eine fehlerhafte Botschaft von außen in eine falsche Phase umschaltet (z.B. direkt von rot nach grün). Definiere eine Methode *Weiterschalten*, die abhängig von der aktuellen Phase in die korrekte Folgephase schaltet (Tipp: Mehrfachauswahl). Verhindere durch die Vergabe von Zugriffsrechten, dass Methoden für die einzelnen Phasen direkt aufgerufen werden können.

4 Countdown und Uhr – Zeitanzeige in Teile zerlegen

Anzeigen einer Digitaluhr gibt es in vielen Anwendungen. In dieser Aufgabe sollst du selbst einen Countdown programmieren.

a Beschreibt zu zweit knapp Unterschiede und Gemeinsamkeiten einer Uhr und eines Countdowns (s. z. B. Abbildung rechts). Analysiert die Bestandteile einer Zeitanzeige. Geht in eurer Begründung auch auf Wertebereiche ein.

b Testet und analysiert die Klasse UHR. Sie ist für die Anzeige der Tageszeit (noch) nicht geeignet. Ergänzt die Klasse entsprechend.

c Implementiert eine Klasse COUNTDOWN. Achtet darauf, dass der Benutzer einen Startwert wählen kann und der Countdown bei 0 stoppt.

d Implementiert eine weitere Klasse UHR2, die keine Sekundenanzeige hat. Überprüft, ob sich das Vererbungskonzept gewinnbringend einsetzen lässt.

e Überprüft, ob in allen Uhr- und Countdownklassen die Zugriffsrechte passend gesetzt sind.

f Für Schnelle: Überlegt eine weitere Anwendung, bei der man die bisherigen Bestandteile gut verwenden kann, und setzt sie um.

5 Grafische Benutzeroberflächen, selbst gemacht!

Von der Smartphone-App bis zur Textverarbeitung: In praktisch allen Anwendungen, die du tagtäglich nutzt, interagierst du mittels grafischer Benutzeroberflächen (GUIs) und ihren Komponenten (Buttons, Textfelder, …) mit dem System.

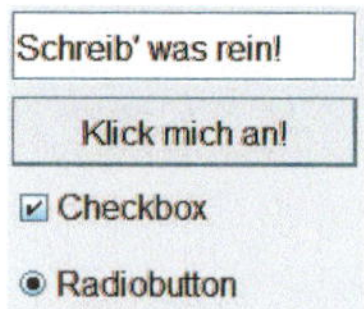

a Testet und analysiert in Partnerarbeit die Klasse TEXTFELD. Ergänzt passende Zugriffsrechte. Benennt → Features, die ein ausgereiftes Textfeld bietet und die hier noch fehlen.

b Testet und analysiert auch die Klasse BUTTON und begründet das verwendete Zugriffsrecht bei der Methode *AufMausklickReagieren*.

c Testet und analysiert die Klasse GUI, die ein Textfeld und einen Button verbindet. Beschreibt, wie und warum die Methode *AufMausklickReagieren* hier überschrieben wird.

d Überprüft, ob in allen GUI-Klassen die Zugriffsrechte passend gesetzt sind.

e Variiert/ergänzt die GUI mit eigenen Ideen, evtl. auch weiteren Buttons und Textfeldern.

f Implementiert und testet eine weitere Komponente (z. B. Checkbox, Radiobutton).

→ Features: Merkmale, Fähigkeiten

6 Dorianland – Level 1

Im Dorianland müssen die Welten so gebaut werden, dass Dorian das cyanfarbene Ziel des Levels erreichen kann. Die Koordinaten der Objekte sind der Einfachheit halber in der Darstellung der Welt mit angegeben.

a Erkunde die Darstellung von Level 1, indem du ein passendes Dorianland-Objekt erstellst; mache dich auch mit der Steuerung von Dorian vertraut; setze in der Klasse DORIAN passende Zugriffsrechte.

b Level 1 ist noch nicht vollständig: Ergänze einen Stahlträger, sodass Dorian das grüne Untier umgehen kann, und einige Kisten, über die er zum Endpunkt klettern kann.

c Für Schnelle: Erstelle ein eigenes Extralevel. Vergiss nicht, es auch in die Mehrfachauswahl der Methode *LevelSetzen(levelNr)* der Klasse DORIANLAND aufzunehmen.

7 Verkehrssimulation (Teil 1)

Um die Ampelschaltung in einer großen Stadt zu optimieren, soll zunächst in einer Verkehrssimulation erkundet werden, welche Umschaltzeiten der Ampeln bei einer bestimmten Fahrzeugdichte den größten Durchsatz an Fahrzeugen ermöglichen. Im vorbereiteten Projekt für eine Verkehrssimulation wird zunächst mit einer Fahrbahn und einer Ampel begonnen. Vorläufig sind maximal zwei Fahrzeuge auf dem Fahrbahnabschnitt um die Ampel unterwegs.

a Starte die Simulation (Objekt der Klasse SIMULATION) und beobachte das Verhalten der Fahrzeuge. Beschreibe insbesondere, wie sich der Abstand der Fahrzeuge verändert, wenn sie an der roten Ampel abbremsen und wenn sie losfahren, sobald die Ampel grün wird.

b Analysiere, mit welchen Objekten ein Objekt der Klasse FAHRBAHN kommunizieren muss, um die korrekte Steuerung der Fahrzeuge zu gewährleisten.

c Stelle die Kommunikationsvorgänge der Methode *Bewegen* in einem Sequenzdiagramm dar, unter der Bedingung, dass sich nur ein Fahrzeug auf der Fahrbahn befindet, das noch vor der Ampel ist.

d Setze in den Klassen der Simulation alle sinnvollen Zugriffsrechte.

e Ergänze die Fahrbahn um die Verwaltung eines dritten Fahrzeugs.

f Für Schnelle: Physik des Anfahrens: Beim Anfahren beschleunigen die Fahrzeuge mit konstanter Beschleunigung bis zum Erreichen der Maximalgeschwindigkeit von 50 km/h. Da sich deshalb innerhalb der Taktzeit von 1 s die Beschleunigung ändert, wird die Berechnung des zurückgelegten Wegs nach der Methode der kleinen Schritte in kürzeren Intervallen vorgenommen:

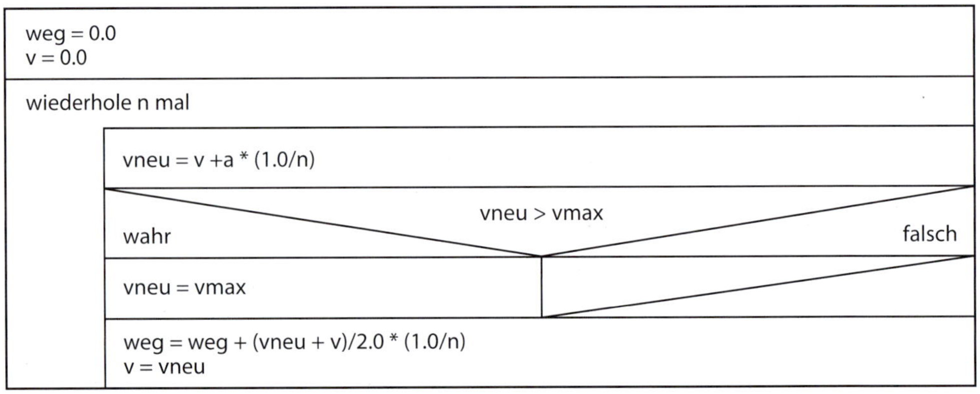

Im Rechenblatt in der Vorlage sind v und weg für eine Beschleunigung von $a = 4.0\ m/s^2$ und ein Zeitintervall von 0.1 s (n = 10) berechnet. Variiere das Zeitintervall und beobachte, wie sich der nach 5 Sekunden zurückgelegte Weg verändert. Begründe, warum die Programmierer das Zeitintervall 0.1 s verwenden.

8 Snake Prototyp 1

Beim Spiel Snake muss der Spieler eine Schlange über ein Spielfeld bewegen und dabei aufpassen, dass die Schlange nicht an den Rand oder sich selbst anstößt. Da die Schlange im Verlauf des Spiels immer länger wird, wird die Aufgabe mit zunehmender Zeit immer schwieriger.

Vorerst besteht die Schlange nur aus dem Kopf und zwei Rumpfelementen.

- **a** Starte das Spiel und steuere die Schlange umher. Beobachte, was passiert, wenn du mit der Schlange an den Rand stößt oder die Schlange sich selber beißt.
- **b** Analysiere, mit welchen Objekten ein Objekt der Klasse SCHLANGE kommunizieren muss, um die Schlange zu bewegen (Methode: *Bewegen*). Stelle den Kommunikationsablauf als Sequenzdiagramm dar.
- **c** Setze in allen Klassen des Spiels sinnvolle Zugriffsrechte.
- **d** Ergänze den Schlangenrumpf um ein drittes Element.
- **e** Für Schnelle: Begründe, warum das Hinzufügen weiterer Rumpfelemente immer schwieriger wird und warum es im gegebenen Programm nicht möglich ist, die Schlange während des Spiels automatisch wachsen zu lassen.

9 Smart Home Prototyp 1

In einem „Smart Home" lassen sich viele Geräte über einen Computer (Handy, Tablet, Laptop, Desktop-PC …) steuern. Zur Entwicklung einer solchen Steuerung wird zunächst eine Simulation für die notwendigen Komponenten wie Sensoren, Lampen und Rollläden entwickelt.

- **a** Im Projekt SmartHome sind bereits mehrere Sensoren und zu steuernde Geräte vorgegeben. In der Klasse HAUS ist die Steuerung für einen Heizkörper exemplarisch eingebaut. Erzeuge ein Objekt dieser Klasse und erprobe die Wirkung der verschiedenen Methoden.
- **b** Erzeuge die notwendigen Objekte, um einen Rollladen zu steuern (Reihenfolge beachten!), und teste auch hier die Wirkung der vorhandenen Methoden.
- **c** Stelle den Kommunikationsvorgang für die Methode *WertSetzen* des Objekts der Klasse WINDSENSOR in einem Sequenzdiagramm dar, unter der Bedingung, dass der Rollladen auf Automatik gesetzt ist und der neue Wert der Windstärke die Stellung des Rollladens verändert.
- **d** Ergänze den Rollladen in der Klasse HAUS.
- **e** Setze in allen Klassen der Simulation sinnvolle Zugriffsrechte; insbesondere darf auf die Attribute nicht mehr von außerhalb der Klasse zugegriffen werden können. Begründe, warum du dazu neue Methoden einführen musst, und gib an, was diese bewirken sollen.
- **f** Für Schnelle: Ergänze auch die Steuerung einer Lampe.
- **g** Für ganz Schnelle: Der Kühlschrank hat noch kein Symbol. Ergänze dieses und baue den Kühlschrank in die Simulation ein.

10 Forschungsauftrag: Entwurfsmuster Singleton

Beim Entwurfsmuster „Singleton" ist der Konstruktor privat. Informiere dich über den typischen Aufbau des Musters und die Vorteile bei seinem Einsatz. Finde heraus, wo das Muster im Projekt Graphics and Games zur Anwendung kommt. Stelle die Information in einem kurzen Referat der Klasse vor.

2.4 Viele Objekte effizient verwalten: Das Feld

Emma hat das Spiel Steinzeit entworfen, bei dem zu Beginn acht Steinfresser erstellt und zufällig auf dem Spielfeld verteilt werden. Nach Spielstart bewegen sie sich auf Kreisbahnen und man muss seinen Stein mit den Pfeiltasten zum rechten Rand steuern, ohne vorher gefressen zu werden. Der Quellcode ist allerdings noch fehlerhaft.

a Behebe die Fehler in der Klasse STEINZEIT, sodass das Spiel funktioniert.

b Furkan äußert vorsichtig Zweifel an Emmas Programmierstil. Beziehe zu Furkans beiden Aussagen begründet Stellung.

Mehrere Objekte in einer Datenstruktur

Belana hat sich ein kleines Programm geschrieben, um Notizen übersichtlich und unkompliziert speichern zu können. Im Programmcode wäre es zwar möglich gewesen, für jede Notiz ein einzelnes Referenzattribut zu vereinbaren – das wäre aber bei zehn oder mehr Notizen eine sehr monotone Arbeit. Außerdem könnte man dann nur so viele Notizen eintragen, wie zuvor Referenzattribute angelegt wurden.

Deshalb wird eine 1 : n-Beziehung in solchen Fällen üblicherweise nicht mit einzelnen Referenzattributen umgesetzt. Belana hat stattdessen die Datenstruktur **Feld** (Array) verwendet: Ein Feld muss nur einmalig angelegt werden und darin können beliebig viele Objekte vom gleichen Typ, **gleichartige Objekte**, verwaltet werden.

Man kann sich ein solches Feld wie ein (ausziehbares) Regalbrett vorstellen: Nachdem das Feld vereinbart und erzeugt worden ist, kann – etwa beim Tippen auf das Plus-Symbol – durch Aufruf der Feldmethode *Hinzufügen(Element)* ein Notizenobjekt ins Feld aufgenommen werden: Eine Schachtel, welche die Notiz referenziert, wird auf das Regalbrett gestellt.

Feldattribut vereinbaren ... ... für NOTIZ-Objekte

```
notizen: FELD<NOTIZ>
```

(leeres) Feld erzeugen

```
notizen = neu FELD<NOTIZ>()
```

bereits vorhandene Objekte hinzufügen

```
notizen.Hinzufügen(notiz1)

notizen.Hinzufügen(notiz2)

notizen.Hinzufügen(neu NOTIZ("Physikref.", 3))
```

Objekt wird erst direkt vor dem Hinzufügen erstellt

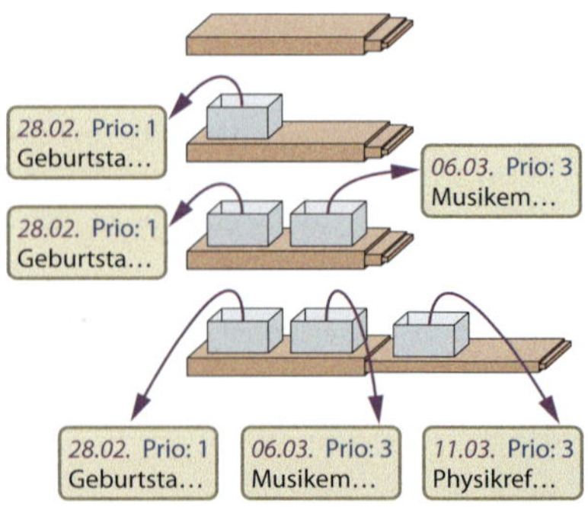

Java:

```
import java.util.ArrayList;
...
ArrayList<Notiz> notizen;
notizen = new ArrayList<Notiz>();
notizen.add(notiz1);
```

Python: (List)

```
notizen = []
notizen.append(notiz1)
```

Stride:

```
import java.util.ArrayList
private ArrayList<Notiz> notizen
notizen ⇐ new ArrayList<Notiz>()
notizen.add(notiz1)
```

Swift: (Array)

```
var notizen: Array<Notiz>
notizen = Array<Notiz>()
notizen.append(notiz1)
```

ArrayList

Objekte vom Typ FELD haben viele nützliche Methoden für die Verwaltung der Inhalte:

FELD
...
Hinzufügen(element) Entfernen(element) IstEnthalten(element): WAHRHEITSWERT Leeren() ...

- *Hinzufügen(element)*: fügt das neue Element am Ende ein
- *Entfernen(element)*: entfernt das angegebene Element
- *IstEnthalten(element)*: prüft, ob das angegebene Element enthalten ist
- *Leeren()*: entfernt alle Elemente aus dem Feld

Damit beim Start der App eine Vorschau aller Notizen erscheint, muss für jedes Objekt erst einmal die Methode *VorschauErzeugen()* aufgerufen werden.
Die Methodenaufrufe können effizient mit Hilfe einer Wiederholungsanweisung erfolgen. Gut geeignet ist dafür die **Wiederholung über alle Elemente**. Die Kontrollstruktur wird auch „für alle" genannt:

Python

```
for n in self.notizen:
  n.VorschauErzeugen()
```

Stride

```
for each (Notiz n in notizen)
    n.VorschauErzeugen()
```

Swift

```
for n in notizen
{
    n.VorschauErzeugen()
}
```

Java

```
for (Notiz n : notizen)
{
    n.VorschauErzeugen();
}
```

1 : n-Beziehungen kann man in einem Programm mit Hilfe der Datenstruktur **Feld** umsetzen: Darin können viele **gleichartige Objekte** effizient verwaltet werden. Hierfür bietet das Feld hilfreiche Methoden an (*Hinzufügen*, *Entfernen*, ...).
Die **Wiederholung über alle Elemente** („für alle") ist eine einfache Möglichkeit, nacheinander auf alle Objekte eines Feldes zuzugreifen.

Aufgaben

1 Wichtige Methoden eines Feldes

In der Klassenkarte im Lehrtext werden vier zentrale Methoden eines Feldes vorgestellt. Notiere dir in dein Heft, wie die Methoden in deiner Programmiersprache heißen und was sie leisten. Recherchiere im Internet, wenn es im Lehrtext nicht angegeben ist.

2 Informatik ist überall: Stauforschung

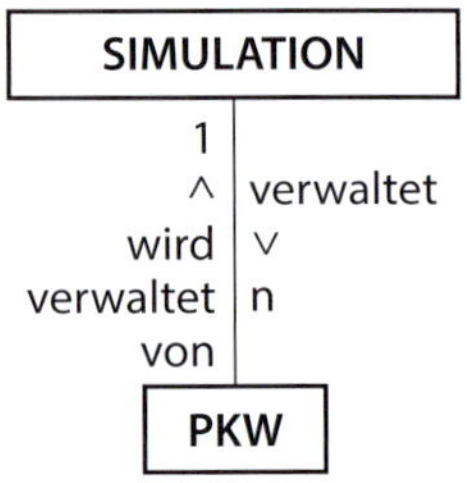

Um die Ursachen von Staus besser zu verstehen und mögliche Gegenmaßnahmen auszuprobieren, werden Verkehrsströme in großen Simulationen beobachtet.

a Begründe, warum der Einsatz eines Feldes zur Umsetzung der Beziehung besser geeignet ist als die Verwendung von einzelnen Referenzattributen.

b Damit bei Beginn der Simulation alle Fahrzeuge losfahren, muss für alle die Methode *Start()* aufgerufen werden. Gib den Quellcode dafür in deiner Programmiersprache an. (Hinweis: Du kannst davon ausgehen, dass das Feld fahrzeuge bereits angelegt und erzeugt wurde und alle PKW hinzugefügt wurden.)

c Gelegentlich muss die Simulation zurückgesetzt werden, dabei werden alle Referenzen auf PKW-Objekte aus dem Feld entfernt. Gib den Quellcode einer Methode *Zurücksetzen()* an, der das Beschriebene leistet.

d Mit der Methode *FahrzeugAufnehmen(PKW)* werden Fahrzeuge in die Simulation aufgenommen. Dabei muss allerdings sichergestellt werden, dass nicht schon eine Referenz auf den aufzunehmendem PKW im Feld enthalten ist. Nur dann wird eine neue Referenz aufgenommen. Gib den Quellcode der beschriebenen Methode an.

3 Steinzeit

In der Einstiegsaufgabe hast du das Spiel Steinzeit zwar zum Laufen gebracht, aber wenn du dir den Quellcode jetzt noch einmal anschaust, wird dir auffallen, dass man die Klasse STEINZEIT kürzer, eleganter und flexibler programmieren kann.

a Überarbeite den Quellcode: Verwende anstelle der Referenzattribute ein Feld und füge diesem die neuen Objekte hinzu. (Für Schnelle: Vielleicht fällt dir für das Hinzufügen ja noch eine bessere Variante ein, als zehnmal die gleiche Quellcodezeile zu tippen …). Kürze den Quelltext weiter, indem du wo möglich eine Wiederholung über alle Elemente verwendest.

b Anstelle von nur zehn sollen nun zwölf Steinfresser ihre Kreise ziehen. Nimm die entsprechenden Änderungen vor und bewerte, inwieweit die Datenstruktur Feld hierbei von Vorteil ist.

4 Lotto

Lotto „6 aus 49" ist ein Glücksspiel, bei dem man auf Kombinationen aus sechs verschiedenen Zufallszahlen zwischen 1 und 49 wetten kann. Im Folgenden soll eine (stark vereinfachte) Implementierung der Grundfunktionalitäten vorgenommen werden.

a Wenn man sechs Zahlen ausgewählt hat, werden diese intern in einem Feld gespeichert. Erstelle in einer Klasse LOTTO ein Feld für die Tipps und implementiere dann eine Methode *Tippen(zahl1, zahl2, …, zahl6)*, die das Beschriebene leistet. Die getippten Zahlen sollen am Ende der Methode auch ausgegeben werden. (Hinweis: Damit mehrmals gespielt werden kann, muss das Feld am Anfang der Methode geleert werden.)

In einer Methode *ZahlenZiehen()* soll die Auslosung der sechs Lottozahlen mit Hilfe eines Zufallsgenerators simuliert werden (Eine einfache Klasse ZUFALL ist bereits vorgegeben.). Die Zahlen sollen ebenfalls in einem Feld gespeichert werden. Dabei darf es keine doppelt gezogenen Zahlen geben. Im Struktogramm ist ein möglicher Algorithmus beschrieben.

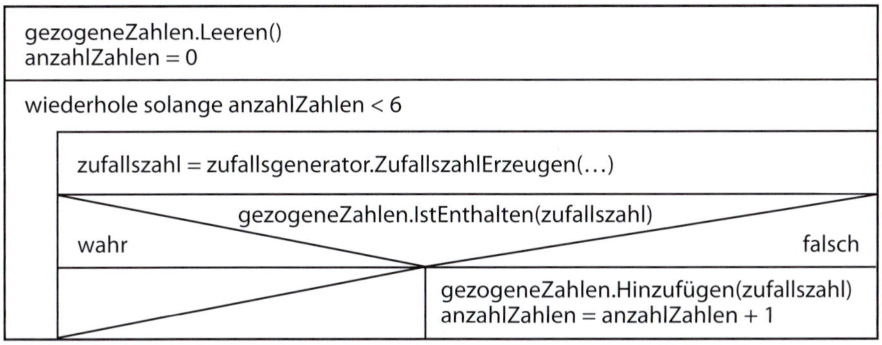

b Vollzieht zu zweit nach, wie der Algorithmus arbeitet. Setzt ihn dann um. Ergänzt außerdem eine Ausgabe der gezogenen Zahlen.

c Implementiert die Methode *TippÜberprüfen()*, die die aktuell gespeicherte Tippreihe mit den gezogenen Zahlen vergleicht und die Anzahl der „Richtigen" ausgibt. Nutzt eine Wiederholung und die Methode *IstEnthalten(element)*.

d Für Schnelle: Erstelle eine Methode zum effizienten Testen, die die Methoden *Tippen, ZahlenZiehen* und *TippÜberprüfen* direkt hintereinander ausführt. Optimiere das Programm dann weiter (z. B. Überprüfung, ob nur Zahlen von 1 bis 49 eingegeben wurden).

5 Notizapp

Im Programm MyMemo sollen Notizen verwaltet werden können:

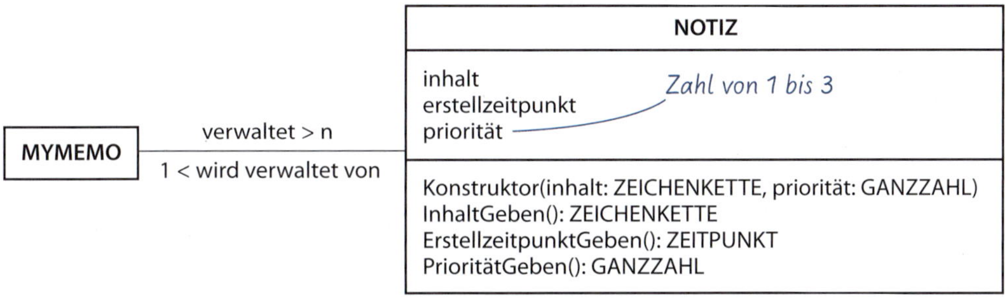

a Erstelle die beschriebene Klasse NOTIZ. Recherchiere, wie du (im Konstruktor) den aktuellen Zeitpunkt in deiner Programmiersprache abfragen kannst, und speichere diesen für jede Notiz im Attribut erstellzeitpunkt.

b Setze die Klasse MYMEMO sowie die 1 : n-Beziehung in deiner Programmiersprache geeignet um.

c Erstelle in MYMEMO eine Methode zum Hinzufügen einer Notiz.

d Ergänze in MYMEMO eine Methode *AlleAusgeben()*, bei deren Aufruf alle verwalteten Notizen in der Form „<Zeitpunkt> - <Priorität> - <Inhalt>" ausgegeben werden.
(Hinweis: Dazu müssen die einzelnen Attributwerte abgefragt und zu einer Zeichenkette verbunden werden.)

6 Browserverlauf

Im Browser findet man unter dem Menüpunkt „Verlauf" die zuletzt besuchten Webseiten. Auch Suchanfragen werden dort als Internetadressen (URLs) gespeichert.

a Diskutiert zu zweit den Unterschied zwischen der Eingabe einer Suchanfrage und einer URL, führt je eine Suche und eine URL-Eingabe aus und betrachtet die resultierenden Einträge im Verlauf.

Intern kann im Verlauf für die Verwaltung der Einträge ein Feld verwendet werden.

b Erstelle eine Klasse VERLAUF mit einem Feld für Zeichenketten, das im Konstruktor erzeugt wird. Mit einer Methode *InternetAdresseSpeichern(url: ZEICHENKETTE)* soll eine URL dem Feld hinzugefügt werden können.

c Wenn man im Browser den Menüpunkt „Verlauf" anwählt, wird im Hintergrund eine Methode *VerlaufAnzeigen()* aufgerufen. Implementiere die Methode so, dass beim Aufruf alle gespeicherten Internetadressen ausgegeben werden.

d In jedem Browser findet sich auch der Menüpunkt „Verlauf löschen". Diskutiert zu zweit, inwiefern diese Funktion mit dem Datenschutz zusammenhängt. Implementiere dann eine entsprechende Methode.

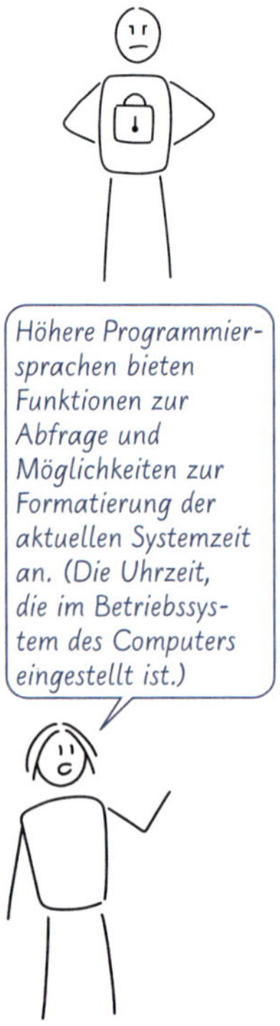

Gewöhnlich speichern Browser neben dem eingegebenen Text auch den Zeitpunkt der Anfrage. Um beide Informationen zu verwalten, ist ein Attribut vom Typ ZEICHENKETTE nicht mehr ausreichend. Die Informationen können stattdessen als Objekt vom Typ SEITENAUFRUF betrachtet werden.

e Setze die Klasse gemäß der abgebildeten Klassenkarte um. Passe dann in VERLAUF das Feld und die beiden Methoden *InternetAdresseSpeichern* und *VerlaufAnzeigen* für die neuen Objekte an.

SEITENAUFRUF
url zeitstempel
Konstruktor(url: ZEICHENKETTE) AusgabeformatErzeugen(): ZEICHENKETTE

aktuelle Systemzeit wird abgefragt, Zeitstempel und URL werden gespeichert. (→ Konstruktor)

Zeichenkette aus (formatiertem) Zeitstempel, Trennzeichen und Eingabe wird zusammengesetzt und zurückgegeben, z. B. (→ AusgabeformatErzeugen)

`20.01.2024, 15:40 – https://www.findy.example.com/search?q=Darf+man+Minnesota+mit+einer+Ente+auf+dem+Kopf+betreten`

f Für Schnelle: Vergleiche die Reihenfolge der Einträge in der Verlaufsanzeige des Programms mit der Reihenfolge im Browser und ändere deine Implementierung dementsprechend.

7 Fußballmanager

Teil eines Fußballmanager-Simulationsspiels ist es, die Spielaufstellung festzulegen. Ein Kleinfeld-Team besteht hier aus einem Torwart und vier Feldspielern. In der Klasse MANAGER wurden bereits alle neun Spieler des Kaders (Feldspieler und Ersatzspieler) angelegt.

a Vereinbare ein Feld feldspieler, lege es im Konstruktor an und erstelle dann eine Methode *StartfünfFestlegen()*, in der du dem Feld fünf der bereits vorhandenen Spieler hinzufügst.

b Die aufgestellten Spieler sollen angezeigt werden: Erstelle eine Methode *TeamAnzeigen()*, in der für jeden Feldspieler die Methode *Anzeigen()* aufgerufen wird. Rufe die Methode am Ende der Methode aus a) auf.

Im Folgenden wird eine Hilfsmethode benötigt, die eine Spielernummer erhält und die Referenz auf das zugehörige Spielerobjekt zurückgibt.

c Erstelle die Methode *SpielerGeben(rückennummer)* gemäß dem abgebildeten Struktogramm.

d Damit in Spielpartien ein Platzverweis ausgesprochen werden kann, wird eine Methode *RoteKarteGeben(rückennummer)* benötigt. Darin soll zunächst der zur angegebenen Rückennummer gehörige Spieler ermittelt werden. Anschließend muss dieser aus dem Feld und auch aus der Anzeige entfernt werden. Erstelle die Methode.

Methode SpielerGeben(rückennummer)

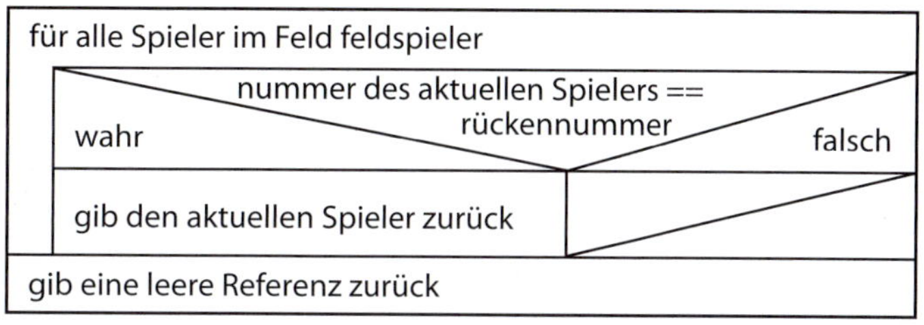

e Für Schnelle: Teste und erkläre, warum ein Fehler entsteht, wenn du bei *RoteKarteGeben* die Rückennummer eines Spielers angibst, der gerade gar nicht spielt. Behebe den Fehler, indem du in die Methode eine Sicherheitsüberprüfung einbaust. Falls der Spieler nicht aufgestellt ist, soll eine passende Warnmeldung ausgegeben werden.

8 Smart Home Prototyp 2

Die einzelnen Messgeräte und Komponenten der Smart-Home-App sollen nun besser verwaltet werden.

a Alle Rollläden des Hauses sollen zusammen geöffnet, geschlossen bzw. auf Automatikbetrieb gestellt werden können. Erstelle dazu ein geeignetes Feld und die passenden Methoden.

b Alle Lampen des Wohnzimmers 2 sollen zusammen eingeschaltet, ausgeschaltet bzw. auf Automatikbetrieb gestellt werden können. Erstelle auch dazu ein geeignetes Feld und die passenden Methoden.

c Die Lampen im Wohnzimmer 2 schalten sich leicht unterschiedlich ein und aus, weil jede durch einen eigenen Sonnensensor und einen eigenen Bewegungsmelder gesteuert wird. Besser wäre es, wenn nur ein Sonnensensor und ein Bewegungsmelder nötig wären, die ihre Information an alle Lampen weitergeben. Ersetze dazu in jedem Sensor das Attribut zum Speichern der Referenz auf eine Lampe durch ein entsprechendes Feld. Verändere die Methode *BeobachterRegistrieren(l: LAMPE)*, mit der sich eine Lampe registrieren kann, um über Änderungen informiert zu werden, geeignet. Stelle durch Überprüfung auch in der Klasse LAMPE sicher, dass sich diese im Konstruktor bei all ihren Sensoren registriert.

d Für Schnelle: Ändere auch die Steuerung der Rollläden so ab, dass alle von einem Windsensor und einer Uhr gesteuert werden.

9 Forschungsauftrag: Schreibfaule, aufgepasst!

Es gibt in den verschiedenen Sprachen auch verkürzte Schreibweisen, um ein Feld anzulegen und auch, um es beim Anlegen gleich mit Werten zu befüllen. Finde für deine Programmiersprache möglichst viele Schreibweisen heraus und notiere sie dir übersichtlich.

2.5 Auf bestimmte Objekte im Feld zugreifen: Der Index

→ Controller: Mini-Computer zur Steuerung

Mit LED-Lichtbändern kann man das Ambiente im eigenen Zimmer gestalten. Dank programmierbarer → Controller können sogar individuelle Beleuchtungsschemata umgesetzt werden. Eine Steuerungsklasse verwaltet dabei die einzelnen Leuchten in einem Feld. Mit der Methode *Einschalten()* können sie in ihrer Grundfarbe gelb aktiviert werden.

a Analysiere, wie das Beleuchtungsschema in der Methode *MidnightMood()* umgesetzt wird.

b Erstelle auf dieselbe Weise ein regenbogenfarbenes Schema in einer Methode *LoveAndPeace()*.

Die Feldelemente sind durchnummeriert!

Flugzeuge, die auf dem Rollfeld auf ihre Startfreigabe warten, werden zur Koordinierung in einer Software verwaltet. Die Software verwendet intern ein Feld. Die Reihenfolge der Elemente im Feld ist hier entscheidend, da sie mitbestimmt, wie lange ein Flugzeug warten muss. Für solche Anwendungsfälle sind die Feldelemente durchnummeriert. Die Nummer heißt **Index** und die Zählung beginnt in vielen Sprachen bei 0. Durch den Index ist das Feld geordnet.

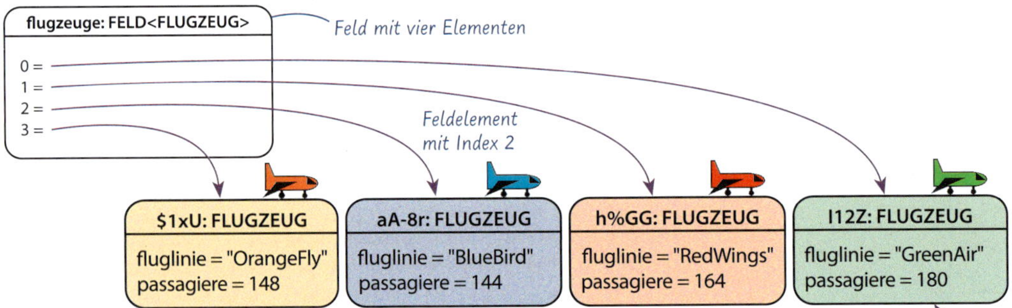

Zugriff auf bestimmte Feldelemente

Soll auf ein bestimmtes Feldelement zugegriffen werden, etwa um dem vordersten Flugzeug die Startfreigabe zu erteilen, kann man die Feldmethode *ElementGeben(index)* verwenden.

Durch die erhaltene Referenz können Methoden des zugehörigen Objekts direkt aufgerufen werden. Die Objektreferenz wird dabei nicht aus dem Feld entfernt.

```
flugzeuge.ElementGeben(0).Starten()
```

zweiter Methodenaufruf erfolgt auf der erhaltenen Referenz

Nachdem der Befehl zum Starten erteilt worden ist, kann die Methode *Entfernen(index)* verwendet werden, die ein Element von der angegebenen Position aus dem Feld entfernt. Die übrigen Elemente rücken automatisch nach:

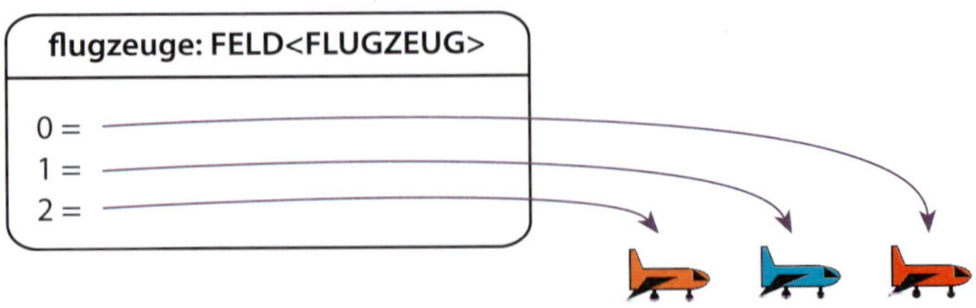

Feld nach dem Aufruf von flugzeuge.Entfernen(0)

Einer Maschine vom Roten Kreuz wird eine höhere Priorität für den Start eingeräumt: Sie wird nicht am Ende der Warteschlange eingereiht, sondern soll an eine bestimmte Position weiter vorne im Feld aufgenommen werden. Dafür kann die Methode *Hinzufügen(index, element)* benutzt werden:

Feld nach dem Aufruf von flugzeuge.Hinzufügen(1, redCross)

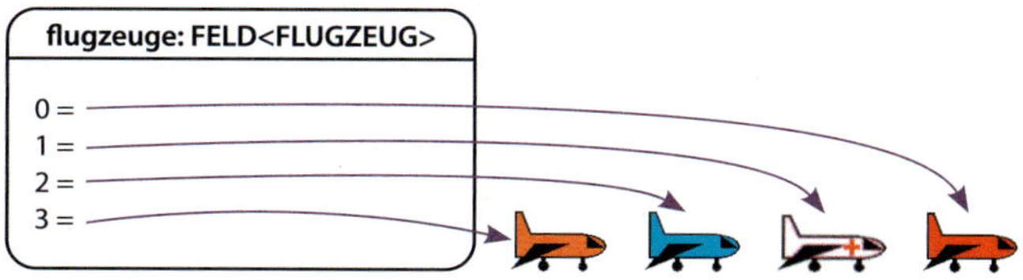

Alle auf einmal, aber trotzdem individuell

Bevor die jeweils vorderste Maschine abhebt, wird den Flugzeugen die geschätzte Wartezeit mitgeteilt. Man plant etwa acht Minuten pro Startvorgang ein und kann daher die Wartezeiten leicht berechnen: Das vorderste Flugzeug muss nicht mehr warten (0 · 8 min), das nächste bekommt 1 · 8 min, das folgende 2 · 8 min mitgeteilt usw. Allgemein muss jeweils index · 8 min gerechnet werden.

Da jedes Flugzeug informiert werden soll, muss das komplette Feld durchlaufen werden. Für jedes Flugzeug wird sein Index zur Berechnung der individuellen Wartezeit benötigt. Deshalb ist es hier sinnvoll, eine Zählwiederholung zu verwenden, da man die Zählvariable als Index verwenden kann. Damit kann man die einzelnen Feldelemente nacheinander ansprechen und für jedes Element daraus die individuelle Wartezeit berechnen.

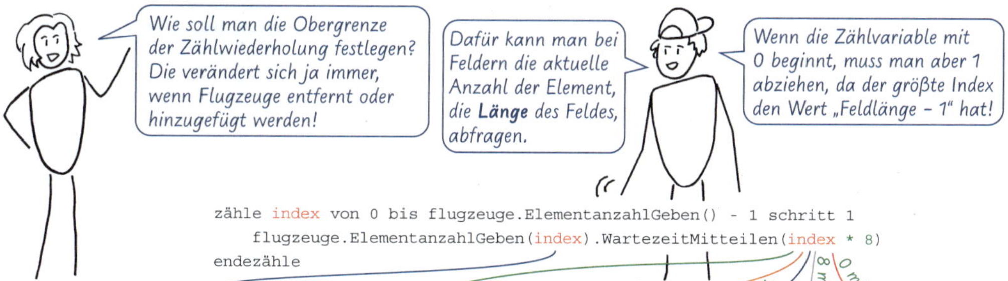


```
zähle index von 0 bis flugzeuge.ElementanzahlGeben() - 1 schritt 1
    flugzeuge.ElementanzahlGeben(index).WartezeitMitteilen(index * 8)
endezähle
```

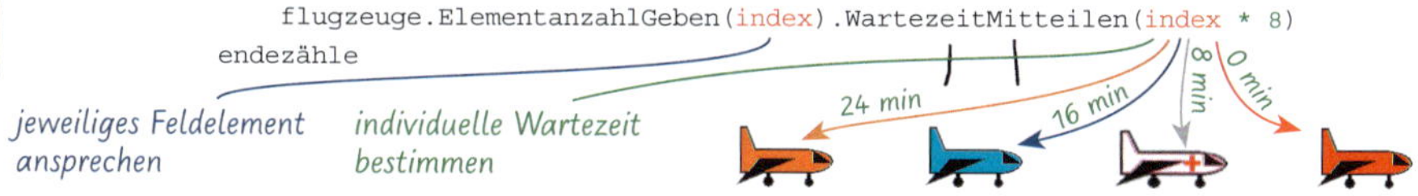

Java
```
for (int index = 0; index < flugzeuge.size(); index = index + 1)
{
    flugzeuge.get(index).WartezeitMitteilen(index * 8);
}
```

Python
```
for index in range(0, len(self.flugzeuge)):
  self.flugzeuge[index].WartezeitMitteilen(index * 8)
```

Swift
```
for index in 0 ..< flugzeuge.count
{
    flugzeuge[index].WartezeitMitteilen(index * 8)
}
```

Stride
```
for each (int index in 0 .. flugzeuge.size() -1)
  flugzeuge.get(index).WartezeitMitteilen(index*8)
```

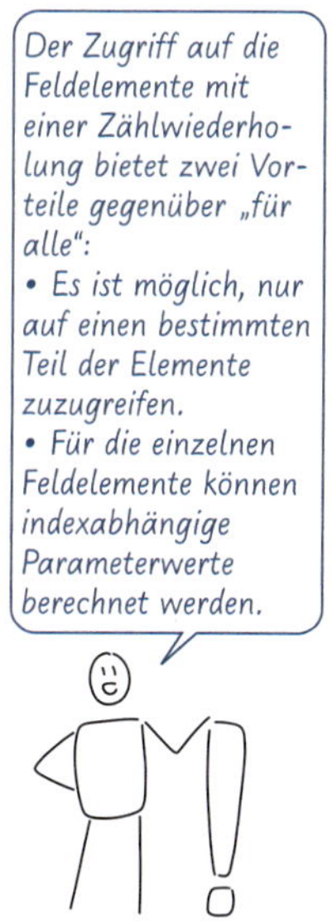

Die Elemente eines Feldes werden beim Hinzufügen automatisch durchnummeriert. Die Nummer heißt **Index**; die Zählung beginnt in der Regel bei 0. Verschiedene Methoden erlauben den **gezielten Zugriff** auf Feldelemente mit Hilfe des Index. Die Anzahl der Elemente eines Feldes wird als seine **Länge** bezeichnet.

Aufgaben

1 Weitere wichtige Methoden eines Feldes

Im Lehrtext wurden nebenstehende Methoden eines Feldes vorgestellt. Ergänze die Liste der Feldmethoden in deinem Heft, indem du dir notierst, wie die Methoden in deiner Programmiersprache heißen und was sie leisten. Recherchiere im Internet, wenn es im Lehrtext nicht angegeben ist.

```
ElementGeben(index)
Entfernen(index)
Hinzufügen(index, element)
ElementSetzen(index, element)
```

2 Informatik ist überall: Steuerung einer Liftanlage

Bevor aufwändige technische Geräte gebaut werden, erfolgt heute häufig eine Machbarkeitsstudie und Planung in Form einer Computersimulation. Im Folgenden soll für einen Wolkenkratzer eine Liftanlage geplant werden. Dabei liegt das im Klassendiagramm beschriebene – stark vereinfachte – Szenario zugrunde.

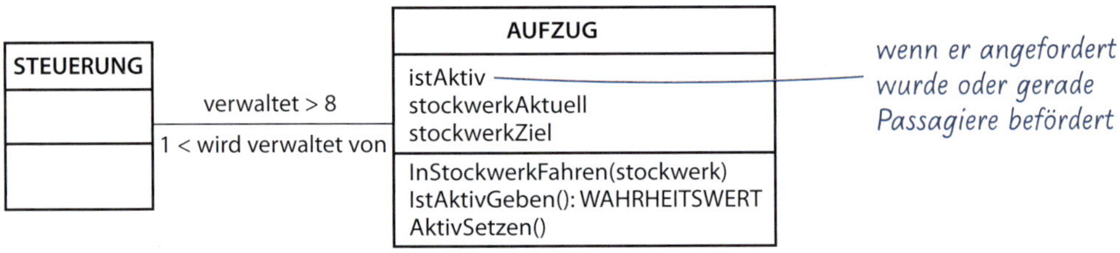

a Bei der Planung werden zwei Varianten der Umsetzung der Beziehung diskutiert. Begründe, weshalb eine Lösung mittels eines Feldes einer Lösung mittels einzelner Referenzattribute vorzuziehen ist.

b Notiere in deiner Programmiersprache den Quelltext der Klasse STEUERUNG zur Steuerung aller Aufzüge einschließlich des Konstruktors. Das Feld der Aufzüge soll dabei erzeugt werden, die einzelnen Aufzüge noch nicht. Skizziere dann ein Objektdiagramm nach Erzeugung eines STEUERUNG-Objekts.

c Ergänze im Konstruktor eine Zählwiederholung, in der alle Aufzüge erstellt und dem Feld hinzugefügt werden. (Der Konstruktor des Aufzugs hat keine Parameter.)

Wenn in der Anlage per Knopfdruck ein Aufzug gerufen wird, soll der erste inaktive Aufzug im Feld in dieses Stockwerk fahren.

d Implementiere in STEUERUNG eine Methode *AufzugAnfordern(stockwerk)*, die das Gewünschte leistet. Du kannst dich am abgebildeten Struktogramm orientieren.

```
index = 0
wiederhole solange aufzüge.ElementGeben(index).IstAktivGeben()
    index = index + 1
aufzüge.ElementGeben(index).AktivSetzen()
aufzüge.ElementGeben(index).InStockwerkFahren(stockwerk)
```

e Für Schnelle: Erkläre, zu welchem Problem es beim Aufruf der Methode aus d) kommt, wenn alle acht Aufzüge gerade aktiv sind.

f Für ganz Schnelle: Bei der Methode aus d) ist es kein gutes Vorgehen, immer den ersten inaktiven Aufzug im Feld auszuwählen. Begründe, weshalb. Formuliere dann mindestens eine bessere Strategie und übertrage sie in Pseudocode oder in deine Programmiersprache.

3 Tagestemperatur

Erderwärmung und ihre Konsequenzen sind ein Thema, das wissenschaftlich und politisch intensiv diskutiert wird. Für eine sachliche Betrachtung sind Temperaturdaten eine wichtige Basis. An einer Messstation wird zu jeder vollen Stunde des Tages (also von 0 Uhr bis 23 Uhr) ein Temperaturwert gemessen. Speicherung und Weiterverarbeitung sollen über eine Klasse TAGESTEMPERATUR erfolgen. In der Klassenkarte sind Attribute mit Datentyp, der Konstruktor mit Parametern und drei weitere Methodennamen gegeben.

TAGESTEMPERATUR
tag: GANZZAHL monat: GANZZAHL ort: ZEICHENKETTE temperaturen: FELD<GANZZAHL>
Konstruktor(tagNeu, monatNeu, ortNeu) TemperaturSetzen(…) TemperaturGeben(…): GANZZAHL MinimaltemperaturGeben(): GANZZAHL

a Setze die Klasse mit den Attributen und dem Konstruktor in deiner Programmiersprache um. Der Index des Feldes soll für die jeweilige Stunde des Tages stehen. Füge dem Feld im Konstruktor 24-mal den Standardwert −300 [°C] hinzu.

b Überlege dir, welche Parameter für die Methode *TemperaturSetzen(…)* benötigt werden, und programmiere die Methode. Setze dann auch *TemperaturGeben(…)* um und teste, ob die beiden Methoden funktionieren. (Tipp: Damit du zum Testen dieser und der folgenden Methoden nicht ständig neue Temperaturen setzen musst, ist es empfehlenswert, dir dafür Hilfsmethoden zu schreiben.)

c Implementiere *MinimaltemperaturGeben()*. Die Methode soll auch dann sinnvolle Ergebnisse liefern, wenn nicht für jede Stunde ein Messwert vorliegt.

d Für Schnelle: Implementiere zwei weitere Methoden: *MaximaltemperaturGeben()* und *DurchschnittstemperaturGeben()*.

4 Aus Fehlern wird man klug

Ein typischer Fehler im Umgang mit Feldern ist in den folgenden Pseudocodeschnipsel eingebaut, der alle Spielfiguren im Feld figuren zu einem Schritt veranlassen soll. Erkläre, wo der Fehler liegt, und finde heraus, wie er sich in deiner Programmiersprache äußert. Gib auch eine Verbesserung der fehlerhaften Stelle an.

```
zähle index von 0 bis figuren.ElementanzahlGeben() schritt 1
   figuren.ElementGeben(index).Schritt()
endezähle
```

5 Platzreservierung im Konzertsaal

Ein Konzertsaal setzt eine Platzbuchungssoftware ein. Darin existiert in der Klasse BUCHUNGSSYSTEM ein Feld für Objekte der Klasse SITZPLATZ, in dem alle Sitzplätze der gewählten Veranstaltung referenziert sind. Die Sitzplätze des Konzertsaals sind von 0 an durchnummeriert. Die Klasse SITZPLATZ ist in der Vorlage bereits gegeben.

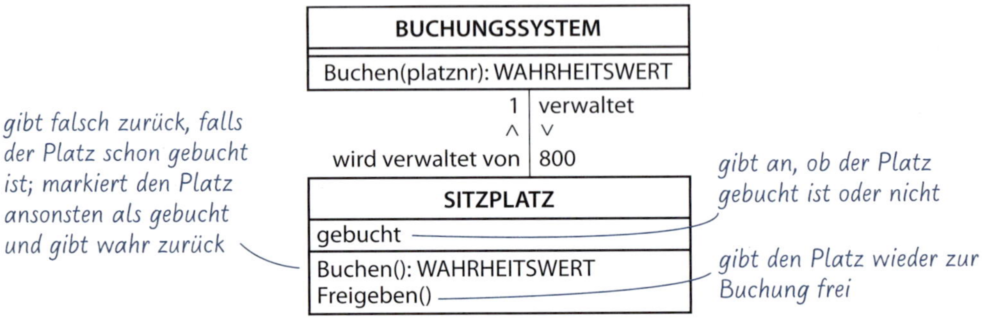

a Implementiere die Klasse BUCHUNGSSYSTEM einschließlich ihres Konstruktors aber noch ohne die Methode *Buchen(platznr)* in deiner Programmiersprache. Verwende für die Erzeugung der 800 Sitzplätze eine Zählwiederholung.

b Setze nun auch die Methode *Buchen* um. Teste, indem du die Methode zweimal für denselben Platz aufrufst.

Um Konzertbesucherinnen und -besuchern auch die Buchung von zwei benachbarten Plätzen zu ermöglichen, wird das Buchungssystem noch um eine Methode *buchenMit(platz, nachbar)* erweitert, die als Parameter die Platznummer und die Nummer eines benachbarten Sitzplatzes bekommt und prüft, ob eine gemeinsame Buchung beider Plätze möglich ist. Schnipsel des Algorithmus in Pseudocode sind bereits angegeben:

```
wenn erfolgreich
   gib wahr zurück
```

```
methode buchenMit(platz, nachbar)
   versuche platz zu buchen
```

```
sonst
   Buchung von platz aufheben
   gib falsch zurück
```

```
wenn erfolgreich
   versuche nachbar zu buchen
```

```
sonst
   gib falsch zurück
```

c Diskutiert zu zweit, in welche Reihenfolge die Schnipsel gehören, und vollzieht nach, wie die Methode arbeitet. Notiert den Algorithmus dazu – mit übersichtlichen Einrückungen – in euer Heft.
Übertragt die Methode anschließend in eure Programmiersprache.

6 Startpositionen berechnen mit dem Index

Bevor ein Dompteur seine Turtles mit viel Mühe auf bestimmte Kunststücke dressiert, probiert er bestimmte Startformationen erst am Computer aus. Dabei sollen die individuellen Positionen der sechs Turtles im Feld turtles in einer Zählwiederholung abhängig vom aktuellen Wert der Zählvariablen berechnet werden:

```
zähle index von 0 bis turtles.ElementanzahlGeben() - 1 schritt 1
   turtles.ElementGeben(index).PositionSetzen(???, ???)
endezähle
```

Bestimme jeweils den Wert bzw. die Formel für die x- und y-Koordinate. Überprüfe, indem du deine Lösung in *AufstellungEinnehmen()* der Klasse DOMPTEUR einträgst.

a

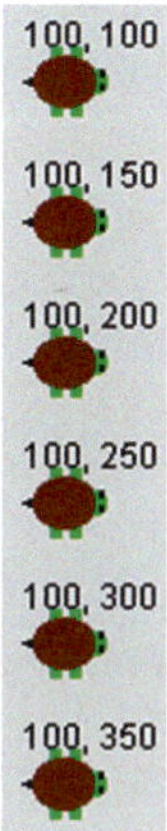

b

c

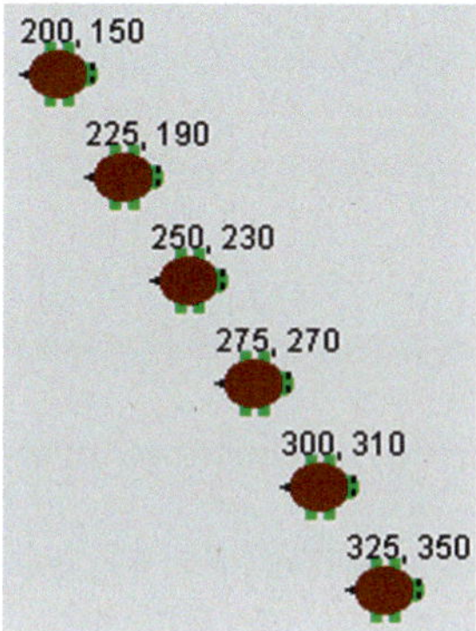

d Für Schnelle:

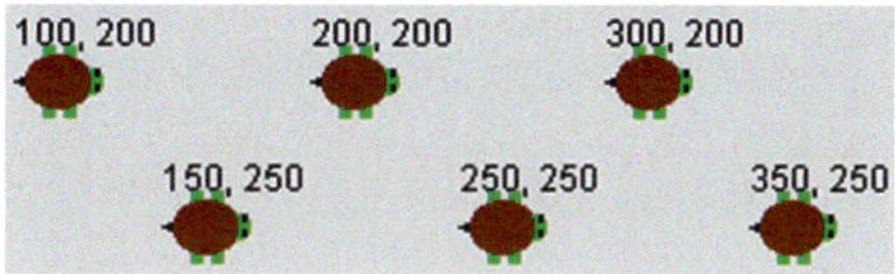

(Hinweis: Bei der Berechnung des y-Werts musst du den Modulo-Operator einsetzen.)

7 Konzertbeleuchtung

Beim Konzert einer Band soll die Stimmung durch verschiedene Leuchtmuster der Scheinwerfer untermalt werden. In einer Simulation wird die Steuerung von der Lichttechnikfirma vorab getestet. Die Strahler werden dabei in einem Feld verwaltet.

a Probiere die Methoden *ScheinwerferAufstellen()* und *AnlageEinschalten()* der Klasse BÜHNENBELEUCHTUNG aus. Erstelle dann eine Methode *AnlageAusschalten()*, die alle Scheinwerfer deaktiviert.

Mittels *LichtfarbeSetzen(farbe)* kann der gelbe Farbton eines Scheinwerfers variiert werden.

b Setze eine Methode *Happy()* um, die dafür sorgt, dass alle Strahler abwechselnd in den Farben gelb und orange leuchten. (Tipp: Der Modulo-Operator liefert dir den ganzzahligen Rest einer Division; wenn beispielsweise die Division durch 2 keinen Rest hat, ist der Dividend geradzahlig.) Teste für verschiedene Scheinwerferzahlen.

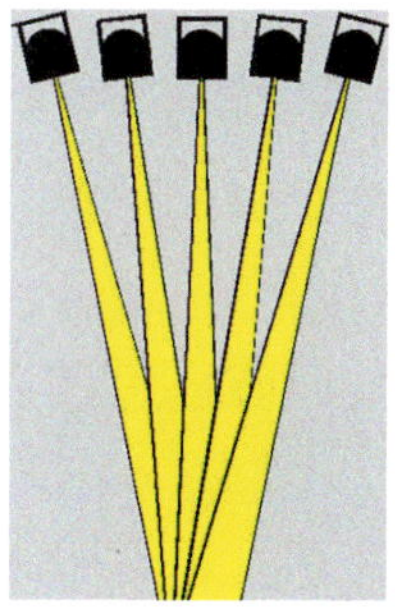

Wenn die Band eine Ballade spielt, müssen die Deckenstrahler so eingestellt werden, dass sie alle auf die Sängerin gerichtet sind. (Der Winkel eines Strahlers muss also ein Stück kleiner sein als der seines Vorgängers.)

c Setze die Anzahl der erstellten Strahler im Konstruktor wieder auf fünf und erstelle dann eine Methode *SpotlightErzeugen()*, in der die Scheinwerfer etwa wie in der Grafik positioniert und gedreht werden, damit sie auf der Bühne einen „Spot" erzeugen. Verwende eine Zählwiederholung.

d Für Schnelle: Lass BÜHNENBELEUCHTUNG von EREIGNISBEHANDLUNG erben und erstelle ein Beleuchtungsschema mit sich drehenden Scheinwerfern, indem du die Methode *TaktImpulsAusführen()* geeignet überschreibst.

8 Dorianland – Level 2

a Die Treppenstufen im Dorianland sind unvollständig und zudem ist der Quellcode ziemlich ineffizient. Verbessere den Quelltext mit Hilfe einer Zählwiederholung so, dass alle zehn Stufen mit der richtigen Höhe erstellt und korrekt positioniert werden.

b Erstelle nach demselben Prinzip eine zweite Treppe, die Dorian zur cyanfarbenen Zielmarkierung führt.

9 Flughafen

An einem Flughafen werden die Flugzeuge, die starten möchten, vom Tower aus computergestützt koordiniert. Im Folgenden soll die Software dafür (vereinfacht) programmiert werden.

a Betrachte die Klassen FLUGZEUG und ROLLFELD und mache dich mit ihren Methoden vertraut.

b Erstelle in ROLLFELD eine Methode *InWarteschlangeEinreihen(flugzeug)*, die ein neues Flugzeug am Ende des Feldes einfügt und seine Position auf dem Rollfeld passend setzt (xPos: 660 – Flugzeuganzahl * 100, yPos: 400).
Rufe die Methode dann im Konstruktor mindestens viermal mit jeweils verschiedenfarbigen Flugzeugen auf.

c Erstelle eine Methode *StarterlaubnisErteilen()*, die dem vordersten Flugzeug den Befehl zum Starten gibt und das Flugzeug anschließend aus dem Feld entfernt.

d Erstelle eine Methode *AlleVorrücken()*, die alle Flugzeuge auf dem Rollfeld vorrücken lässt.

e Erstelle eine Methode *StartVorziehen(neuerIndex, flugzeug)*, die ein Flugzeug an eine gegebene Stelle im Feld einreiht. Anschließend muss allen Flugzeugen weiter vorne der Befehl zum Vorrücken erteilt werden:

Rollfeld vorher

```
zähle index von 0 bis neuerIndex - 1 schritt 1
   flugzeuge.ElementGeben(index).Vorrücken()
endezähle
```

Rollfeld nachher:
Warteposition freigegeben,
Einordnen möglich

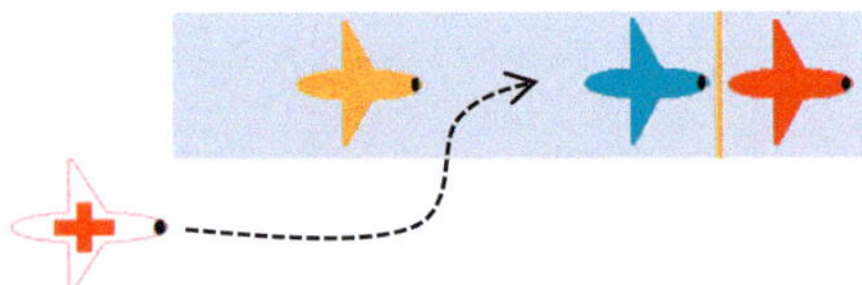

Zuletzt muss das neu eingereihte Flugzeug an seine neue Position geschickt werden (xPos: 660 – neuerIndex * 100, yPos: 400).

f Für Schnelle: Wenn die Methode aus e) mit einem zu großen Index aufgerufen wird, kommt es zu einem Fehler. Analysiere, ab welcher Länge dies der Fall ist, und umgib den Quellcode mit einer passenden bedingten Anweisung, die den Fehler abfängt.

10 Verkehrssimulation (Teil 2)

Die Klasse FAHRBAHN kann bisher nur maximal drei Fahrzeuge verwalten. In der Realität können aber mehr als drei Fahrzeuge auf einer Fahrbahn sein.

a Erstelle ein Klassendiagramm der Klassen FAHRZEUG und FAHRBAHN (nur Klassennamen und Beziehung) und begründe anhand dessen, dass es nicht sinnvoll ist, weitere Fahrzeuge mit einzelnen Attributen zu verwalten, sondern dass ein Feld benötigt wird.

b Ersetze die drei Attribute fahrzeug1 bis fahrzeug3 durch ein Feld mit dem Namen fahrzeuge und passe alle Methoden entsprechend an.

c Teste deine neue Version mit verschiedenen Fahrzeugabständen.

***11 Spielfelder mit geschachtelten Feldern**

Die neun Kästchen des Spielfelds von XXO können in einem zweidimensionalen Feld verwaltet werden:

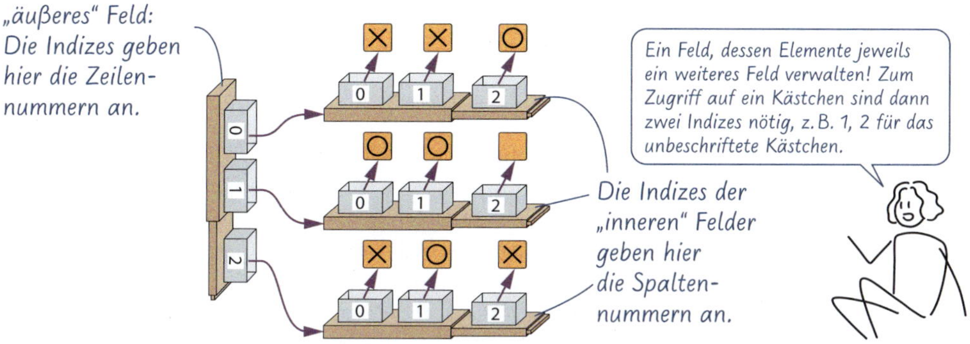

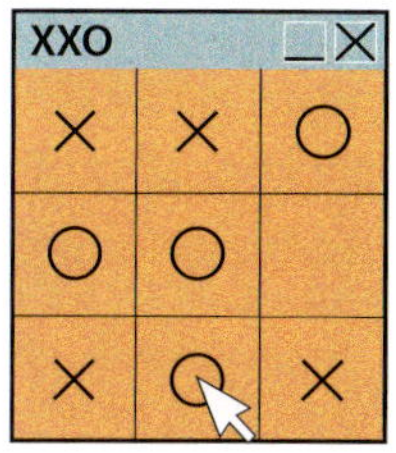

Um effizient nacheinander auf die einzelnen Feldelemente zuzugreifen, etwa um die Kästchenobjekte im Konstruktor von XXO überhaupt erst hinzuzufügen und dann zu positionieren, können zwei ineinander geschachtelte Zählwiederholungen verwendet werden.

a Analysiere die Arbeitsweise der geschachtelten Zählwiederholungen im Konstruktor der Klasse XXO. Gib die neun Paare von Kästchen-Indizes in der Reihenfolge an, in der die Kästchen angelegt bzw. positioniert werden. Nenne außerdem die Koordinaten, auf die das Kästchen mit dem Mauszeiger in der Abbildung oben rechts gesetzt wird.

Ein Schachbrett besteht aus 64 weißen und schwarzen Kästchen in festgelegter Anordnung (vgl. Abbildung). Um ein Kästchen eindeutig zu identifizieren, wird erst die senkrechte Linie, dann die waagrechte Reihe angegeben. Eine Klasse SCHACHKÄSTCHEN ist bereits vorgegeben.

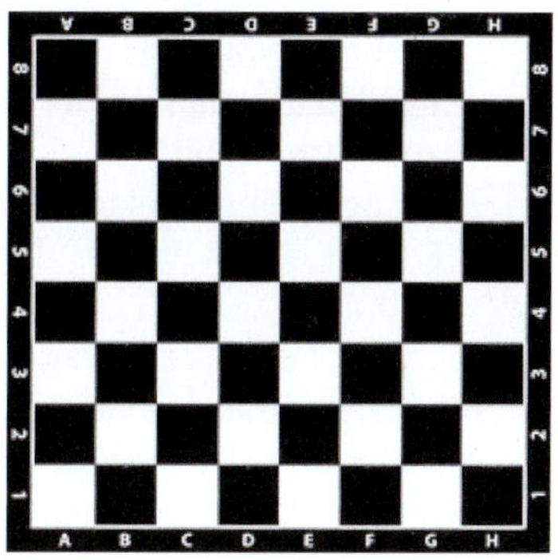

b Lege eine Klasse SCHACHBRETT mit einem zweidimensionalen Feld an und befülle es im Konstruktor mit Schachkästchen.

c Erweitere den Konstruktor um zwei ineinander geschachtelte Wiederholungen, in denen die einzelnen Schachkästchen korrekt eingefärbt und passend angeordnet werden.

d Die senkrechten Linien werden mit Buchstaben von A bis H bezeichnet, die waagrechten Reihen mit Ziffern von 1 bis 8. Im Folgenden sollen für die senkrechten Linien aber vereinfachend ebenfalls Ziffern von 1 bis 8 verwendet werden, beispielsweise wird die Bezeichnung „A8" dadurch zu „18".
Erstelle in SCHACHBRETT eine Methode *FigurPlatzieren(linie, reihe)*: Darin soll zuerst exemplarisch ein Figurenobjekt (als Test-Spielfigur) erstellt werden. Dann soll das durch linie und reihe bezeichnete Kästchen mit der Test-Spielfigur belegt werden. Beachte, dass die Feldindizes mit 0 beginnen, die Schachkästchenbezeichnungen aber mit 1.

e Für Schnelle: Baue XXO oder das Schachspiel aus: Verbessern der Methode *FigurPlatzieren*, so dass die Linien wie üblich mit Buchstaben angegeben werden können und unkorrekte Eingaben abgefangen werden; Hinzufügen geeigneter Beschriftungen am Rand des Schachbretts; Gestaltung von Spielfiguren in Unterklassen von FIGUR; …

12 Snake Prototyp 2

Die Schlange besteht momentan aus dem Kopf und drei Rumpfelementen.

a Erstelle ein Klassendiagramm der Klassen SCHLANGE und RUMPFELEMENT (nur Klassennamen und Beziehung) und begründe anhand dessen, warum ein Feld sinnvoller ist, anstatt weitere Rumpfelemente mit einzelnen Attributen zu verwalten. Berücksichtige auch die Anforderung, dass die Schlange im Lauf des Spiels immer länger werden soll.

b Ersetze die Rumpfattribute durch ein Feld mit dem Namen rumpf und passe alle Methoden entsprechend an.

c Teste das Programm, stelle die Anfangslänge des Rumpfs auf 5 Elemente ein und teste wieder.

d Für Schnelle: Die Schlange soll nun im Lauf der Zeit wachsen, d. h., das letzte Rumpfelement wird nicht bei jeder Bewegung gelöscht. Ergänze dazu in der Methode *Bewegen* der Klasse SCHLANGE einen Parameter, der angibt, ob die Schlange wachsen soll, sowie in der Klasse SPIEL einen Zähler, der dafür sorgt, dass die Schlange alle 10 Schritte verlängert wird.

13 Umfragetool

Um die Zufriedenheit mit der Arbeit der SMV festzustellen, soll eine Umfrage durchgeführt werden.

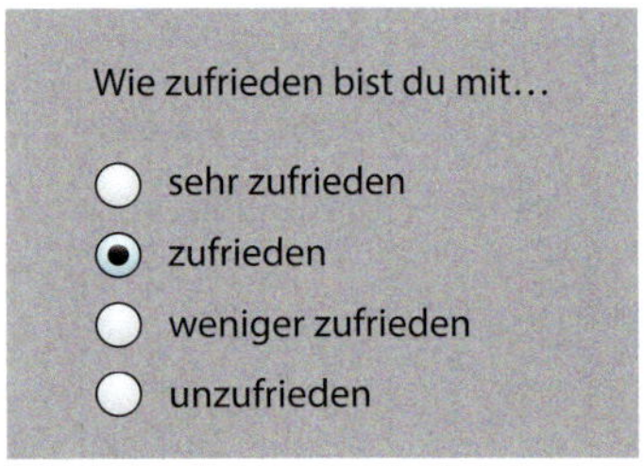

a Untersuche die vorgegebene Klasse RADIOBUTTON.

b Erstelle ein Feld von Radiobuttons für eine Frage mit den verschiedenen Antwortalternativen. Sorge dafür, dass beim Anklicken eines Radiobuttons zunächst alle Buttons auf „nicht ausgewählt" gesetzt werden und danach der angeklickte auf „ausgewählt".

c Für Schnelle/Projektmöglichkeit: Entwickle die Aufgabe weiter, etwa mit mehreren Fragen, einem „Weiter"-Button, einer Datenbankanbindung zur Speicherung der Ergebnisse, …

14 Medizintechnik: Herzaktivitäten auswerten

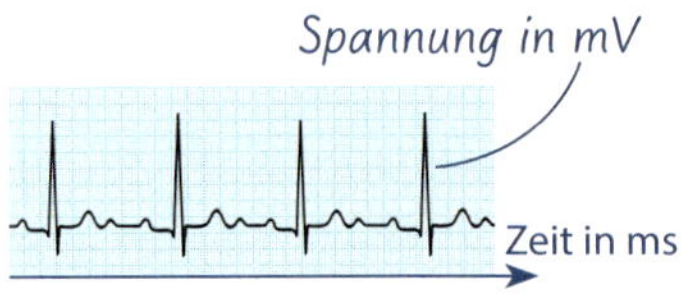

Jeder Herzmuskelaktivität geht ein elektrisches Signal in Form einer Spannungsänderung voraus. Diese kann man über Elektroden messen, die an der Hautoberfläche angebracht werden, und als sogenanntes Elektrokardiogramm (EKG) in Abhängigkeit von der Zeit darstellen. Anhand des EKG lassen sich vielfältige Aussagen über die Gesundheit des Herzens treffen.

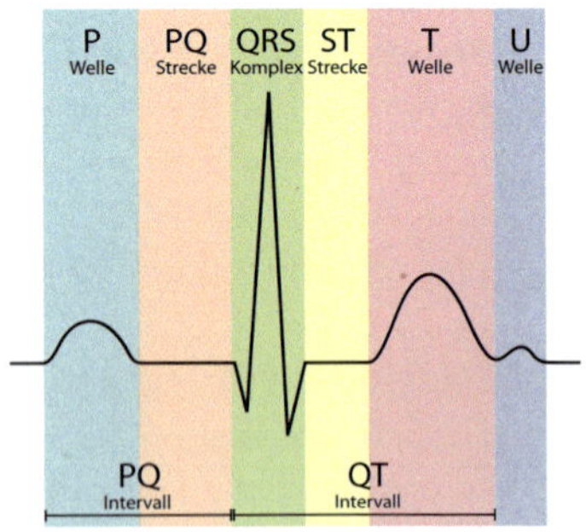

Entsprechend dem sich immer wiederholenden Herzschlag haben die Spannungsänderungen einen periodischen Verlauf. Jede Periode gliedert man in mehrere Teile, denen jeweils unterschiedliche Herzaktivitäten zugeordnet werden können. Beispielsweise entspricht die P-Welle der Vorhoferregung und der QRS-Komplex der Kontraktion der Herzkammern (vgl. Grafik). Das EKG wird zunehmend von Computerprogrammen ausgewertet (was jedoch eine finale Beurteilung durch medizinische Fachkräfte nicht ersetzt). In dieser Aufgabe soll mit einem Programm aus den EKG-Daten die Herzfrequenz bestimmt werden.

a Im Projekt wird beim Erzeugen eines Objekts der Klasse EKG_AUSWERTUNG bereits eine Messreihe eingelesen, deren Werte im Abstand von 2 ms aufgezeichnet wurden. Rufe die Methode *DatenreiheAusgeben()* auf. Analysiere, was bei der Ausgabe noch fehlt, und ergänze den Quelltext entsprechend.

b Implementiere eine Methode *MaxSpannungBestimmen()*. Diese soll den maximalen Spannungswert der gesamten Messreihe ermitteln und einen Datenpunkt zurückgeben, in dem dieser Wert und der zugehörige Zeitpunkt gespeichert sind.

Um die Herzfrequenz bestimmen zu können, müssen die Zeitpunkte aller Spannungsspitzen (in den QRS-Komplexen) ermittelt werden. Diese Spannungsspitzen sind lokale Maxima: Ein lokales Maximum ist ein Wert, der nicht der höchste Wert der gesamten Messreihe, aber der höchste Wert innerhalb eines Bereiches (QRS-Komplexes) ist. Die entsprechenden Datenpunkte werden in der Methode *MaximaBestimmen()* ermittelt.

c Analysiere, wie die Methode arbeitet, und beschreibe den Algorithmus mit eigenen Worten. Bewerte die Erfolgsaussichten dafür, dass damit auch bei anderen Messreihen alle Maxima in QRS-Komplexen ermittelt werden können.

d Schreibe eine Methode, die auf Basis von c) die Anzahl der Herzschläge pro Minute berechnet. Vergleiche das Ergebnis mit deiner eigenen Herzfrequenz.

15 Forschungsauftrag: Laufzeitverhalten (nach Abitur 2019/III)

Bei vielen Algorithmen ist es entscheidend, wie viele Operationen (z. B. Vergleiche) je nach Zustand der beteiligten Objekte ausgeführt werden müssen.

Gegeben sind zwei Felder a und b jeweils der Länge n ≥ 1, deren Feldelemente Ganzzahlen enthalten. Die Felder sind jeweils aufsteigend nach der Größe der Ganzzahlen sortiert. Es soll festgestellt werden, ob es eine Ganzzahl gibt, die sowohl in Feld a als auch in Feld b enthalten ist. Zur Lösung dieses Problems werden zwei unterschiedliche Algorithmen vorgeschlagen:

Algorithmus I

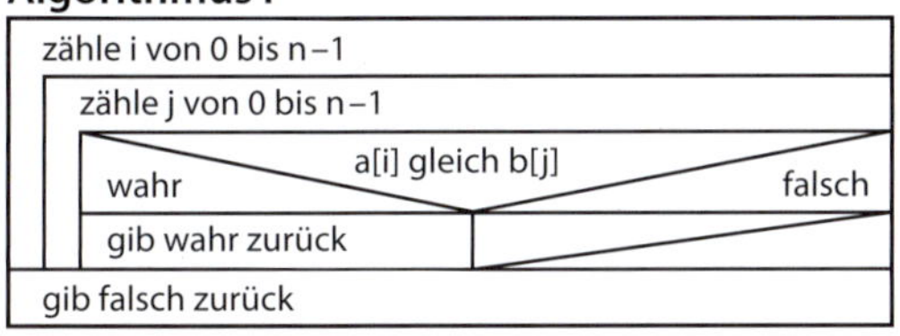

Algorithmus II

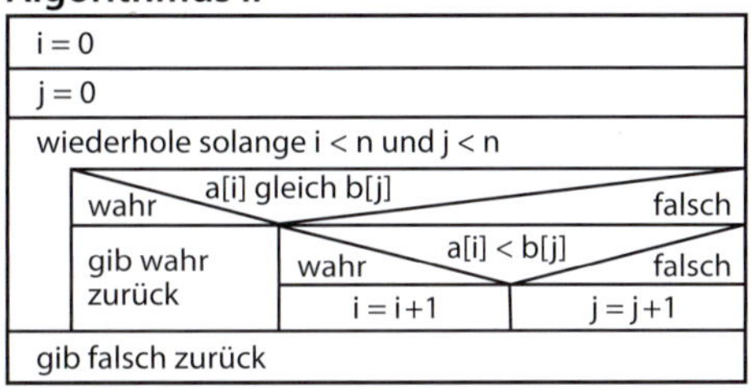

Geben Sie für jeden der beiden Algorithmen zunächst für n = 4, dann allgemein in Abhängigkeit von n an, wie oft der Vergleich „a[i] gleich b[j]“ im ungünstigsten Fall ausgeführt werden muss.

2.6 Gleiches nur einmal implementieren: Generalisierung

(Vorlage des Klassendiagramms zum Download)

Eine Verkehrssimulation ist um verschiedene Fahrzeugtypen erweitert worden, um die Realität besser abzubilden, insbesondere die Platz- und Anfahrsituation an der Ampel.

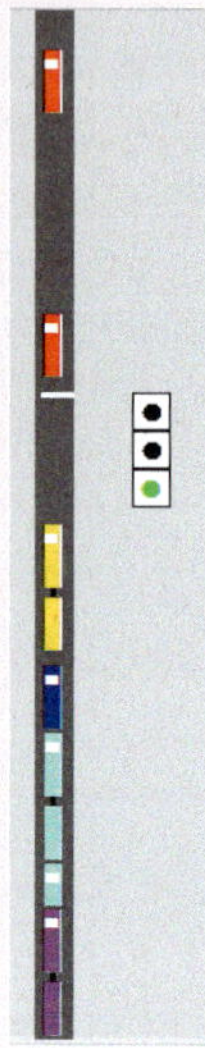

- **a** Erkunde die neuen Klassen und ergänze im Klassendiagramm anhand des Codes die Attribute und Methoden der Unterklassen von FAHRZEUG.
- **b** Begründe anhand deines Klassendiagramms, warum es sinnvoll war, die Klasse FAHRZEUG einzuführen (Tipp: Welchen Umfang hätten die Unterklassen, wenn diese Klasse nicht eingeführt worden wäre?).
- **c** Um das Programm noch weiter zu vereinfachen, kannst du für die Klassen PKW und SPORTWAGEN eine gemeinsame Oberklasse erstellen. Ändere dein Klassendiagramm von a) entsprechend ab und ergänze diese Klassen in der zweiten Vorlage.
- **d** Für Schnelle: Verfahre ebenso mit den Klassen LKW und LKWMITANHÄNGER. Erkläre knapp, warum es nicht sinnvoll ist, ein Objekt der Klasse FAHRZEUG zu erstellen.

Vereinfachung durch Generalisierung

In der Programmierabteilung einer Firma, die Computerspiele entwickelt, erhalten Fiona und Tom den Auftrag, für das geplante Fantasy-Spiel „Adventure" das Klassendiagramm zu erstellen. Im Spiel muss der Spieler in einem Gewölbe aus vielen Räumen drei Schlüssel finden, um damit den Ausgang öffnen zu können. Die Räume werden von Monstern bewohnt, die besiegt werden müssen; dazu findet man in den Räumen auch Schätze wie Waffen und Zaubersprüche, die alle ein Gewicht haben. Zaubersprüche sind magische Möglichkeiten, die den Geist belasten (Mentalgewicht haben) und z. B. beim Heilspruch auch noch „Zutaten" beinhalten, die nur eine begrenzte Anzahl von Anwendungen erlauben.

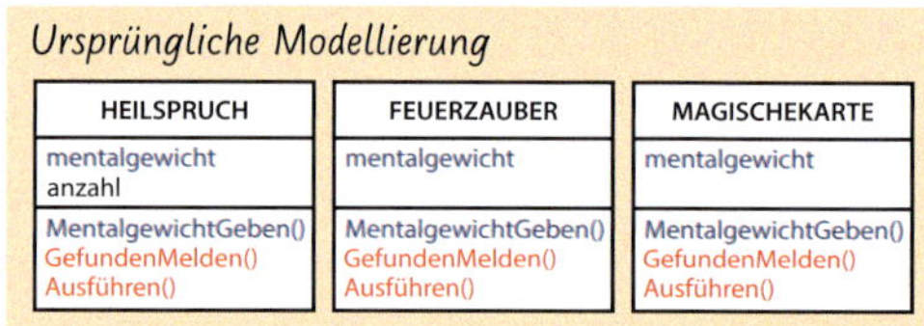

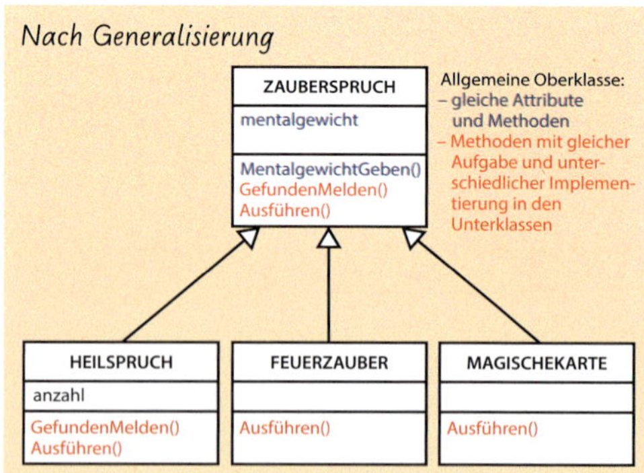

→ 2.1

Fiona und Tom stellen sofort fest, dass die als Beispiel vorgegebenen Zaubersprüche eine Reihe gemeinsamer Attribute und Methoden besitzen; dadurch wird der Code umfangreich und aufwendig zu ändern. Hier ist es deshalb sinnvoll, Oberklassen zu erstellen, die diese Gemeinsamkeiten zusammenfassen: Methoden, die in allen Unterklassen vorkommen, werden nur einmal in der Oberklasse implementiert und können dann durch die Vererbung in allen Unterklassen verwendet werden. So ist der Quelltext übersichtlicher und kann schneller erstellt werden. Weiterhin ist die Wartung einfacher, weil Änderungen nur an einer Stelle nötig sind. Dieser Vorgang wird als **Generalisierung** oder Verallgemeinerung bezeichnet.

Generalisierung ist beim Modellieren der umgekehrte Weg zur schon bekannten Spezialisierung, bei der von vorhandenen Oberklassen neue Unterklassen mit speziellen Möglichkeiten wie zusätzlichen Attributen und/oder zusätzlichen bzw. veränderten Methoden erstellt werden. Beide Wege werden mit Hilfe des Konzepts der Vererbung umgesetzt.

Generalisierungshierarchien

Als Fiona und Tom die bisherigen Klassen des Spiels nach weiteren möglichen Verallgemeinerungen analysieren, entsteht ein umfangreicher Baum von generalisierten Oberklassen, eine **Generalisierungshierarchie.**

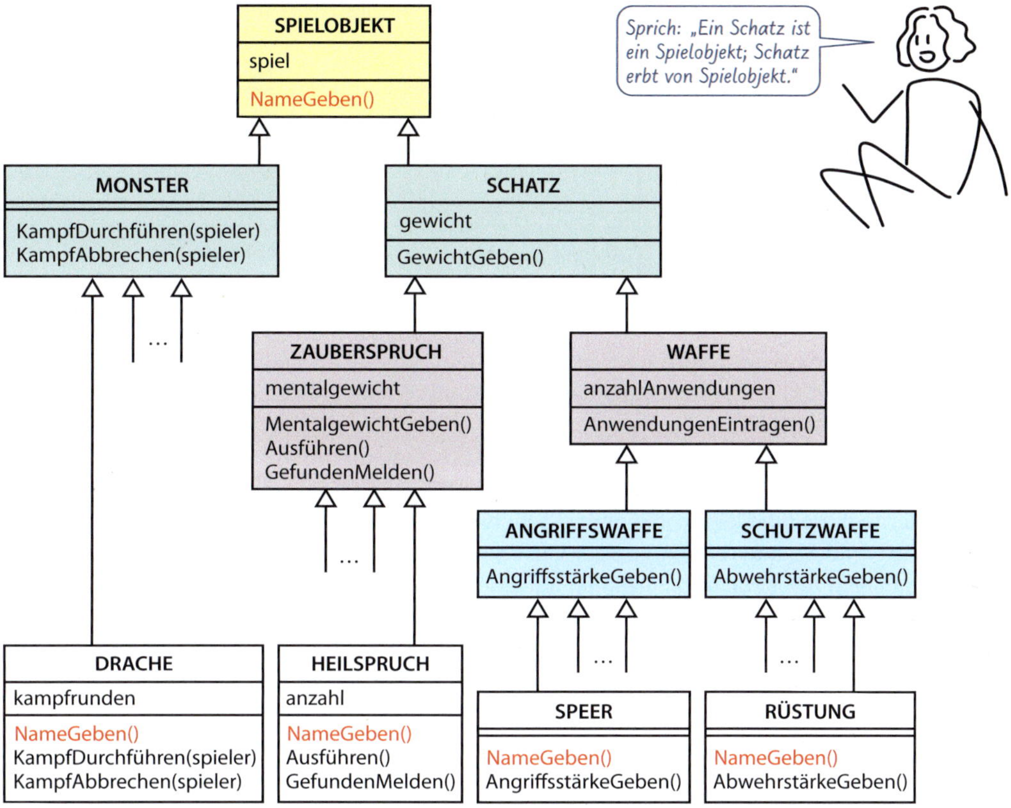

Manche Methoden, wie hier die Methode *NameGeben* (rot hervorgehoben), kommen in allen ursprünglichen Klassen (DRACHE, HEILSPRUCH, SPEER, ...) vor und wandern bei der Generalisierung bis in die oberste Ebene der Hierarchie, ohne dass ihnen in den generalisierten Klassen dazwischen eine neue Bedeutung gegeben wird. Nur in den ursprünglichen Klassen, von denen Objekte instanziert werden (wie DRACHE, der selbst entscheidet, ob er sich zu erkennen gibt oder einen falschen Namen meldet), kann ein echter Name zurückgegeben werden.

Bei der **Generalisierung** werden gemeinsame Attribute und Methoden von Klassen zu neuen Oberklassen zusammengefasst (verallgemeinerte Klassen). Dadurch wird der Quelltext übersichtlicher und kann besser gewartet werden. Bei der Spezialisierung werden dagegen vorhandene Klassen mittels Unterklassen an spezielle Anforderungen angepasst.

Aufgaben

1 Informatik ist überall: Bankkonten

Eine kleine Bank bietet drei Arten von Konten an: Girokonten, Sparkonten und Geschäftskonten. Alle drei Kontoarten haben die Methoden *Einzahlen*, *Abheben* und *KontostandGeben* sowie die Attribute kontostand und kontonummer. Sparkonten haben einen Zinssatz und eine Methode *Verzinsen*, die den Jahreszins zum Guthaben addiert. Maximalbetrag beim Abheben ist der aktuelle Kontostand. Girokonten können um 2000 € überzogen werden (Dispokredit). Bei Geschäftskonten gibt es einen variablen Dispokredit, festgelegt über die Methode *DispokreditSetzen*; beim Einrichten des Kontos wird der Startwert für den Dispokredit festgelegt.

SPARKONTO
kontostand kontonummer zinssatz
Einzahlen(betrag) Abheben(betrag) KontostandGeben() Verzinsen()

GIROKONTO
kontostand kontonummer
Einzahlen(betrag) Abheben(betrag) KontostandGeben()

GESCHÄFTSKONTO
kontostand kontonummer dispokredit
Einzahlen(betrag) Abheben(betrag) KontostandGeben() DispokreditSetzen(wert)

a Analysiere die Gemeinsamkeiten und Unterschiede zwischen den Kontoarten. Begründe damit, warum es sinnvoll ist, eine Klasse KONTO als oberste Klasse einer Generalisierungshierarchie einzuführen.

b Entwirf gemäß der Überlegungen von a) ein Klassendiagramm für die vier Klassen KONTO, GIROKONTO, SPARKONTO und GESCHÄFTSKONTO.

c Implementiere die Klassen in einem eigenen Projekt. Teste!

d Für Schnelle: Ergänze eine Klasse zur Verwaltung der Konten. Diese Klasse soll auch Methoden zum Abheben und Einzahlen auf eine angegebene Kontonummer bereitstellen.

***e** Für ganz Schnelle: Ergänze die Implementierung um eine Datenbankanbindung der Bank. Beim Starten sollen alle Kontodaten von der Datenbank gelesen werden, alle Änderungen an den Daten sollen umgehend auch in der Datenbank gespeichert werden.

2 Urlaubsverwaltung

In der Personalabteilung einer Firma werden die Urlaubstage der Mitarbeiter mit Objekten der Klasse URLAUB verarbeitet. Der Urlaubsanspruch jedes Einzelnen wird als Objekt mit dem Attribut resttage realisiert. Startwert für die noch verfügbaren Tage ist der Jahresurlaub von 25 Tagen.

Die Klasse hat zwei Methoden:

- *UrlaubNehmen*: Die in Anspruch genommenen Urlaubstage werden vom Urlaubskonto subtrahiert. Das Urlaubskontingent darf aufgrund der Gleitarbeitsregelung bis zu zwei Tage überzogen werden.
- *MehrarbeitEintragen*: Fügt zusätzlich gearbeitete Tage dem Urlaubsanspruch hinzu.

Familienväter bzw. -mütter erhalten entsprechend ihrer Kinderzahl (Attribut!) pro Tag Mehrarbeit zusätzlich je 0,2 Urlaubstage. Sie werden in Objekten einer spezialisierten Klasse URLAUBSPEZIAL verwaltet.

a Analysiert zu zweit anhand der Aufgabenstellung, welche Methoden der Klasse URLAUB in der Klasse URLAUBSPEZIAL überschrieben werden müssen und welche gleich bleiben.

b Gebt für die Klassen URLAUB und URLAUBSPEZIAL das Klassendiagramm an.

c Implementiert die Klasse URLAUB in einem neuen Projekt.

d Fügt die Klasse URLAUBSPEZIAL in diesem Projekt ein. Nutzt bei der Implementierung die Methoden der Oberklasse, soweit das möglich ist.

e Für Schnelle: Überlegt euch weitere Sondersituationen (z. B. für Auszubildende, ältere Mitarbeiter) und ergänzt entsprechende Klassen.

3 Krümel und Monster Prototyp 1

Das Spiel Krümel und Monster wurde um Gespenster erweitert, die versuchen, das Monster zu fangen. Sie haben dazu verschiedene Strategien.

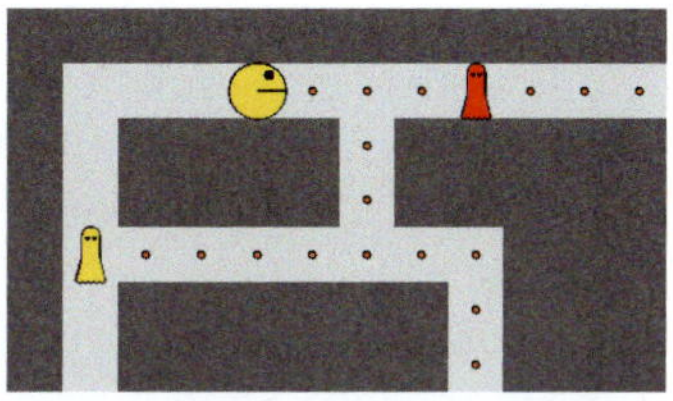

a Erkunde das Projekt und erstelle ein Klassendiagramm mit den Klassen HINDERNIS und KRÜMEL sowie den Gespensterklassen CHAOT, FALLENSTELLER und JÄGER.

b Führe eine Klasse GESPENST als Oberklasse der Gespensterklassen ein, um das Programm zu vereinfachen. Ergänze diese Klasse zuerst im Klassendiagramm und implementiere sie dann; passe auch die Gespensterklassen entsprechend an.

c Erkunde die Gespensterklassen nach der Strategie, mit der die Gespenster jeweils versuchen, das Monster zu erreichen, und beschreibe die Strategien jeweils mit eigenen Worten. Tauscht euch dazu zu zweit oder in Kleingruppen aus.

d Für Schnelle: Denke dir selbst eine Strategie für die Verfolgung des Monsters aus und erstelle dafür eine vierte Gespensterklasse. Integriere das vierte Gespenst in das Spiel; achte dabei insbesondere auf eine geeignete Startposition.
Für ganz Schnelle zum Weiterdenken: Suche im Internet nach „Pac-Man Dossier“.

4 Snake Prototyp 3

In den meisten Varianten von Snake gibt es mehrere Arten von Sonderfeldern. Diese können die verschiedensten Arten von Aktionen auslösen, positive wie Punktestand erhöhen, Geschwindigkeit verlangsamen oder Schlange verkürzen, aber auch negative wie Schlange verlängern, Geschwindigkeit erhöhen oder Spiel beenden. Sie können die ganze Zeit an einem festen Ort sein, bei Berührung wandern, bei Berührung verschwinden oder kurzzeitig auftauchen und dann wieder verschwinden, auch wenn sie nicht berührt worden sind. Folgende Objekte („Sonderfelder“) sollen eingebaut werden:

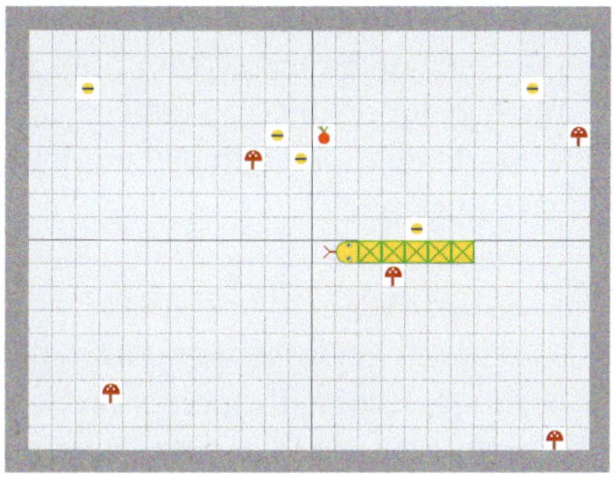

APFEL
spiel symbol
XPositionGeben() YPositionGeben() Aktion()

PILZ
spiel symbol
XPositionGeben() YPositionGeben() Aktion()

MINUS
spiel symbol
XPositionGeben() YPositionGeben() Aktion()

- Apfel: Es gibt zu jeder Zeit genau einen; wird er berührt (und damit gefressen), so wird der Punktestand um 200 erhöht und der Apfel taucht an einem neuen Platz auf.
- Minuszeichen: Das Minuszeichen soll die Geschwindigkeit der Schlange eine bestimmte Zeit (z. B. 100 Schritte) verlangsamen (damit man durchatmen kann). Zu Beginn gibt es 5 Minuszeichen. Jedes verschwindet, sobald es genutzt worden ist.

- Fliegenpilz: Er sorgt dafür, dass die Schlange schneller wächst, und zwar für die nächsten 10 Schritte um jeweils ein Feld. Das automatische Wachsen der Schlange kann während dieser Zeit auch noch passieren. Zu Beginn gibt es 5 Pilze, bei Berührung wechseln sie ihren Platz.

a Fasse in einer generalisierten Klasse SONDERFELD alle Gemeinsamkeiten zusammen. Erstelle dazu das Klassendiagramm.

b Implementiere die neuen Klassen.
Tipp: In der Klasse SPIEL sind bereits mehrere nützliche Hilfsmethoden vorhanden.

c Integriere die Sonderfelder in das Spiel. Dazu muss in der Klasse SPIEL ein Feld mit den Sonderfeldern angelegt werden; nach jeder Bewegung der Schlange muss festgestellt werden, ob der Kopf eines der Sonderfelder erreicht hat, und gegebenenfalls dessen Aktion ausgeführt werden. Auch eine Methode zum Entfernen eines Sonderfeldes wird benötigt.

d Für Schnelle: Entwirf ein eigenes Sonderfeld und ergänze damit das Spiel.

5 Adventure (Teil 1)

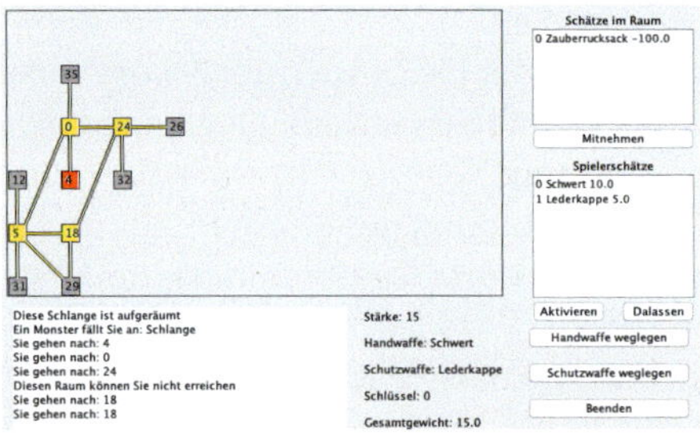

kurz nach Beginn

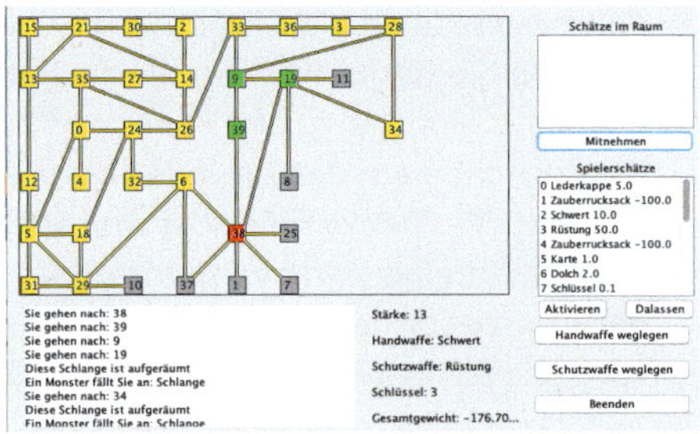

Suche nach dem Ausgang

Für das Fantasyspiel „Adventure" ist eine erste Version erstellt worden, um den Spielablauf und die Spielbarkeit (zu schwer oder zu leicht, genügt die angezeigte Information, ist die Bedienung zielgerichtet?) zu testen.

a Starte das Spiel durch Erzeugen eines Objekts der Klasse ADVENTURE und erkunde, wie man es spielt.

b Wenn du die vorhandenen Klassen genauer anschaust, wirst du feststellen, dass es außer ZAUBERSPRUCH und WAFFE noch weitere Klassen gibt, die von der Klasse SCHATZ erben. Erstelle ein Klassendiagramm der Klasse SCHATZ mit ihren direkten Unterklassen. Die Attribute und Methoden brauchen nicht eingetragen zu werden. Begründe, warum die neu gefundenen Klassen direkt von der Klasse SCHATZ erben und warum Objekte dieser Klassen trotzdem ihre Funktion erfüllen.

c Erkunde in der Klasse SCHATZ, wie die Schätze erzeugt werden. Erkläre, warum manche Schätze häufiger erzeugt werden.

d Erstelle selbst eigene Schätze und Monster, um das Spiel abwechslungsreicher zu machen. Ergänze sie passend bei der Erstellung. Achte dabei darauf, dass das Spiel weder zu einfach noch zu schwierig wird.

e Für Schnelle: Erzählt euch gegenseitig von euren Ergänzungen und bewertet sie. Ihr könnt die Ergänzungen auch in einer „Superversion" zusammenfassen.

6 Smart Home Prototyp 3

Der aktuelle Prototyp der Smart-Home-App hat Schwächen, weil bei den Geräten viele identische Methoden mehrfach vorhanden sind. Zur Verbesserung sollen generalisierte Oberklassen erstellt werden: Für alle Sensoren eine Oberklasse MESSGERÄT, für alle Geräte des Hauses eine Oberklasse HAUSGERÄT und für alle Geräte eine gemeinsame Oberklasse SMARTKOMPONENTE.

a Auf dem zur Aufgabe gehörenden Arbeitsblatt findest du die Klassenkarten aller Geräte. Kennzeichne mit Farbe alle Attribute und Methoden, die bis in die Klasse SMARTKOMPONENTE verallgemeinert werden können, und mit einer anderen Farbe alle, die in die Klasse MESSGERÄT verallgemeinert werden können. Kennzeichne mit einer dritten Farbe alle Attribute und Methoden, die in die Klasse HAUSGERÄT verallgemeinert werden können. Vergleiche abschließend die Anzahl der wegfallenden Methoden in den Unterklassen mit der Anzahl der Methoden in den neuen Oberklassen.

b Für das Attribut name muss eine Designentscheidung getroffen werden. Es kann als privates Attribut vereinbart werden, dann muss der Wert über die Aufrufe der Oberklassenkonstruktoren übergeben werden, oder es kann als geschützt vereinbart werden, dann kann jede Unterklasse den Wert setzen. Nenne mindestens je einen Vorteil der beiden Varianten. Diskutiert eure Ergebnisse zu zweit.

c In deiner Projektvorlage ist ein Teil der notwendigen Änderungen schon vorgegeben; die Klassen THERMOMETER, BEWEGUNGSMELDER, SONNENSENSOR, LAMPE und HEIZKÖRPER sind bereits umgebaut. Vergleiche die Umbauten mit deinen Überlegungen aus den Teilaufgaben a) und b) und bewerte mögliche Unterschiede.

d Die Methoden *Einschalten*, *Ausschalten* und *AutomatikAktivieren* sind in den Klassen HEIZKÖRPER und LAMPE unterschiedlich ausgeführt. Beschreibe die Unterschiede und diskutiert zu zweit Vor- und Nachteile der beiden Arten.

e Ändere nun auch die Klassen WINDSENSOR, UHR, WAAGE, ROLLLADEN und KÜHLSCHRANK entsprechend ab. Nenne Vor- und Nachteile dieser nachträglichen Generalisierung.

f Erstelle eine Klasse ZIMMERVERWALTUNG, mit der alle Geräte eines Zimmers verwaltet werden können.

g Eine besondere Rolle bei der Generalisierung spielen die Methoden zum Melden einer Werteänderung in einem Sensor an den Beobachter. Analysiere das Projekt und gib an, warum zwei Methoden *WertänderungMelden(zahlenwert, sensor)* und *WertänderungMelden(wahrheitswert, sensor)* in der Klasse HAUSGERÄT nötig sind. Gib weiter an, wozu der jeweils zweite Parameter benötigt wird.

h Für Schnelle: Erstelle auch für die Klassen der Hausgerätesymbole eine generalisierte Oberklasse.

7 Dorianland – Level 3

Level 3 von Dorianland soll sich ganz um Untiere drehen. Im Projekt findest du Klassen für zwei verschiedene Untierarten: GLEITER und SPRINGER.

a Teste die beiden Untier-Varianten, indem du in *Level3()* testhalber je ein Objekt erstellst. Ergänze dann eine geeignete Klasse, damit beide Untierarten später in nur einem Feld verwaltet werden können. Erklärt euch zu zweit gegenseitig das zugrunde liegende Prinzip.

b Ergänze ein entsprechendes Feld in der Methode *Level3* von DORIANLAND. Befülle es in einer Wiederholungsanweisung mit zwei Gleitern und zwei Springern.

c Platziere die Untiere in einer Wiederholungsanweisung unter Verwendung eines Zufallsgenerators zufällig im Bereich von 200 bis 700. Teste dann, ob du das Level schaffen kannst. Ergänze ggf. weitere Kisten und Stahlträger als Hilfe für Dorian.

d Für Schnelle: Kreiere eine dritte Untier-Ausprägung und nimm sie in dein Level auf. (Hinweis: Damit es Dorian schaden kann, muss das Untier grün sein und sollte weder schwarze noch weiße Figurenteile enthalten.)

2.7 Unterschiedliche Gestalten ermöglichen: Polymorphie

Ein Bildschirmschoner stellt ein Aquarium dar. Darin schwimmen Fische verschiedener Art (je eine Klasse); die Referenzen werden alle in einem Feld der Oberklasse FISCH gespeichert. In regelmäßigen Abständen wird den Fischen die Botschaft „Schwimmen" geschickt, auf die sie mit der Ausführung der Methode *Schwimmen()* reagieren.

- **a** Erstelle ein Klassendiagramm der Klasse FISCH mit ihren Unterklassen.
- **b** Erkunde das Schwimmverhalten der Clownfische und Piranhas (also die Veränderung von x-Position und Höhe pro Taktschlag) im Quellcode und begründe kurz, ob zu einem korrekten Verhalten der Fische die Methode *Schwimmen* der Klasse FISCH oder die Methode *Schwimmen* der jeweiligen Unterklasse ausgeführt werden muss.
- **c** Überprüfe durch Ausführen des Programms, ob das Programm dein Ergebnis von b) umsetzt oder nicht.
  Tipp: Füge vorher geeignete Ausgaben ein.
- **d** Für Schnelle: Erkunde, was passiert, wenn in der Klasse FISCH die Methode *Schwimmen* gelöscht wird, und versuche, deine Beobachtungen zu erklären.

Auch Referenzen auf Unterklassenobjekte sind möglich

Bei einem Abenteuerspiel kann ein Spieler einen im Attribut aktuellerSpruch referenzierten Spruch ausführen.

Da Unterklassen alle Attribute und Methoden ihrer Oberklasse erben, ist es erlaubt, mit Referenzattributen einer bestimmten Oberklasse auch Objekte all ihrer Unterklassen zu referenzieren. Ein Referenzattribut der Klasse ZAUBERSPRUCH kann also auch auf ein Objekt der Klasse HEILSPRUCH verweisen. Allerdings können nur die in der Oberklasse vereinbarten Attribute und Methoden verwendet werden. Diese Eigenschaft nennt man → **Polymorphismus**, weil ein Referenzattribut nicht nur Objekte der als Datentyp angegebenen Klasse (ZAUBERSPRUCH) referenzieren kann, sondern auch Objekte aller Unterklassen zu dieser Klasse. Die referenzierten Objekte können also „viele Gestalten" haben.

→ griechisch: Vielgestaltigkeit

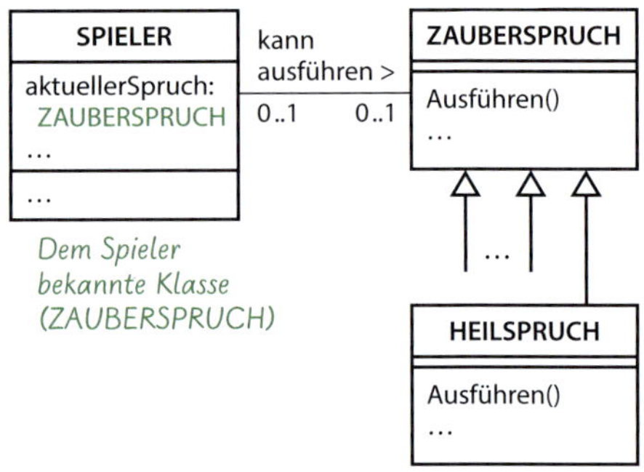

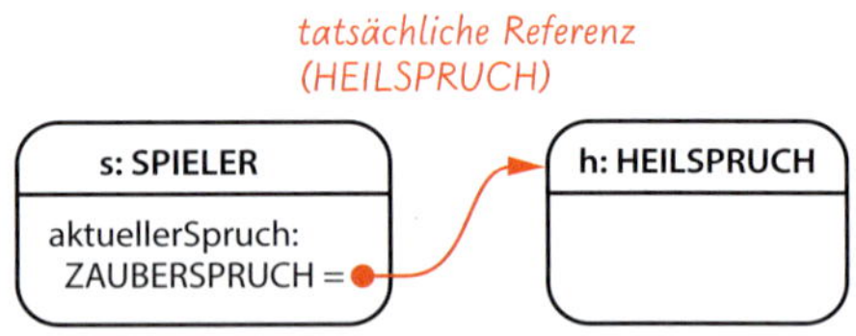

Die richtige Methode muss aufgerufen werden

Wenn ein Heilspruch angewendet werden soll, würde die Methode *Ausführen* der allgemeineren Klasse ZAUBERSPRUCH die falsche Leistung erbringen. Notwendig ist, dass die Methode *Ausführen* der spezialisierten Klasse HEILSPRUCH ausgeführt

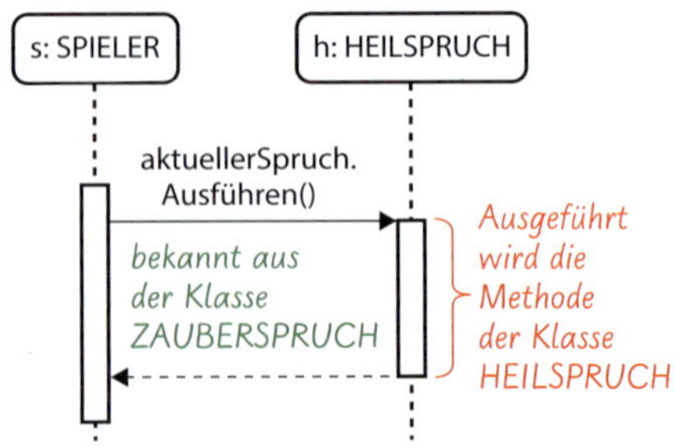

wird. Da jedes Objekt „weiß“, zu welcher Klasse es gehört, kann es beim Eintreffen einer Botschaft die zu seiner Klasse gehörende Methode ausführen. Das bedeutet, dass Objekte verschiedener Unterklassen auf die gleiche Botschaft unterschiedlich reagieren können.

***Erkennen und Verwenden der Unterklasse**

Manchmal ist es praktisch zu wissen, zu welcher Unterklasse ein referenziertes Objekt tatsächlich gehört. Wenn ein Objekt aktuellerSchatz der Klasse SCHATZ aktiviert wird, dann muss ein Zauberspruch ausgeführt werden, eine Rüstung als Schutzwaffe angezogen werden oder eine Angriffswaffe in die Hand genommen werden.
Allgemein schreibt man mit dem Operator **istein** als Test auf die Klassenzugehörigkeit:

```
wenn      aktuellerSchatz istein ZAUBERSPRUCH
          aktSpruch = aktuellerSchatz als ZAUBERSPRUCH
          aktSpruch.Ausführen()
sonstwenn aktuellerSchatz istein ANGRIFFSWAFFE
          handwaffe = aktuellerSchatz als ANGRIFFSWAFFE
sonstwenn aktuellerSchatz istein SCHUTZWAFFE
          schutzwaffe = aktuellerSchatz als SCHUTZWAFFE
endewenn
```

Die Abfrage auf die Klassenzugehörigkeit ist in den meisten Programmiersprachen eine Bedingung. Die Interpretation von aktuellerSchatz als Referenz auf ein Objekt der Klasse SPRUCH (Typanpassung, oft auch als type casting bezeichnet) wird sehr unterschiedlich geschrieben.

Stride:

```
if (aktuellerSchatz<:Zauberspruch)
    method-name( (Zauberspruch)aktuellerSchatz).Ausführen()
```

Java

```
if (aktuellerSchatz instanceof Zauberspruch)
{
    ((Zauberspruch) aktuellerSchatz).Ausführen();
}
```

Python

```
if isinstance(aktuellerSchatz, Zauberspruch):
    aktuellerSchatz.Ausführen()
```

Swift

```
if aktuellerSchatz is Zauberspruch
{
    (aktuellerSchatz as! Zauberspruch).Ausführen()
}
```

Polymorphismus bezeichnet die Eigenschaft, dass ein Referenzattribut nicht nur Objekte der als Datentyp angegebenen Klasse referenzieren kann, sondern auch Objekte aller zu dieser Klasse existierenden Unterklassen. Wird ein Objekt einer Unterklasse referenziert, so führt es beim Empfangen von Botschaften über dieses Referenzattribut die Methoden so aus, wie sie in seiner Klasse bekannt sind (und nicht die überschriebenen Methoden der Oberklasse).
Um die Klasse eines referenzierten Objekts zu bestimmen, existieren in allen Sprachen entsprechende Vergleichsoperatoren (**istein**) oder Testmethoden. Der Datentyp der Referenz kann dann an diesen Typ angepasst werden.

Aufgaben

1 Informatik ist überall – Feriendomizile

Ein Reiseanbieter bietet Hotelzimmer, Ferienwohnungen und Ferienhäuser an. Alle Unterkünfte werden gemeinsam verwaltet, da Urlauber oft zuerst nach einer Unterkunft in einer bestimmten Gegend suchen.

HOTELZIMMER
ort größe hotel wlan pool strandentfernung frühstück halbpension …
Buchen() InformationAusgeben() …

FERIENWOHNUNG
ort größe wlan strandentfernung zimmeranzahl anzahlwohnungen …
Buchen() InformationAusgeben() …

FERIENHAUS
ort größe wlan pool strandentfernung zimmeranzahl außenküche …
Buchen() InformationAusgeben() …

a Erstelle eine Oberklasse UNTERKUNFT und damit ein neues Klassendiagramm der vorhandenen Klassen.

b Begründe, warum sowohl die Oberklasse als auch die Unterklassen die Methode *InformationAusgeben()* implementieren sollten und warum sich die Unterklassen auf die Implementierung in der Oberklasse abstützen können.

c Begründe, warum zur gemeinsamen Verwaltung der Unterkünfte ein Feld mit Elementen der Klasse UNTERKUNFT sinnvoll ist.

d Stelle den Ablauf beim Aufruf von *InformationAusgeben* für das erste Feldelement als Sequenzdiagramm dar.

2 Verkehrssimulation (Teil 3) – Vorteile durch Polymorphismus

Die Methode *Fahren* ist für die Klassen LANGSAMESFAHRZEUG und SCHNELLESFAHRZEUG individuell ausgeprägt. Ergänze die Methodenrümpfe von *Fahren* in diesen Klassen um geeignete Ausgaben und kontrolliere so, dass diese Methoden auch aufgerufen werden. Ergänze auch die Methode *Fahren* der Klasse FAHRZEUG um eine passende Ausgabe und überprüfe dadurch, dass diese Methode nie aufgerufen wird.

3 Adventure (Teil 2)

Der Kampf des Spielers mit einem Monster wird bei Adventure durch drei Methoden des Monsters gestaltet:

- Die Methode *KampfBeginnen* wird am Anfang jedes Monsterkampfes einmal aufgerufen.
- Die Methode *KampfDurchführen* ist der eigentliche Kampf, sie entscheidet über Gewinn oder Verlust und kann mehrfach aufgerufen werden.
- Die Methode *KampfAbbrechen* wird aufgerufen, wenn der Spieler einen verlorenen Kampf beendet.

a Betrachte den Quelltext der Klasse MONSTER und gib an, was bei einem Aufruf der Methoden in der generalisierten Oberklasse MONSTER ausgeführt wird.

b In dem betretenen Raum r ist ein Monster der Klasse DIEB. Über das Attribut monster dieses Raums wird nun die Botschaft „monster.KampfBeginnen(spieler)“ an das Monster geschickt. Gib in Form eines Sequenzdiagramms an, welche Methoden im Verlauf der Ausführung von *KampfBeginnen* noch aufgerufen werden. Gib auch an, welche Fälle du dabei unterscheiden musst.

c Im Projekt Adventure ist eine Klasse ADVENTURETEST, mit der du ein Testspiel erhältst, das nur Diebe enthält und in dem der Spieler über Waffen verfügt. Ergänze nun die Klassen MONSTER und DIEB um Ausgaben, so dass du die in b) überlegten Abläufe angezeigt bekommst.

4 Medienverwaltung

In einer einfachen Medienverwaltung werden Filme und Songs gespeichert. Von allen Medien wird der Name gespeichert, von Songs zusätzlich der Künstler, von Filmen der Regisseur. Alle Medien werden in einem Feld mit Elementen der Klasse MEDIUM verwaltet.

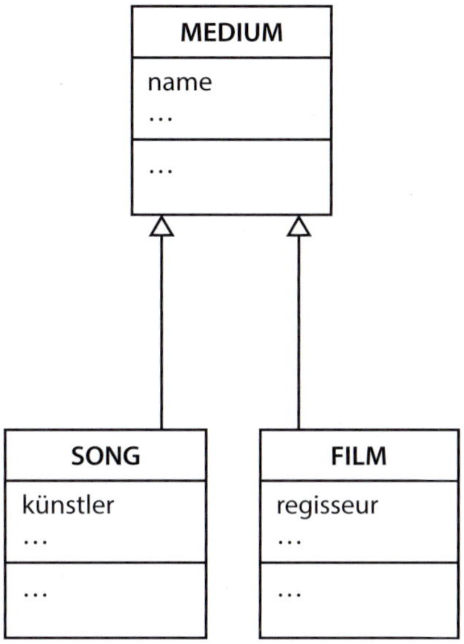

a Erstelle entsprechend der Beschreibung eine Klasse MEDIENVERWALTUNG und füge im Konstruktor mehrere Medien ein. Ergänze eine Methode *StatusAusgeben()*, welche die Anzahl der Songs und die Anzahl der Filme ermittelt und ausgibt.

b Erweitere die Medienverwaltung um die Speicherung von Hörbüchern. Hier soll zusätzlich zum Namen der Autor gespeichert werden. Ändere die Methode *StatusAusgeben* so ab, dass auch die Anzahl der Hörbücher korrekt angezeigt wird.

c Für Schnelle: Bei allen Medien soll nun auch die Abspieldauer gespeichert werden. Ergänze das Projekt entsprechend. Erweitere speziell die Methode *StatusAusgeben* so, dass sie auch die Summe der Abspieldauern für die drei Mediengruppen mit ausgibt.

5 Forschungsauftrag: Typtest und Typanpassung

a Finde durch eine Recherche heraus, wie Typtest und Typanpassung in verschiedenen objektorientierten Sprachen (mindestens Java, Stride und Swift) umgesetzt sind und wie es z. B. in Swift möglich ist, das Beispiel aus dem Lehrtext übersichtlicher zu gestalten.

b Man findet regelmäßig die Aussage: „Typtest und Typanpassung sind ein Hinweis auf schlechtes objektorientiertes Design". Nimm zu dieser Aussage Stellung. Recherchiere dazu mit passenden, englischen Suchbegriffen (z. B. „downcasting bad"). Finde selbst je ein Beispiel, wo du Typtest/Typanpassung verwenden würdest, und eines, wo du Polymorphismus als Lösung vorziehen würdest.

2.8 Unvollständige Baupläne erlauben: abstrakte Klassen

Im Spiel Krümel und Monster erben alle Gespenster von einer Klasse GESPENST. Deren Methode *Bewegen* kann nichts Sinnvolles tun, da ja nur die konkreten Gespensterklassen (JÄGER, …) festlegen, wie sie sich bewegen sollen.

a Erkunde, wie die Methode *Bewegen* in der Klasse GESPENST des Beispielprojekts implementiert wurde. Gib an, was hier neu ist, und interpretiere die neuen Elemente.

b Erkunde weiter, ob im Kopf dieser Klasse noch andere, neue Elemente zu finden sind, und gib sie gegebenenfalls an.

c Versuche, ein Objekt der Klasse GESPENST zu erzeugen. Untersuche, weshalb es nicht geht.

Abstrakte Klassen

In einer Adressbuchsoftware werden für jede Person als Kontaktdaten Telefonnummern, E-Mail-Adressen, URLs und Anschriften verwaltet. Ein Aufruf der Methode *Kontaktieren* bewirkt dann entweder einen Anruf, das Erstellen einer E-Mail, das Aktivieren des Browsers usw.

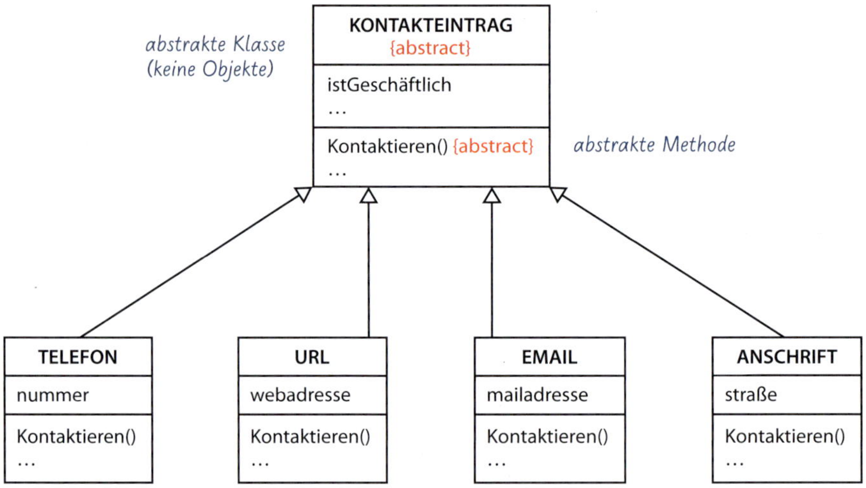

→ abstrakt: verallgemeinern von lat. abstrahere – wegziehen, trennen (vom Konkreten, Besonderen)

In der Adressbuchsoftware gibt es jedoch keine konkreten Objekte der Klasse KONTAKTEINTRAG. Es ist daher nicht sinnvoll, Objekte von dieser Klasse zu erzeugen. Solche durch Generalisierung entstandenen Klassen nennt man → **abstrakte Klassen**.

Abstrakte Methoden

Die konkrete Aufgabe der Methode *Kontaktieren* kann nur für die jeweiligen Unterklassen von KONTAKTEINTRAG implementiert werden. Der Bauplan (die Klasse) KONTAKTEINTRAG kann daher nicht vollständig sein: Nur der Methodenkopf (und damit wie die Methode aufgerufen wird) ist festgelegt, der Rumpf für die Methode *Kontaktieren* fehlt. Daher wird die Methode *Kontaktieren* als **abstrakte Methode** bezeichnet.

Das Konzept abstrakter Klassen und Methoden wird in den verschiedenen Programmiersprachen in unterschiedlicher Art und mit unterschiedlichem Umfang umgesetzt.

Java

```
abstract class KontaktEintrag
{
    abstract void Kontaktieren();
}
```

Python

```
import abc
class KontaktEintrag(metaclass = abc.ABCMeta):
  @abc.abstractmethod
  def Kontaktieren(self):
    pass
```

Stride:

```
abstractclass KontaktEintrag
Methods
    abstract void Kontaktieren()
```

Swift

Gibt es in dieser Form nicht.

Klassen werden als **abstrakte Klassen** bezeichnet, wenn von ihnen keine Objekte erzeugt werden. In abstrakten Klassen können außer normalen Methoden auch Methoden vereinbart werden, deren Methodenrumpf erst in Unterklassen festgelegt wird. Solche Methoden werden **abstrakte Methoden** genannt.

* Neue „Klassenbeschreibung"

Im Projekt LightShow gibt es eine spezielle „Klasse" ANIMATIONSELEMENT.

a Erkunde, wie sich der Quelltext von ANIMATIONSELEMENT von einer normalen Klassenbeschreibung unterscheidet.

b ANIMATIONSELEMENT wird einerseits in den Klassen SHOWRECHTECK und SHOWKREIS und andererseits in ANIMATION verwendet. Untersuche und beschreibe die beiden Arten der Verwendung und stelle eine Vermutung auf, was durch die Verwendung von ANIMATIONSELEMENT garantiert wird.

c Für Schnelle: Ergänze eine Klasse SHOWDREIECK und mache damit die Lightshow noch abwechslungsreicher.

* Schnittstellen sichern Leistung zu

In einer Smart-Home-Steuerung werden die einzelnen Geräte sowohl grafisch (schneller Überblick) als auch textuell (genaue Werte) angezeigt. Spezielle Klassen wie HEIZKÖRPERSYMBOL oder ANZEIGEPANEL können sich bei einem THERMOMETER registrieren, um laufend über die aktuelle Temperatur informiert zu werden. Erben von einer Klasse BEOBACHTER wäre nicht sachgerecht, da HEIZKÖRPERSYMBOL und ANZEIGEPANEL zum einen in eigene Vererbungshierarchien eingebunden sind und zum anderen nur „nebenher" als Beobachter fungieren; entscheidend ist nur, dass sie eine Methode *Melden(temperatur)* zur Verfügung stellen.

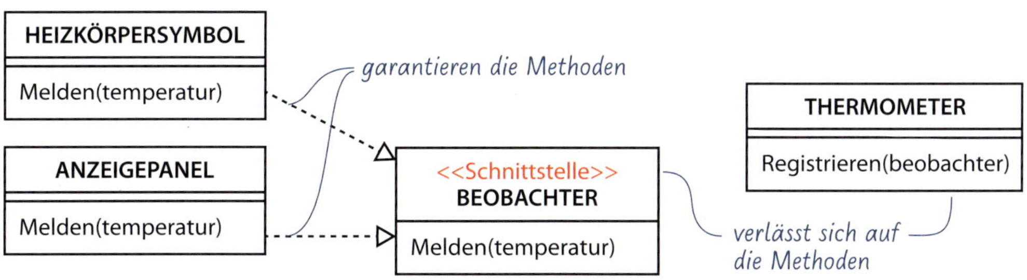

Die **Schnittstelle** BEOBACHTER legt fest, welche Methoden ein Objekt besitzen muss, um sich als Beobachter bei einem THERMOMETER-Objekt registrieren zu können. Alle Klassen, die die Schnittstelle implementieren, garantieren, dass die in der Schnittstelle festgelegten Methoden auch bei ihnen tatsächlich zur Verfügung stehen.

Ein großer Vorteil von Schnittstellen ist auch, dass die Klasse THERMOMETER gar nicht wissen muss, wie die Klassen ansonsten aussehen, welche die Schnittstelle BEOBACHTER implementieren, nicht einmal, welchen Typ sie haben; gegenüber dem THERMOMETER geben sie sich nur als BEOBACHTER aus und es wird wieder Polymorphismus genutzt. So werden die Klassen durch die Schnittstelle voneinander entkoppelt.

Java

```
interface Beobachter
{
    void Melden(double temperatur);
}
class Anzeige extends Gerät implements Beobachter
```

Swift

```
protocol Beobachter
{
    func Melden(temperatur: Double)
}
class Anzeige: Gerät, Beobachter
```

Python

Gibt es in dieser Form nicht.

Stride:

```
interface Beobachter
Methods
    void Melden(double temperatur)
class Anzeige extends Gerät › implements Beobachter
```

In **Schnittstellen** werden nur Methodenköpfe festgelegt. Klassen, die die Schnittstelle implementieren, müssen auch den Methodenrumpf dazu enthalten. Schnittstellen können als Datentyp bei Referenzen verwendet werden.

Aufgaben

1 Informatik ist überall: Bibliothek

In einer Präsenzbibliothek werden Bücher, Tageszeitungen und Magazine verwaltet. Alle Objekte können reserviert und freigegeben werden; über jedes Medium kann Information (Werte der Attribute) eingeholt werden. Bücher erlauben auch eine Reservierung über mehrere Tage. Bei Tageszeitungen kann nicht nur das einzelne Exemplar, sondern auch ein Erscheinungszeitraum reserviert werden. Alle Medien haben einen Titel, eine ISBN und einen Verlag. Bücher haben einen Autor und ein Erscheinungsjahr, Tageszeitungen ein Erscheinungsdatum, Magazine ein Erscheinungsjahr und eine laufende Nummer.

- **a** Erstelle ein generalisiertes Klassendiagramm.
- **b** Begründe, ob die generalisierte Klasse eine abstrakte Klasse sein sollte. Nenne insgesamt mindestens drei Kriterien (dafür und/oder dagegen).
- **c** Bei der Methode für die Ausgabe der Information kann ein Teil der Arbeit in die generalisierte Oberklasse ausgelagert werden. Beschreibe die Aufteilung am Beispiel der Bücher.
- **d** Für Schnelle: Implementiere deine Klassen. Du musst dazu noch Attribute ergänzen.

2 Abstrakte Klassen kriteriengeleitet bestimmen

a Nenne Kriterien, mit denen du Kandidaten für abstrakte Klassen identifizieren kannst.

b Nenne die drei Informationen, die durch den Methodenkopf festgelegt werden.

c Bestimme nun ebenso Kriterien, mit denen du Kandidaten für abstrakte Methoden identifizieren kannst.

d Tauscht euch in der Klasse über eure Überlegungen aus und stellt so einen Kriterienkatalog zusammen.

3 Abstrakte Klassen verwenden

Identifiziere in den gegebenen Projekten jeweils die Kandidaten für abstrakte Klassen. Zeichne das Klassendiagramm für den zugehörigen Teil der Generalisierungshierarchie (abstrakte Klasse mit ihren Unterklassen). Markiere durch Ergänzung von "{abstract}" gegebenenfalls auch abstrakte Methoden. Begründe kurz deine Entscheidung. Setze anschließend deine Überlegungen im Projekt um.

a Krümel und Monster

b Verkehrssimulation

c Snake

d Adventure

***4 Smart Home Prototyp 4 – Schnittstellen**

Im Projekt Smart Home sind die Klassen für die Anzeige mit den Klassen der Geräte u.a. über eine Schnittstelle ZUSTANDSBEOBACHTER entkoppelt worden.

a Erstelle ein Klassendiagramm (nur Klassennamen) für die Klassen ZUSTANDSBEOBACHTER sowie die nutzenden (SMARTKOMPONENTE) bzw. implementierenden (GERÄTESYMBOL, KOMPONENTENPANEL) Klassen.

b In der Methode *GerätHinzufügen* der Klasse OBERFLÄCHE wird die Klasse SMARTKOMPONENTE als Parametertyp verwendet. Analysiere, welche Methode der Klasse SMARTKOMPONENTE in der Klasse OBERFLÄCHE nur bekannt sein muss, und entwirf eine entsprechende Schnittstelle ZUSTANDSERZEUGER, welche den Kopf dieser Methode definiert.

c Ergänze die Schnittstelle ZUSTANDSERZEUGER in deinem Projekt und ändere die betroffenen Klassen so ab, dass sie diese Schnittstelle nutzen.

d Für Schnelle: Erstelle ein weiteres Klassendiagramm (nur Klassennamen) für die Klassen ZUSTANDSBEOBACHTER, ZUSTANDSERZEUGER sowie die Klassen GERÄT und GERÄTEPANEL. Begründe anhand dieses Klassendiagramms, warum die Klassen der Programmlogik sowie die Klassen der Oberfläche jetzt noch besser entkoppelt sind. Recherchiere im Internet zum Begriff Beobachtermuster. Stelle fest, wie dieses Muster aufgebaut ist, und vergleiche mit der neuen Klassenstruktur.

e Für ganz Schnelle: Auch Schnittstellen können Hierarchien bilden. Lasse die Schnittstellen WERTEMPFÄNGER und AKTIONSEMPFÄNGER die Schnittstelle ZUSTANDSERZEUGER implementieren und lösche die Implementierung von ZUSTANDSERZEUGER in der Klasse SMARTKOMPONENTE wieder. Erkläre kurz, warum trotzdem alle benötigten Zusicherungen eingehalten werden und das Programm korrekt ausgeführt wird.

***5 Verkehrssimulation (Teil 4) – Schnittstellen**

In einer Version der Verkehrssimulation, bei der eine ganze Kreuzung simuliert wird, gibt der Taktgenerator die Taktimpulse durch Aufruf der Methode *TaktImpulsAusführen* an die Klasse KREUZUNG weiter; diese regelt dann die Aktivitäten von Ampeln und Fahrbahnen.

a Verlagere das Bewegen der Fahrzeuge und das Erzeugen neuer Fahrzeuge in eine eigene Methode *TaktImpulsAusführen* der Klasse FAHRBAHN, die dann ebenfalls die Schnittstelle TAKTKLIENT implementieren kann.

b Ergänze eine neue Schnittstelle TAKTERZEUGER laut der nebenstehenden Klassenkarte.

<<Schnittstelle>> **TAKTERZEUGER**
Registrieren(taktKlient) Abmelden(taktKlient)

c Erweitere den Taktgeber so, dass er beliebig viele Klienten verwalten kann, und lasse ihn dann die Schnittstelle TAKTERZEUGER implementieren.

d Baue schließlich die Klasse KREUZUNG so um, dass sie sich selbst und die von ihr erzeugten Fahrbahnen bei einem Objekt TAKTERZEUGER registriert, das ihr als Parameter im Konstruktor übergeben wird.

e Für Schnelle: Recherchiere im Internet zum Begriff Beobachtermuster. Stelle fest, wie dieses Muster aufgebaut ist, und vergleiche mit der neuen Situation bei der Verkehrssimulation.

*6 Plugins

Bei vielen Programmen (z. B. Browser, Textverarbeitung, Bildbearbeitung) gibt es sogenannte Plugins, d. h. zusätzliche Funktionen können über später hinzugefügte Programmstücke zur Verfügung gestellt werden.

a Erkunde für zwei Werkzeuge deiner Wahl (z. B. Webbrowser), welche Plugins es gibt und was sie leisten.

b Begründe, warum Schnittstellenbeschreibungen erstellt werden müssen, um Plugins zu ermöglichen.

7 Grafische Benutzeroberflächen – Einstieg

Grafische Benutzeroberflächen haben seit ihrer Einführung in den 1980er Jahren die vorher verwendete textbasierte Kommunikation zwischen Mensch und Maschine fast vollständig verdrängt. Heutige Benutzeroberflächen unterstützen sehr komplexe Aufgaben, die grundlegenden Elemente sind aber einfach zu verwenden.

a Erzeuge in dem Projekt „Einfache Oberfläche" ein Objekt der Klasse BEISPIEL1. Gib in das vorgesehene Feld einen beliebigen kurzen Text ein und klicke den Knopf „Übernehmen". Beschreibe kurz, was passiert. Visualisiere nun dazu in einem Sequenzdiagramm die Objektkommunikation beim Aufruf einer gedachten Methode *Ausführen()* der Klasse KNOPF (engl. button), die zwischen dem Objekt der Klasse KNOPF und anderen Objekten abläuft.

b Wiederhole den Vorgang und achte dabei genau darauf, wann der eingegebene Text in das Ausgabefeld übernommen wird. Nenne einen wesentlichen Vorteil dieser Entscheidung.
Für Schnelle: Vergleiche mit dem einfachen, selbst gebastelten Knopf aus Aufgabe 5 in Kapitel 2.3.

c Ergänze die Klasse BEISPIEL1 um zwei weitere Knöpfe, mit denen du die Textfarbe (Vordergrundfarbe) des Ausgabefeldes wahlweise auf grün oder rot setzen kannst.

d In der Klasse BEISPIEL2 kannst du die Farbe des Ausgabetextes aus mehreren Möglichkeiten auswählen. Erzeuge ein Objekt der Klasse BEISPIEL2 und beschreibe die hier verwendeten Oberflächenelemente.

e Ergänze die Klasse BEISPIEL2 so, dass du auch die Hintergrundfarbe des Ausgabetextes in den gleichen Farben variieren kannst.

f Für Schnelle: Ergänze die Klasse BEISPIEL2 so, dass Hintergrund- und Vordergrundfarbe nicht gleich eingestellt werden können.

8 Grafische Benutzeroberflächen – selber zeichnen

Beim Erstellen individueller Komponenten in grafischen Benutzeroberflächen geht man wie folgt vor: Häufig erstellt man eine Unterklasse zu einer von der Bibliothek vorgegebenen Klasse für Grafikkomponenten und überschreibt dort die Methode, die beim Anzeigen der Komponente aufgerufen wird. Diese Methode hat als Parameter ein Grafik-Objekt, das u.a. Methoden zum Zeichnen von Linien, Rechtecken, Kreisen und Texten bereitstellt.

a Erzeuge ein Objekt der Klasse RAHMEN. Die linke Komponente stellt einen roten Kreis mit schwarzem Rand in einem gelben Feld dar. Der Bauplan für dieses Objekt ist die Klasse KREIS. Analysiere diese Klasse und finde dabei heraus, welche Oberflächenkomponente beerbt/spezialisiert wird. Nenne weiterhin die Methoden, welche für folgende drei Aufgaben zuständig sind:
- Zeichnen der gelben Fläche
- Zeichnen des Kreises
- Zeichnen des schwarzen Rands

b Ändere in der Klasse RAHMEN Größe und Ort der Figur mit dem Kreis. Beobachte, was diese Änderungen bewirken.

c Erstelle nun selbst ein Klasse, deren Objekte eine einfache abstrakte Zeichnung aus Rechtecken, Kreisen und Linien darstellen.

d Die rechte Figur ist komplexer, sie stellt einen Pfeil dar. Der Pfeil wird beschrieben durch einen geschlossenen Linienzug (Polygon). Analysiere die Klasse PFEIL und erläutere, wie dieser Linienzug beschrieben wird. Ändere einzelne Werte ab, um zu sehen, ob deine Vermutungen stimmen.

e Erstelle nun eine Komponente, welche ein gleichseitiges Dreieck mit der Spitze in der Mitte oben zeichnet.

f Für Schnelle: Erstelle eine Komponente mit einer komplexeren Zeichnung, z.B. einem Haus mit Fenstern.

9 Grafische Benutzeroberflächen – Mausklicks verarbeiten

In deinem Projekt findest du eine Klasse KNOPF, die einen einfachen Knopf zur Verfügung stellt.

a Erzeuge ein Objekt der Klasse RAHMEN. Klicke dann auf das linke Symbol (der Knopf) und beobachte, was sowohl beim Drücken als auch beim Loslassen der Maus passiert. Teste auch, was passiert, wenn du die Maus außerhalb des Symbols loslässt. Gib mit einer kurzen Begründung an, ob du das beobachtete Verhalten erwartet hättest.

b Analysiere nun den Quellcode der Klasse KNOPF und finde heraus, welche Quellcodezeile(n) für folgendes Verhalten verantwortlich sind:
- i Reaktion auf das Drücken der Maus,
- ii Ausführen der Aktion und
- iii Test, ob die Maus innerhalb der Komponente losgelassen wird.

c Die Klasse DOPPELKNOPF ist der Bauplan für das rechte Symbol. Teste auch hier, was geschieht, wenn du an verschiedenen Orten der Figur klickst, und finde dann im Code heraus, welche Zeilen den Ort des Klicks abprüfen.

d Ändere die Klasse DOPPELKNOPF zu einem Vierfachknopf ab, indem du auch eine waagrechte Trennlinie schaffst.

e Für Schnelle: Ergänze die Klasse DOPPELKNOPF um eine Beobachterschnittstelle mit einer Methode *Ausführen(nummer)*, die dem Beobachter auch mitteilt, welcher Teil gedrückt wurde. Nutze diese Schnittstelle in der Klasse RAHMEN.

10 Grafische Benutzeroberflächen

Die vollständigen Klassenhierarchien grafischer Benutzeroberflächen sind oft sehr umfangreich. Sie folgen aber alle einem übersichtlichen Grundmuster.
Die Klasse an der Spitze der Klassenhierarchie stellt die grundlegenden Attribute wie Position, Größe, Sichtbarkeit usw. und die zu deren Verwaltung benötigten Methoden zur Verfügung. Je nach Sprache und Bibliothek kann sie eine abstrakte Klasse sein.
Danach spaltet sich der Baum in zwei Äste auf. Diejenigen Elemente, die selbst wieder Unterelemente verwalten können (Fenster, Dialoge, Panels etc.), bilden den einen Ast.
An seiner Spitze steht eine Klasse (BEHÄLTER), die als Zusatz die Verwaltung der untergeordneten Elemente als Enthält-Beziehung bereitstellt. Alle anderen, einfachen Elemente bilden den zweiten Ast. Manchmal übernimmt bereits die Klasse OBERFLÄCHENELEMENT die Verwaltung von Unterelementen; die beiden Äste fallen dann zusammen. Meist sind diese Hierarchien noch weiter untergliedert, um generelle Eigenschaften von Oberflächenelementen zusammenzufassen.

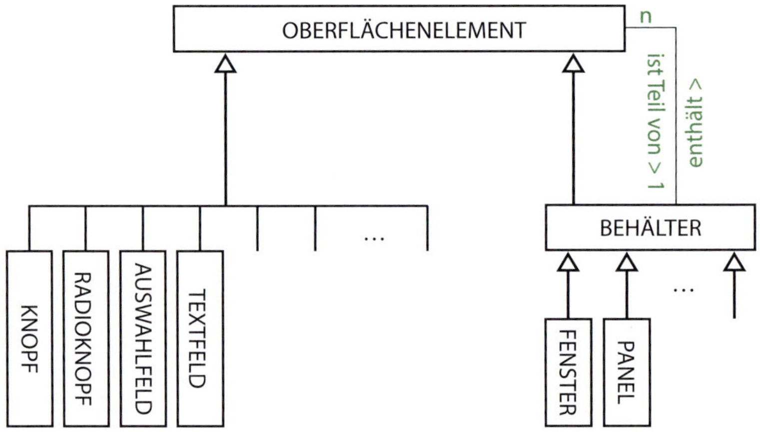

a Recherchiere in der Dokumentation zu der von dir verwendeten Oberflächenbibliothek nach den im Klassendiagramm angegeben Klassen und erstelle (oder kopiere, wenn vorhanden) das konkrete Klassendiagramm für deine Oberflächenbibliothek (nur Klassennamen).

b Ersetze in dem Projekt aus Aufgabe 7 die Radioknöpfe (engl. radiobuttons) durch ein Auswahlkästchen (engl. checkbox).

c Oft werden mit Panels die Oberflächenelemente zu Gruppen zusammengefasst, um die Gesamtanordnung leichter und übersichtlicher zu gestalten. Gruppiere in dem Projekt aus Aufgabe 7 die Elemente Ausgabetext, Eingabetext und Übernehmen-Knopf in einem Panel.

11 Forschungsauftrag: Entwurfsmuster

In objektorientierten Programmentwürfen treten viele Strukturen immer wieder auf. Diese Strukturen werden in sogenannten Entwurfsmustern beschrieben, die sehr oft mit Schnittstellenbeschreibungen dargestellt werden.

a Recherchiere, wie das so genannte Beobachtermuster aufgebaut ist. Vergleiche diesen Entwurf speziell mit den Schnittstellen ZUSTANDSBEOBACHTER und ZUSTANDSERZEUGER in Aufgabe 4.

b Recherchiere das Entwurfsmuster MVC und untersuche für zwei der in den Aufgaben vorkommenden Projekte, inwieweit dieses Muster verwendet wird.

c Recherchiere noch zwei weitere Muster und erkunde, ob sie in den Aufgaben dieses Kapitels verwendet wurden oder hätten verwendet werden können.

Arbeiten mit einer Game Engine

Mit Graphics and Games hast du in den letzten beiden Jahren eine Klassenbibliothek kennengelernt, mit der man gut objektorientiertes Programmieren lernen kann und die vielerlei Möglichkeiten für visuelle Darstellungen bietet, insbesondere in Spielen. Auch Profis nutzen solche Spiel-Engines, um wiederkehrende Aufgaben zu vereinfachen. Solche Aufgaben sind beispielsweise:

- grafische Darstellung und Animation von Figuren und Effekten wie Feuer, Explosionen und Niederschlag
- Physiksysteme zur realistischen Darstellung von Sprüngen u. Ä. im Gravitationssystem
- Klänge, Geräusche
- Steuerung mit verschiedenen Eingabegeräten (Maus, Tastatur, Gamepad, …)
- Multiplayer-Funktionalität, Datenspeicherung, Beschreibung von Spielabläufen, …

Engine Alpha ist eine Spiel-Engine für Java, die hier mehr Funktionalität als Graphics and Games bietet. Die folgenden Aufgaben begleiten dich beim Kennenlernen der Umgebung. Gleichzeitig entwickelst du einen Prototyp für ein Jump 'n' Run-Spiel. Auch für andere Sprachen gibt es ähnliche Spiel-Engines, etwa pygame für Python.

1 Anlegen der Welt

In einem Jump 'n' Run-Spiel bewegt sich die Spielfigur laufend und springend über verschiedene Ebenen.

a Betrachtet in Partnerarbeit zunächst die Klasse WELT und trefft eine Vorhersage über die Wirkung des Codes. Überprüft und diskutiert eure Prognose, indem ihr eine Welt erzeugt.

b Variiert probeweise nacheinander die Werte für den Hintergrund (andere Grafik, Position und Skalierung), beobachtet jeweils die Veränderung und stellt danach den Ausgangszustand wieder her.

c Experimentiert nacheinander mit den drei Parameterwerten beim Konstruktoraufruf des Objekts boden1 und ermittelt jeweils ihre Bedeutung. Stellt danach die Ausgangswerte wieder her.

d Verändert den passenden Parameterwert für boden1 so, dass die Plattform die volle Breite des Fensters einnimmt.

e Variiert den geeigneten Wert im Konstruktoraufruf für boden2 so, dass die Plattform einen größeren Abstand zu boden1 hat.

f Ersetzt die beiden Referenzattribute boden1 und boden2 durch ein Feld, das alle Böden verwaltet. Legt in diesem Feld fünf Böden an, wobei der unterste Boden wie boden1 liegen soll. Die darüberliegenden Böden sollen in y-Richtung gleiche Abstände haben und wie eine Treppe gleichmäßig in x-Richtung verschoben sein.

g Für Schnelle: Variiert weiter: Abstände zwischen den Böden, unterschiedliche Breiten und x-Positionen der Böden, …

2 Die Spielfigur Traveler

Für die Spielfigur soll eine Klasse TRAVELER erstellt werden. Die Klasse FIGUR und deren Oberklassen stellen die relevanten Methoden bereit; vereinfachend sind diese relevanten im Klassendiagramm unten alle der Klasse FIGUR zugeordnet. Damit der Traveler auf Tastendruck und Taktschläge reagieren kann, muss er zusätzlich die Schnittstellen TASTENREAGIERBAR und TICKER mit den jeweiligen Methoden implementieren.

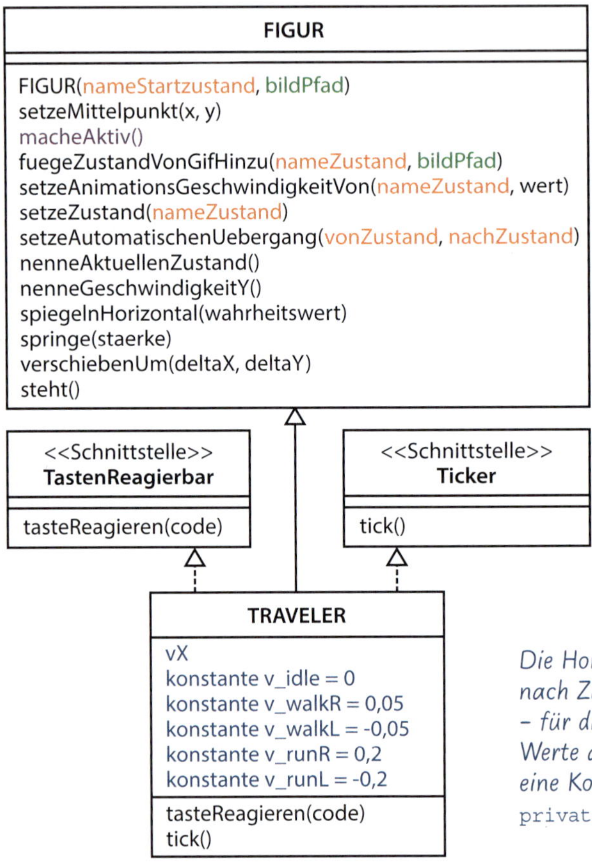

Mit macheAktiv unterwirft sich die Figur den Gesetzen der Physik.

Eine Figur kann verschiedene Zustände haben, z. B. gehend ("walk") oder Leerlauf ("idle").

Für jeden Zustand gibt es eine Bilddatei, deren Pfad man angeben muss.

Die Horizontalgeschwindigkeit vX kann je nach Zustand des Travelers verschiedene – für die jeweiligen Zustände konstante – Werte annehmen. In Java vereinbart man eine Konstante wie im folgenden Beispiel:

```
private static final double v_idle = 0
```

a Erzeuge eine Klasse TRAVELER nach Vorgabe des Klassendiagramms. Der Konstruktor soll folgendes leisten:

- Die Figur startet im Leerlauf: Zustand „idle“ mit Bild „traveler_idle.gif“
- Der Mittelpunkt der Figur ist bei (–10, 0).
- Die Figur ist aktiv.
- Der Traveler startet mit der Geschwindigkeit vX = v_idle.
- Füge die weiteren Zustände „walk“, „run“, „jumpUp“, „jumpTurn“, und „jumpDown“ jeweils mit den passenden Bildern hinzu.
  Lege zu jedem Zustand eine geeignete Animationsgeschwindigkeit fest.
- Setze einen automatischen Übergang im höchsten Punkt, also von „jumpTurn“ zu „jumpDown“.
- Rufe für den Taktgeber die Methode *starteTickerNeu(0.04)* auf.

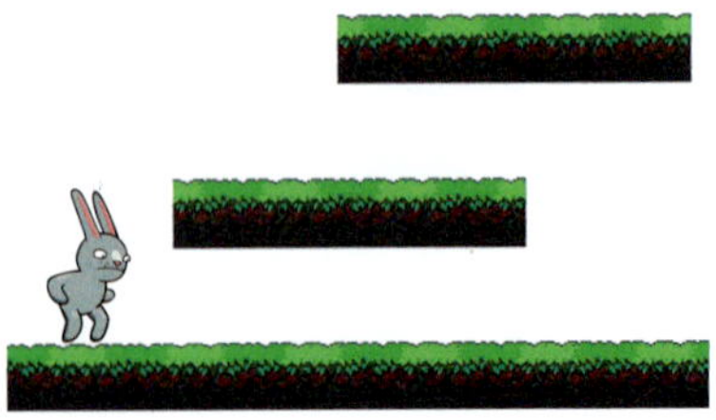

b Damit sich der Traveler taktgesteuert bewegt, muss die *tick*-Methode überschrieben werden. Setze die folgenden Vorgaben um:
- Der Traveler wird bei jedem Aufruf um (vX, 0) verschoben. Bemerkung: Die Bewegung in y-Richtung passiert automatisch.
- Wenn er im Zustand „jumpUp" ist und seine Geschwindigkeit unter 0 fällt, wechselt er in den Zustand „jumpTurn".
- Wenn er sich im Zustand „jumpDown" befindet und die Methode *steht* den Wert WAHR liefert, befindet er sich wieder am Boden. Abhängig vom Wert seiner Geschwindigkeit (Vergleich mit den Konstanten!) muss er dann in einen der Zustände „run", „walk" oder „idle" wechseln.

c Damit der Traveler auf das Drücken der Pfeiltasten reagieren kann, muss die Methode *tasteReagieren(int code)* überschrieben werden.
Ein Teil des Algorithmus dieser Methode hat in Struktogrammdarstellung die folgende Form:

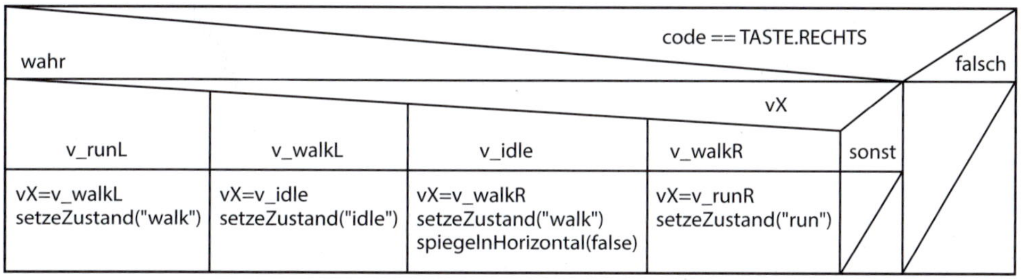

Besprecht zu zweit, was dieser Algorithmus leistet. Übertrage ihn anschließend in dein Projekt.

d Ergänze die Methode entsprechend für das Drücken der „←"-Taste.

e Bei gedrückter „↑"-Taste soll der Traveler *springe(10)* ausführen und in den Zustand „jumpUp" wechseln. Nach Drücken von ↓ soll er in den Zustand „idle" wechseln und die Geschwindigkeit demgemäß setzen. Vervollständige damit die Methode.

3 Jetzt wird's kreativ! (Projektmöglichkeit)
Der Anreiz des Spiels aus Aufgabe 2 ist noch gering. Entwickelt im Team (4–6 Personen) in einem Brainstorming Ideen, wie das Spiel interessanter gestaltet werden kann. Entwickelt daraus User-Storys und setzt diese in Partnerarbeit um.

Teste dich selbst

T1 Richtig oder falsch?

Beurteile, ob folgende Aussagen richtig oder falsch sind. Begründe deine Meinung bei falschen Aussagen und gib eine berichtigte Aussage an:

- **a** Ein Referenzattribut kann man sich vorstellen wie eine Schachtel, in der ein Wert gespeichert ist.
- **b** Nach dem Kapselungsprinzip sollte der direkte Zugriff auf Attribute und Methoden verhindert werden.
- **c** Eine 1 : n-Beziehung sollte immer mittels eines Feldes umgesetzt werden.
- **d** Die Wiederholung über alle Elemente ermöglicht auch den gezielten Zugriff auf einzelne Objekte des Feldes.
- **e** Bei der Generalisierung betrachtet man zuerst die Oberklasse.
- **f** Polymorphismus bedeutet, dass man in einem Attribut mit dem Typ einer Klasse KLASSE auch Referenzen auf ein Objekt einer Oberklasse zu KLASSE speichern kann.
- **g** Abstrakte Methoden können nur in abstrakten Klassen vorkommen.

***T2 Ich check's, dank deiner Hilfe!**

Ferdi hat im Unterricht nicht gut aufgepasst und braucht dringend deine Nachhilfe vor der alles entscheidenden letzten Prüfung. Hilf ihm, indem du ihm die folgenden Begriffe erklärst und an einem Beispiel aus deiner Programmiersprache (am besten am Rechner, nicht auf Papier!) zeigst, wie man damit umgeht: Referenzattribut, Zugriffsrechte, Feld, Generalisierung, Polymorphismus, abstrakte Klasse, Schnittstelle.

T3 Programmieren

Um die Luftverschmutzung in einem Kurort möglichst gering zu halten, soll eine Mischung aus öffentlichem Personennahverkehr und individuellen Leihfahrzeugen eingeführt werden. Für eine erste Studie liegt folgendes Szenarium zugrunde: Jedes Fahrzeug hat einen Fahrpreis pro Kilometer und eine maximale Personenanzahl. Beim Verlassen eines Fahrzeugs wird die Methode *FahrpreisAbbuchen(kundennummer)* aufgerufen. Im öffentlichen Verkehr soll es neben autonomen Bussen auch eine Bummelbahnverbindung zwischen Ortszentrum und Bahnhof geben. Bei jedem öffentlichen Verkehrsmittel soll die aktuelle Position und die Verspätungszeit in Minuten gespeichert werden, sowie die aktuelle Anzahl an Passagieren. Bei der Bummelbahn wird zusätzlich der Name des Lokführers gespeichert. Individualfahrzeuge sind Elektroautos, Seniorenscooter und E-Bikes. Zu jedem Individualfahrzeug wird die Kundennummer des Entleihers mit Startdatum sowie die aktuelle Position gespeichert, bei Elektroautos und Seniorenscootern zusätzlich das Kennzeichen. Bei E-Bikes gibt es ein spezielles Rabattsystem, weshalb die Methode *FahrpreisAbbuchen(kundennummer)* anders implementiert ist.

- **a** Stelle die beschriebenen Klassen (Beziehungen, angegebene Attribute und Methoden) unter Beachtung möglicher Generalisierungen im Klassendiagramm dar.
- **b** Notiere die Klasse FAHRZEUG (ohne Methoden, nur Konstruktor) in deiner Programmiersprache.

Alle Fahrzeuge sollen nun in einer Klasse FAHRZEUGVERWALTUNG verwaltet werden. Dort existiert ein Feld für die Fahrzeuge.

- **c** Benenne die wesentlichen Schritte, die zum Arbeiten mit Feldern notwendig sind, und notiere diese für das gegebene Beispiel.
- **d** Beschreibe am Beispiel dieses Feldes das Prinzip des Polymorphismus mit seinen wesentlichen Aspekten.

Kapselung und Zugriffsrechte

Datenkapselung verhindert den direkten Zugriff auf Attribute. Es gilt der Grundsatz, dass Attribute nur über Methoden gelesen und verändert werden sollen. Programmiersprachen unterstützen das Kapselungsprinzip durch **Zugriffsrechte**.

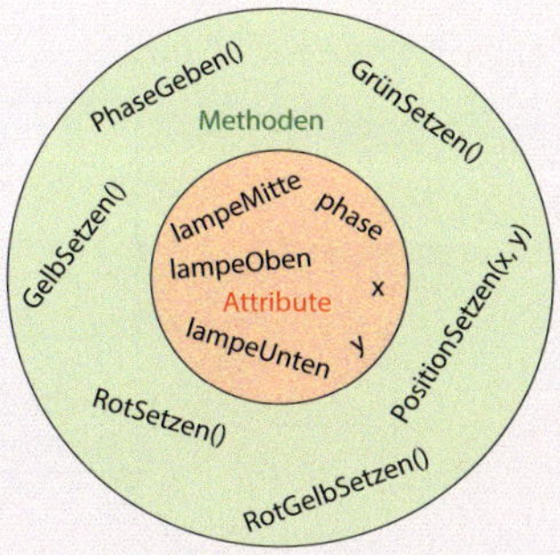

privat: nur das Objekt selbst hat Zugriff

öffentlich: jedes Objekt hat Zugriff

geschützt: je nach Sprache, z. B. Zugriff für Unterklassen oder für Klassen innerhalb des Projekts

Objekte in Beziehung

Referenzattribute sind Attribute, die eine **Referenz** (Zeiger) auf ein anderes Objekt enthalten können. Referenzattribute werden in Objekten benötigt, die anderen Objekten Botschaften (z. B. in Form von Methodenaufrufen) schicken müssen.

```
klasse SCHULKLASSE
  //Vereinbarung(Deklaration)
  attribut infLehrkraft: LEHRKRAFT

konstruktor()
  //Initialisierung
  infLehrkraft = neu LEHRKRAFT("Fr. Mai")
```

Ein **Feld** ist eine Datenstruktur, in der viele gleichartige Objekte effizient verwaltet werden können. Hierfür stehen verschiedene Methoden (Hinzufügen, Entfernen, …) zur Verfügung. Die **Wiederholung über alle Elemente** („für alle") ist eine einfache Möglichkeit, auf alle Objekte eines Feldes zuzugreifen.

Feld als (ausziehbares) Regalbrett: Für jedes Element existiert eine Kiste, die das entsprechende Objekt referenziert.

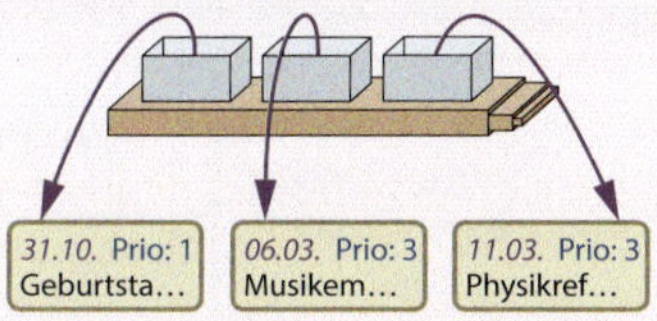

lokale Variable, die nacheinander alle Notizenobjekte des Feldes referenziert

```
für alle n in notizen
    n.VorschauErzeugen()
```

Die Elemente eines Felds werden beim Hinzufügen automatisch durchnummeriert. Die Nummer heißt **Index**; die Zählung beginnt in der Regel bei 0. Verschiedene Methoden erlauben den **gezielten Zugriff** auf Feldelemente mit Hilfe des Index.
Die Anzahl der Elemente eines Feldes wird als seine **Länge** bezeichnet.

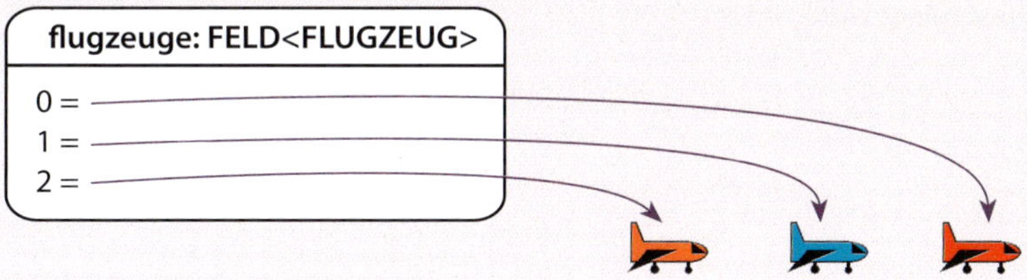

Vererbung

Bei der **Generalisierung** werden gemeinsame Attribute und Methoden von Klassen zu neuen Oberklassen zusammengefasst (verallgemeinerte Klassen).
Bei der Spezialisierung werden dagegen vorhandene Klassen mittels Unterklassen an spezielle Gegebenheiten angepasst.

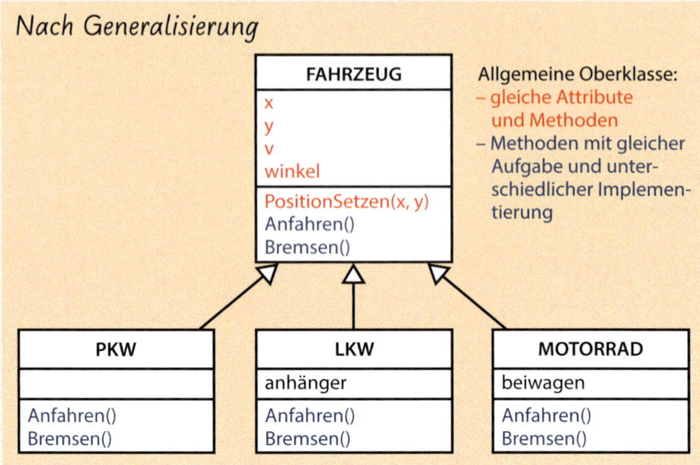

Polymorphismus bezeichnet die Eigenschaft, dass ein Referenzattribut nicht nur Objekte der als Datentyp angegebenen Klasse referenzieren kann, sondern auch Objekte aller zu dieser Klasse existierenden Unterklassen.
Um die Klasse eines referenzierten Objekts zu bestimmen, existieren in allen Sprachen entsprechende Vergleichsoperatoren (**istein**) oder Testmethoden.

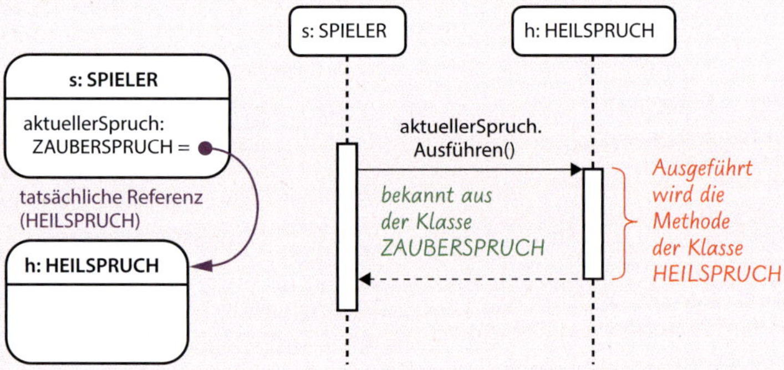

Klassen werden als **abstrakte Klassen bezeichnet**, wenn von ihnen keine Objekte erzeugt werden. In abstrakten Klassen können auch **abstrakte Methoden** vereinbart werden, deren genaue Bedeutung erst in Unterklassen festgelegt wird.

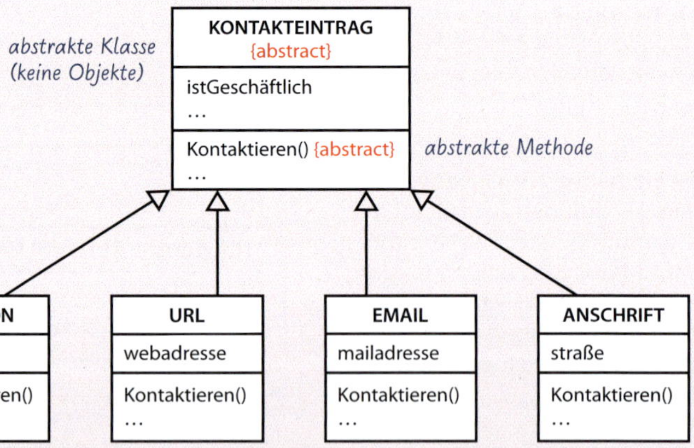

*__Schnittstellen:__ In **Schnittstellen**-Beschreibungen werden die Köpfe der Methoden definiert, die von anderen Klassen zur Verfügung gestellt werden. Damit können Objektbeziehungen auf einen minimalen gegenseitigen Kenntnisstand reduziert werden.

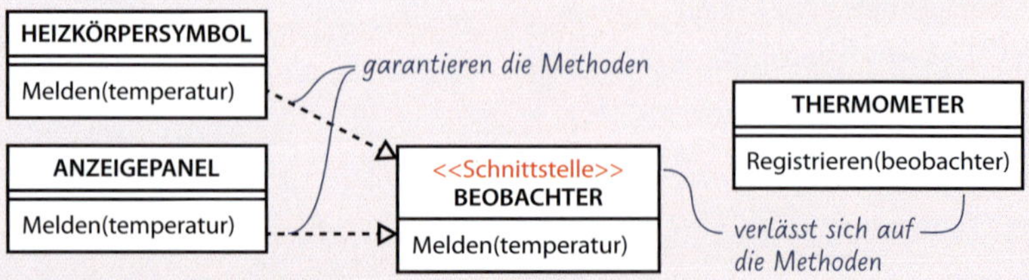

Zum Weiterlesen

L4 Auch Profis machen Fehler!

Statistiken gehen bei professionell entwickelter Software von durchschnittlich 2,5 % fehlerhaften Programmzeilen aus. Diese Fehler machen oft umfangreiche Nachbesserungsarbeiten erforderlich.

Als am 27. März 2008 das neue Terminal 5 des Londoner Flughafens Heathrow in Betrieb genommen wurde, war das System zur Gepäckabfertigung fehlerhaft. An Großflughäfen verwaltet ein solches System ein dichtes Netz von Fließbändern mit einer Gesamtlänge von vielen Kilometern. Die Planung der Wege der einzelnen Gepäckstücke, die automatisch gelenkt werden, erfolgt über eine komplexe Software, das Gepäckleitsystem, in dessen Kern ein Routenplaner steckt. Bei der Inbetriebnahme führte gleich eine Reihe von Fehlern zum Zusammenbruch des Flugbetriebs. Unter anderem war die Software nicht in ausreichendem Maß getestet worden:

- Bei der Ankunft eines Gepäckstücks am Flugzeug wird von einem Kontrollsystem überprüft, ob alle Koffer das richtige Flugzeug erreicht haben. Durch eine fehlerhafte Referenz auf das Gepäckleitsystem wurden dorthin keine Daten mehr übertragen. Außerdem mussten Gepäckstücke aussortiert werden, weil sie irrtümlich mit dem Vermerk „fehlende Sicherheitsüberprüfung“ versehen worden waren.
- In der Testphase war der Austausch von Gepäckstücken zwischen den Terminals erprobt worden. Um den laufenden Betrieb in den anderen Terminals nicht zu stören, wurden die Referenzen zwischen den Terminals entfernt, um die Kommunikation zu unterbinden. Diese Referenzen wurden vor der Inbetriebnahme nicht neu gesetzt, sodass die betroffenen Gepäckstücke manuell sortiert werden mussten, was einen enormen Stau verursachte.
- Auch nach Beseitigung dieses Fehlers funktionierte der Transfer von Gepäckstücken zwischen Terminal 5 und den anderen Terminals noch nicht reibungslos, da die Beziehungen zwischen den Systemen nicht sauber definiert waren. Ein Teil der Gepäckstücke wurde nicht erkannt. Das Problem wurde durch mangelnde Speicherkapazität noch verschlimmert.
- Insgesamt stauten sich so immer mehr Gepäckstücke auf, die nicht pünktlich zum Flugzeug gelangten und auf nachfolgende Flüge umgebucht werden mussten. Das Gepäckleitsystem stürzte schließlich ab, da zu viel Rechnerkapazität vom Umbuchungssystem blockiert wurde. Das Umbuchungssystem wurde daraufhin abgeschaltet, was den Stau weiter vergrößerte.

Die Softwareprobleme wurden durch weitere Probleme verschärft:

- Das Verladepersonal konnte sich nicht am System anmelden und musste die Gepäckstücke von Hand kontrollieren, was zu Verspätungen führte.
- Netzwerkprobleme bei der Abfertigung sorgten für Verzögerung bei der Einbuchung der Gepäckstücke.
- Fehlende Parkplätze für Mitarbeiter, defekte Aufzüge, mangelnde Einarbeitung des Personals sorgten für weitere Verzögerungen. Insgesamt wurden etwa 250 Flüge storniert und 28 000 Gepäckstücke nicht korrekt abgefertigt.

Schickards calculating machine

L5 Geschichte der Datentypen

Erste Datentypen

Bereits zur Zeit mechanischer Automatisierung waren die Wünsche an eine automatische Datenverarbeitung von zwei typischen Anforderungsbereichen geprägt, der Automatisierung umfangreicher numerischer Berechnungen sowie der automatischen Auswertung umfangreicher Datensätze. So baute Schickard 1623 eine Rechenmaschine, um bis zu sechsstellige Zahlen zu addieren. Hollerith entwickelte 1889 eine Maschine, um die Datensätze einer amerikanischen Volkszählung automatisiert auszuwerten.

Darauf aufbauend wurden in den 1950er Jahren zwei erste Hochsprachen genau für diese beiden Bereiche entwickelt.

FORTRAN sollte vorrangig den numerischen Bereich abdecken. Die vorherrschenden Datentypen waren die ganzen Zahlen und die Kommazahlen. Aber auch logische Werte, Zeichen und Zeichenketten wurden benötigt. Beispiel für eine Variablenvereinbarung in FORTRAN:

`REAL X,Y`	← *Kommazahlen X, Y*
`INTEGER I,SCHRITT`	← *Ganze Zahlen I und SCHRITT*
`LOGICAL ISTTEIL`	← *Wahrheitswert*
`CHARACTER*20 NAME`	← *Zeichenkette mit maximal 20 Zeichen*

Für die Datenverarbeitung in verschiedenen Geschäftsbereichen wurde die Sprache COBOL entworfen. Hier wurden als numerische Werte wieder die ganzen Zahlen sowie Kommazahlen angeboten, welche Finanzrechnungen im Zehnersystem durchführen konnten und so die gewohnten Rundungsregeln exakt abbildeten. Beispiel:

`01 I PIC 999.`	← *Ganze Zahl I mit drei Stellen*
`01 NAME PIC A(6).`	← *Buchstabenkette NAME mit 6 Zeichen*
`01 ID PIC X(10).`	← *Zeichenkette ID mit 10 Zeichen*
`01 PREIS PIC S9(3)V9(2).`	← *Kommazahl PREIS aus Vorzeichen (S), drei Vorkommastellen (9(3)), dem Komma (V) und zwei Nachkommastellen(9(2)).*

Picture, Aussehen (Typ) des Wertes (zu `PIC`)

01: Variablenvereinbarung

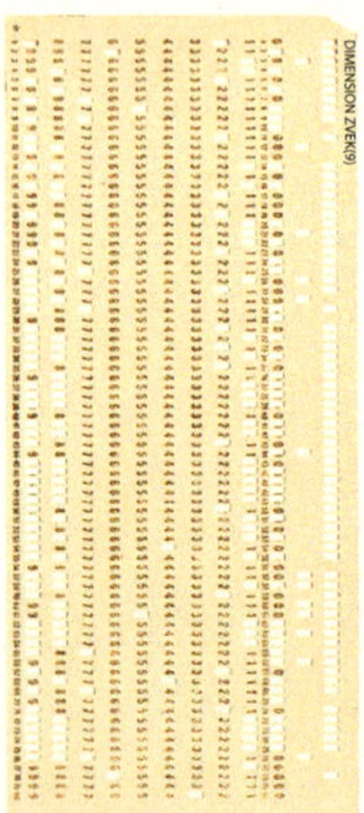

Auf eine gute Darstellbarkeit von aus mehreren Teilen zusammengesetzten Daten (Verbunden) wurde großer Wert gelegt:

`01 ARTIKEL.`	← *Der Verbund ARTIKEL besteht aus:*
`05 NAME PIC A(20).`	← *Buchstabenkette mit 20 Zeichen*
`05 PREIS PIC S9(3)V9(2).`	← *Kommazahl (siehe oben)*
`05 ANZAHL PIC 9999.`	← *Ganze Zahl mit vier Stellen*

05: Bestandteil der Beschreibung mit der nächst kleineren Nummer (hier: 01)

Um viele Daten des gleichen Typs verwalten zu können, wurde in beiden Sprachen bereits das Konzept der Felder eingeführt:

FORTRAN:

`INTEGER WERTE`	← *Feldelemente sind ganze Zahlen*
`DIMENSION WERTE(20)`	← *Feld hat 20 Elemente, der Index läuft von 1 bis 20*

Eine entsprechende Vereinbarung in COBOL lautet:

```
01 WERTE 999999 OCCURS 20 TIMES.
```

Auch hier ist der Index von 1 bis 20. Alle diese Felder sind statisch, d.h. die Größe wird bereits beim Übersetzen festgelegt.
In diese Zeit fällt auch die Unterscheidung in so genannte einfache und zusammengesetzte Datentypen. Als einfach wurden die Datentypen bezeichnet, die der Prozessor direkt „bearbeiten" kann (ganze Zahlen, Kommazahlen, Zeichen, logische Werte), die anderen Datentypen (Feld, Verbund) wurden als zusammengesetzt betrachtet.

Zeiger und dynamische Speicherverwaltung

Mit der Verfügbarkeit größerer Arbeitsspeicher wuchs der Wunsch nach mehr Flexibilität, insbesondere Möglichkeiten, auch den Platz für die zu verarbeitenden Daten dynamisch zu gestalten. Durch die Einführung des Datentyps Zeiger (1964/65 in PL/I) wurde es möglich, Speicher dynamisch zu beschaffen und wieder freizugeben. Zeiger wurden dabei in erster Linie als Speicheradressen gesehen; die völlig unterschiedlich gestalteten Speicheradressen der verschiedenen Intel-Prozessoren (8086-80386 und folgende; ab 1980) legten aber schon damals nahe, in höheren Programmiersprachen auch eine höhere Abstraktionsebene (Referenzen) einzuführen.
Je nach Möglichkeiten der Programmiersprache war es damit auch möglich, Felder anzulegen, deren Länge erst zur Laufzeit festgelegt wurde. C bot diese Möglichkeit von Anfang an (1973), aber ohne die Möglichkeit, falsche Indexwerte (z.B. zu groß) automatisch zu erkennen; andere Sprachen folgten.

```
int* werte;                             ← Zeiger auf ganze Zahlen
werte = malloc (sizeof(int) * 20);      ← Zeigt auf ein Feld mit 20 Elementen
```

→ malloc: memory allocation, engl.: Speicherreservierung

In keiner Sprache gab es aber eine Möglichkeit, die Länge eines Feldes nach dem Anlegen des Speicherplatzes noch zu verändern.

Normierungen

Die unterschiedlichen Binärdarstellungen der einfachen Datentypen insbesondere im Großrechnerbereich machte den Datenaustausch zwischen verschiedenen Computern selbst dann schwierig, wenn die gleichen Programmiersprachen und Programme Verwendung fanden.
Für die Darstellung der ganzen Zahlen stellte sich schnell die sogenannte Zweierkomplementdarstellung als optimal heraus, allerdings ist die unterschiedliche Zahlenbreite (typisch 8, 16, 32, 64 oder 128 Bit) immer noch ein Problem für den Datenaustausch. Während C (und im Anschluss Java) verschiedene Bezeichner für die unterschiedlichen Längen verwendet (byte, short, int, long), verwenden andere Sprachen allgemeine Namen, die sich jeweils auf die optimale Länge der ausführenden Maschine beziehen (z.B. INTEGER in Modula-2 hat auf einem Mikrokontroller 8 Bit, auf einer typischen modernen CPU 64 Bit).
Im Bereich der (Gleit-)kommazahlen wurde mit dem IEEE-Standard 754-1985 eine heute allgemein akzeptierte Norm geschaffen; die 32-Bit- und 64-Bit-Werte (float und double in vielen Sprachen) sind immer verfügbar, das 80(96)-Bit-Format (extended) seltener. 2008 wurde der Standard modernisiert; dabei wurde auch ein Format für die Darstellung von dezimal kodierten Kommazahlen (3 Zehnerstellen in 10 Bit) mit aufgenommen, der in der Finanzwelt immer noch benötigt wurde.
Eine einheitliche Darstellung für den Datentyp ZEICHEN festzulegen (Unicode) wurde in den 1990er Jahren begonnen. Seit der Jahrtausendwende hat sich dieser Standard verbreitet; die konsequente Umsetzung ist aber auf Computern mit dem Betriebssystem Windows immer noch ein Stiefkind.

L6 Entwicklung des Objektbegriffs

Beginnende Datenabstraktion

Anfang der 1970er Jahre wurde deutlich, dass Datentypen nicht nur über die verwalteten Daten, sondern vorwiegend auch (oder sogar nur) über die auf diesen Daten definierten Operationen festgelegt sind. Aus diesem Ansatz entstand der Begriff der abstrakten Datentypen (ADTs), bei denen nur Operationen – genauer: die Methodenköpfe – festgelegt wurden, wobei die eigentlichen Daten sowie die konkrete Implementierung im Idealfall für den Verwender völlig verborgen und unzugänglich waren.
Tatsächlich umgesetzt werden konnten ADTs von algorithmischen Sprachen wie Modula-2 (1978) oder C (1973).

```
DEFINITON MODULE Rechtecke;
TYPE
   Rechteck;
PROCEDURE NeuesRechteck(x: REAL; y: REAL; breite: REAL; höhe:REAL): Rechteck;
PROCEDURE PositionSetzen(r: Rechteck; x: REAL; y: REAL);
PROCEDURE GrößeSetzen(r: Rechteck; breite: REAL; höhe: REAL);
END Rechtecke.
```

Auch der Datentyp der Zeichenkette (String) wurde in dieser Zeit in vielen Sprachen als ein dem Compiler bekannter ADT eingeführt und mit immer mehr Operationen ausgestattet. Dies führte auch dazu, dass der Datentyp String (wie im Pascal-Dialekt der Entwicklungsumgebung Delphi) irrtümlich als einfacher Datentyp bezeichnet wurde.

Objektorientierte Sprachen

Aus der konsequenten Weiterentwicklung der abstrakten Datentypen entstand der Ansatz der Objektorientierung. Auf den ersten Blick scheint es nur „syntaktischer Zucker", ob anstelle von „Prozedurname(adtvariable, …)" geschrieben wird „objektvariable.Methodenname(…)". Die wesentliche und den Ansatz der Objektorientierung deutlich mächtiger machende Idee ist das Konzept der Vererbung, welches zusammen mit dem Konzept des Polymorphismus weit über die Möglichkeiten der ADTs hinausführt.
Als erste objektorientierte Sprache wurde in den 1970ern Smalltalk entwickelt. Leider litt diese Sprache unter der damals noch sehr niedrigen Rechnerleistung; verstärkt wurde dieses Problem durch den völlig dynamischen Methodenaufruf der untypisierten Sprache. Dadurch wurde das Konzept der Objektorientierung für geraume Zeit in die Ecke „Schönes Spielzeug, aber für die Praxis nicht brauchbar" gedrängt, obwohl die Sprache alle Möglichkeiten moderner objektorientierter Sprachen bietet.
Erst mit der Entwicklung objektorientierter Erweiterungen für bestehende algorithmische Sprachen (C++ (1979), Object Pascal (1982), Object-Oriented-Modula-2 (1989/1998), Oberon (1986), Oberon-2 (1991)) und der dort deutlich höheren Leistung wurde die Objektorientierung in der Praxis wirklich genutzt.

Alle Daten sind Objekte …

Die in der Folge entwickelten, echten objektorientierten Sprachen banden die primitiven Datentypen immer konsequenter als Klassen ein. Während in Java aus Laufzeitgründen zur Zeit der Sprachentwicklung Zahlen immer noch speziell behandelt werden und korrespondierende Klassen nur umständlich genutzt werden können, sind in moderneren Sprachen wie C# oder Swift die primitiven Datentypen vollständig durch Klassen gekapselt, sodass Terme sowohl in der Form j = 4 + i geschrieben werden können als auch wie Methodenaufrufe j = 4.advanced(by: i). Bei Gleitkommawerten können damit alle typischen Bibliotheksfunktionen als Methoden oder Attribute zur Verfügung gestellt werden.

Von Beginn an wurden die Zeichenketten als Klassen abgebildet, welche vielfältige Methoden zur Bearbeitung der Zeichenketten zur Verfügung stellen. Gleichzeitig wurde auch das Zusammenfügen zweier Zeichenketten mittels Operator (oft „+") eingeführt, sodass Zeichenketten und die früheren primitiven Datentypen nun die gleiche Formalebene erreichten.

...auch Felder

Langsamer ging die Weiterentwicklung der Felder als Klassen. In Java wurde nur die frühere Bibliotheksfunktion zur Längenbestimmung als Attribut übertragen. In C# kam eine Reihe neuer Methoden der Klasse FELD hinzu; insbesondere wurde es möglich, einzelne Elemente aus Feldern zu löschen. Swift erlaubt darüber hinaus auch das dynamische Hinzufügen von Elementen. Bei den (objektorientierten) Interpretersprachen war die Dynamik in der Datenhaltung von Beginn an stärker ausgeprägt. So verzichtet Python ganz auf die gewohnten Felder und stellte dafür das umfassendere, völlig dynamische Konzept der Listen bereit. PHP erlaubte von Beginn an das Ergänzen und Löschen von Feldelementen. Allen objektorientierten Sprachen gemeinsam ist aber, dass mehrdimensionale Felder als Felder von Feldern (von Feldern ...) implementiert sind. Mehrdimensionale Felder belegen damit keinen zusammenhängenden Speicherplatz mehr.

L7 Mehrfachvererbung und Schnittstellen

Einige wenige Sprachen bieten die sogenannte Mehrfachvererbung an, d. h. die Möglichkeit, dass eine Klasse von mehr als einer Oberklasse erbt. In einer Simulation einer Landwirtschaft generalisiert man die vorhandenen Tiere bis zu einer Oberklasse TIER, davon erben LANDTIER, LUFTTIER und WASSERTIER. Alle Klassen haben eine Methode *Bewegen()*, welche die Bewegung des Tieres beschreibt. Eine Klasse ENTE kann dann von LUFTTIER und WASSERTIER erben und in seiner Methode *Bewegen* je nach aktueller Umgebung die Methode *Bewegen* von LUFTTIER oder von WASSERTIER aufrufen.

Etwas anders ist folgende Situation: Sowohl ein Pferd (Oberklasse TIER) als auch Traktor (Oberklasse MASCHINE) können die Methode *PersonTransportieren()* zur Verfügung stellen, die ein Mensch nutzen kann. Hier könnte man eine Klasse TRANSPORTEUR erstellen, welche diese Methode hat; PFERD und TRAKTOR erben auch von dieser Klasse. Hier ist aber eine Schnittstelle TRANSPORTEUR geeigneter.

Bei der Modellierung steht man oft vor der Entscheidung, ob man eine Schnittstelle oder eine Klasse vereinbart. Wie man sich entscheidet, hängt davon ab, ob TRANSPORTEUR mögliche eigenständige Objekte beschreibt, oder ob TRANSPORTEUR lediglich das Vorhandensein bestimmter Methoden garantieren soll. Die Vererbungsbeziehung „ist ein" bedeutet klar: „Ein Objekt dieser Klasse ist ein Objekt der Oberklasse". Die Schnittstellenbeziehung besagt dagegen, ein Objekt dieser Klasse „hat auch die Methoden von" der vorgegebenen Schnittstelle.

Bei der Implementierung legt die verwendete Sprache fest, welche Möglichkeiten vorhanden sind. C++ bietet Mehrfachvererbung aber keine Schnittstellen, Java, Swift, C# und viele andere moderne Sprachen bieten Schnittstellen, aber keine Mehrfachvererbung. Der Grund dafür, dass viele moderne Sprachen keine Mehrfachvererbung anbieten, ist das sogenannte Diamond-Problem (Rautenproblem). Die Oberklasse TIER hat unter anderen ein Attribut höchstgeschwindigkeit. Eine Ente ist sowohl Luft- als auch Wassertier; sie erbt daher von beiden Klassen. Die Frage ist nun: Gibt es das Attribut höchstgeschwindigkeit zweimal oder nur einmal und welchen Wert hat es dann – die Höchstgeschwindigkeit der Ente in der Luft oder im Wasser? Über das Verhalten entscheidet der Ersteller der Oberklassen. Der Ersteller der gemeinsamen Unterklasse kann es nur ausprobieren und hat auch keinen Einfluss darauf, obwohl nur er weiß, was er benötigt.

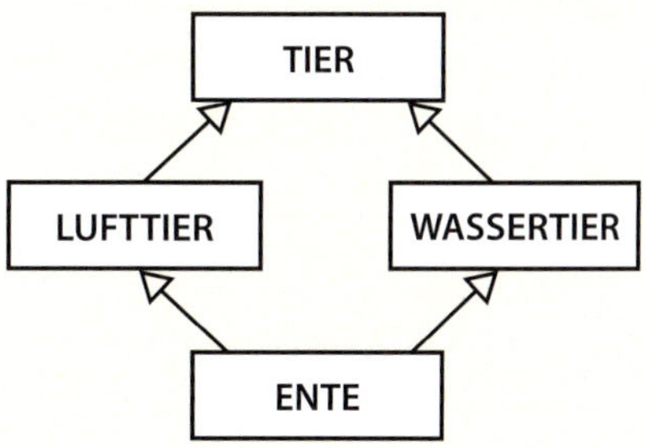

L8 Compiler- und Interpretersprachen

Die Programmiersprachen, die wir verwenden, sind so aufgebaut, dass wir sie möglichst einfach lesen und schreiben können. Damit der Prozessor, auf dem nur wenige grundlegende Befehle wie etwa Rechen- und Speicherbefehle in festen Schaltplänen vorhanden sind, unsere Anweisungen versteht, muss der Quellcode in eine für die Maschine verständliche Form übersetzt werden. Je nach Programmiersprache geschieht dies mittels eines Compilers oder Interpreters.

Bei **Compilersprachen** wird der Programmcode vor der Ausführung des Programms komplett in für den Prozessor verständlichen Code übersetzt. Beispiele für Compilersprachen sind C/C++ oder Swift.

Vorteile:
- Compilierte Programme arbeiten sehr schnell.
- Der Code wird nicht zeilenweise übersetzt und kann dadurch optimiert werden.
- Alle Syntaxfehler werden beim Übersetzen entdeckt.

Nachteil:
- Muss für jeden Prozessor- und Betriebssystemtyp eigens übersetzt werden.

Ein **Interpreter** verarbeitet den Programmcode zeilen- oder sogar zeichenweise zur Laufzeit. Jede Zeile wird nacheinander eingelesen, interpretiert und ausgeführt. Sobald ein Fehler auftritt, unterbricht der Interpreter seine Arbeit und meldet zurück, wo das Problem besteht. Es wird anders als beim Compiler keine übersetzte Datei erzeugt. Auch wenn Codezeilen mehrfach ausgeführt werden, erfolgt jedes Mal die erneute Interpretation. Beispiele für Interpretersprachen sind Python und PHP.

Vorteil:
- Die Programme sind auf jedem Computer gleich ausführbar; nur der Interpreter muss an den jeweiligen Rechner angepasst sein.

Nachteile:
- Da bei jeder Ausführung Zeile für Zeile eine Neuinterpretation erfolgt, sind die Programme in der Regel deutlich langsamer.
- Da Zeilen nur interpretiert werden, wenn sie ausgeführt werden müssen, können Fehler in selten benötigten Codestücken jahrelang unentdeckt bleiben.

Mischformen: Um nicht für jeden Prozessor eigens übersetzen zu müssen, ist auch eine Übersetzung in eine virtuelle Maschinensprache (oft Bytecode genannt) möglich, der dann für einen konkreten Prozessor mit Hilfe einer virtuellen Maschine ausgeführt (d.h. interpretiert) wird. Bekanntestes Beispiel ist Java.

Vorteile:
- Die Programme sind auf jedem Computer gleich ausführbar; nur die virtuelle Maschine (der Interpreter) muss an den jeweiligen Rechner angepasst sein.
- Der Code wird nicht zeilenweise übersetzt und kann dadurch optimiert werden.
- Alle Syntaxfehler werden beim Übersetzen entdeckt.

Nachteil:
- Die virtuelle Maschine ist zwar schneller als ein Interpreter, aber immer noch langsamer als ein compiliertes Programm.

3 Projekte

In diesem Kapitel kannst du nachlesen, wie man ...

... Projekte plant und durchführt.

... Modellierungstechniken zielgerichtet einsetzt.

... Datenbanken in Programmen nutzt.

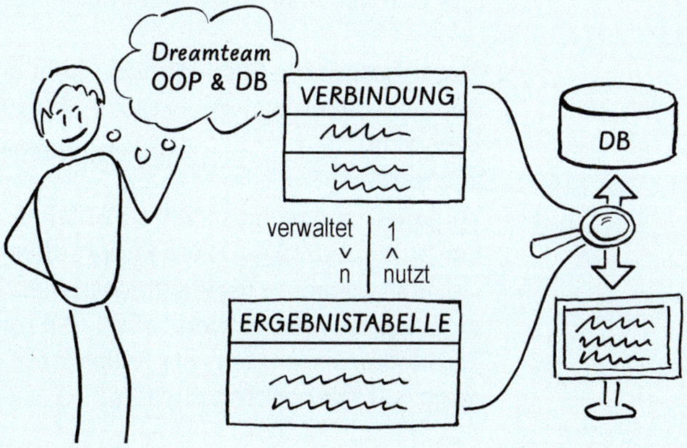

3.1 Projektmanagement

Planung, Kommunikation und Transparenz als Schlüssel zum Erfolg

Softwareprojekte werden meist im Team bearbeitet, weil die Fertigstellung sonst zu lange dauern würde und unterschiedliche Erfahrungen und Sichtweisen Einzelner dabei helfen, komplexe Aufgabenstellungen zu lösen. Eine typische Organisationsform besteht aus sich wiederholenden festen Zeitfenstern (→ **Iterationen**), in denen das Team einen → **Prototyp** jeweils um weitere Funktionalitäten ergänzt. Jede Iteration umfasst

→ Iteration: lat. Wiederholung

→ Prototyp: funktionsfähiges Produkt, das fehlerfrei ist, jedoch nicht den vollen Funktionsumfang hat.

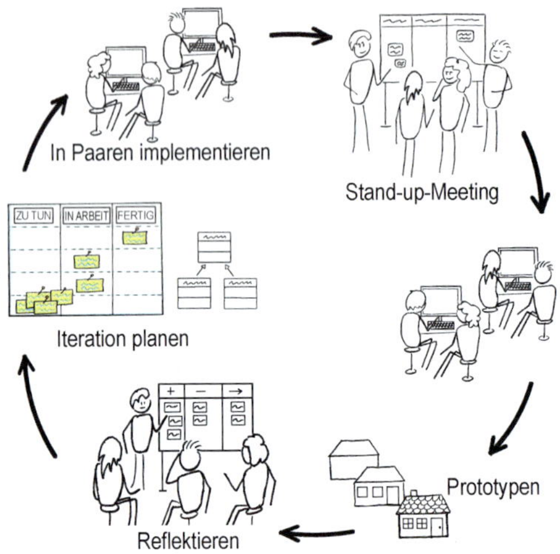

- eine Planungsphase, in der das Ziel des aktuellen Durchlaufs festgelegt wird,
- eine Arbeitsphase sowie
- eine Reflexion.

Während einer Iteration darf ihr Ziel nicht mehr geändert werden, damit das Team fokussiert arbeiten kann. Vorteile dieser Vorgehensweise sind früh sicht- und testbare Zwischenergebnisse. Verankert sind auch klare Kommunikationsstrukturen und eine Visualisierung der Planung und des Arbeitsstands an einer Pinnwand. Bei dieser sogenannten → agilen Vorgehensweise müsst ihr folgendes beachten:

→ agile: engl. wendig, beweglich (weil zu Beginn jeder Iteration die Schwerpunkte neu gesetzt werden können)

1) Grobplanung

- Notiert jede Anforderung an euer Programm als sogenannte **User-Story** mit einem Titel und einer knappen Beschreibung aus Nutzersicht. Achtet auf kleine Aufgabenpakete!
- Entscheidet über die Wichtigkeit der User-Story auf einer Skala von 1 bis 50 (**Priorisierung**): Je kleiner die Zahl, desto wichtiger und desto früher wird die Anforderung umgesetzt. Lücken in den Prioritäten verdeutlichen die unterschiedliche Wichtigkeit.
- Ein **Project-Board** mit den Spalten „ZU TUN", „IN ARBEIT" und „FERTIG" gibt einen Überblick über die Ziele und den aktuellen Bearbeitungsstand. Bereitet euer Project-Board vor, indem ihr eure User-Storys in der Reihenfolge der Priorisierung (Wichtigste oben) anheftet.

Spielfigur

Als Akteure muss es Zauberer, Heiler und Adelige mit den Eigenschaften Geschwindigkeit, Energie und Name geben. 2

Klassendiagramm

Erstellen, um einen guten Überblick zu erhalten. 5

2) Organisatorische Festlegungen (gibt ggf. die Lehrkraft vor)

- Iterationsdauer: typischerweise 1–2 Doppelstunden
- Besprechungen: typischerweise Iterationsplanung, Stand-up-Meeting (Kurzbesprechungen von maximal 5 min im Stehen), Reflexionsmeeting (**Retrospektive**)
- Vorgaben zur technischen Umsetzung (z. B. Entwicklungsumgebung) und zum Endprodukt
- Qualitätsabnahme (**Review**): Vorstellen der Zwischenergebnisse, typischerweise alle 1–2 Iterationen
- Zeitrahmen, nach dem die Rollen beim Pair-Programming (s. u.) gewechselt werden

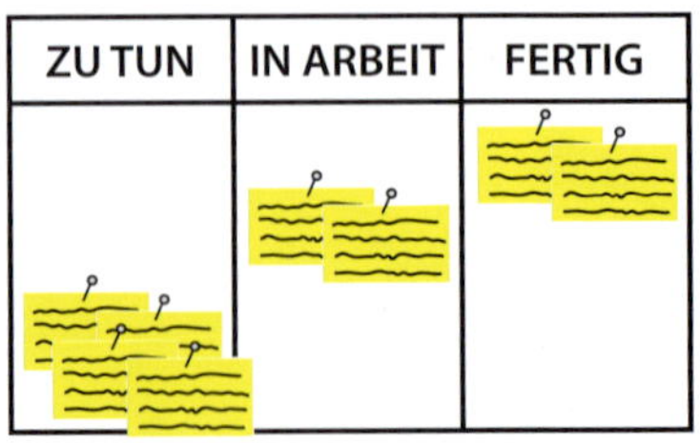

3) Durchführung einer Iteration

- Iterationsplanung: Wählt entsprechend der Priorisierung User-Storys für die Iteration aus – nicht zu viele, nicht zu wenige. Ihr werdet bald ein Gefühl dafür bekommen, was machbar ist. Eine Detailplanung vorab (z. B. welche Methode in welche Klasse geschrieben werden muss) mag im Gesamtteam hilfreich sein, kann aber auch in der Verantwortung des implementierenden Paares erfolgen.
- Die Umsetzung erfolgt zu zweit (**Pair Programming**). Jedes Paar nimmt eine User-Story, ergänzt auf der Karte die eigenen Namen als Verantwortliche und hängt sie in die Spalte ZU TUN. Entsprechend den Rollen **Driver/Navigator** wird implementiert. Die Rollen werden regelmäßig gewechselt.
- Gibt es eine Schwierigkeit, die mehrere Paare betrifft (z. B. dass Methodennamen in unterschiedlichen Klassen nicht zusammenpassen), darf spontan ein Stand-up-Meeting einberufen werden.
- Vor dem Umhängen der User-Story in die Spalte FERTIG wird getestet!
- Die Ergebnisse der einzelnen Paare werden in ein Gesamtprojekt integriert.
- Am Ende der Iteration wird in der sogenannten Retrospektive der Arbeitsprozess reflektiert: Was hat gut funktioniert? Wo gab es Schwierigkeiten? Was wollen wir in der nächsten Iteration verbessern/lernen?

Der Driver …
- verwendet Tastatur und Maus und verfasst den Quelltext.
- „denkt laut", d. h. teilt seine Absichten dem Navigator mit.

Der Navigator …
- stellt regelmäßig Fragen.
- achtet auf Lesbarkeit des Quelltextes, z. B. durch aussagekräftige Variablennamen.
- ist verantwortlich für die Fokussierung auf die aktuelle User-Story.

Agile Werte – Einführung agiler Methoden

Agiles Arbeiten ist verbunden mit Werten wie Selbstverantwortung, Feedbackkultur, Fokussierung und Transparenz. Das ist anspruchsvoll, weil teilweise Denkweisen und Verhaltensmuster geändert werden müssen. Deshalb nutzen Firmen zur Einführung „agile Spiele" bzw. wenden agile Methoden auf Alltagssituationen („agiles Kochen") an. Vielleicht helfen dir Überlegungen in der Aufgabe „Renovieren agil" zum Einstieg in agile Methoden.

Aufgabe

1 Renovieren agil

Schon lange suchen deine Eltern eine neue Wohnung für die Familie. Endlich hat sich etwas gefunden: Größe, Miete, Lage – alles ist ideal. Du übernimmst die Verantwortung für dein neues Zimmer und das deines kleinen Bruders. Innerhalb eines Wochenendes musst du die alten Tapeten entfernen, die Wände und Decken streichen, kleine Löcher verspachteln sowie vorab einige vom Vormieter zurückgebliebene Dinge wegwerfen. Allein ist das nicht zu schaffen, fünf aus deiner Clique helfen.

a Nenne je zwei Vor- und Nachteile von Teamarbeit.
b Schreibe auf Karteikarten die einzelnen Aufgaben für die Renovierungsaktion. Ordne Sie in der Reihenfolge, in der sie abgearbeitet werden sollen.
c Unterteile exemplarisch eine der Aufgaben in kleinere Arbeitspakete. Beispielsweise können Materialbesorgungen und das Abdecken des Bodens dazu gehören.
d Beim Programmieren muss man regelmäßig testen. Nenne Vergleichbares bei einer Renovierung.
e Müsstest du bei einer Freundin zwei Monate später in einer ähnlichen Situation helfen, fiele dir das leichter. Begründe dies. Warum kann es am Abend sinnvoll sein, den Arbeitsprozess des Tages zu reflektieren?

3.2 Spickzettel Modellierung

Dieses Kapitel bietet dir Übersichten und Lösungsstrategien zur Modellierung am Beispiel eines Fotoportals, sodass du bei Bedarf schnell nachschlagen kannst.

Datenmodellierung: Von der Realität zum objektorientierten Modell

1) Formuliere die Anforderungen in Textform, z. B. als User-Storys.
2) Suche im Text nach Schlüsselwörtern, sie können ein Hinweis sein auf:
   i) Klassen, wenn sie Objekte beschreiben (in der Regel Substantive/Nomen)
   ii) Attribute, wenn sie eine Eigenschaft von Objekten beschreiben
   iii) Beziehungen, wenn sie Verbindungen zwischen Objekten beschreiben (oft Prädikate)

Beispiel:

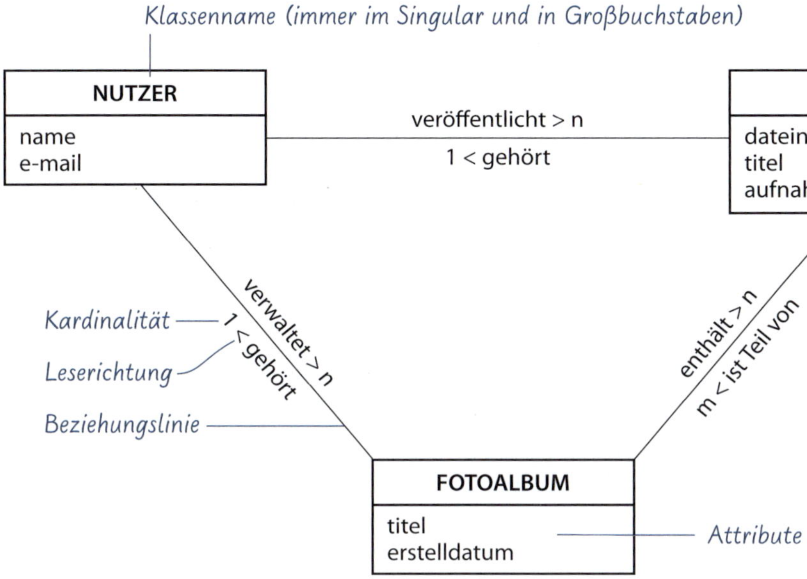

Vom Klassendiagramm zum Tabellenschema einer Datenbank

1) Für jede Klasse im Klassendiagramm wird im Tabellenschema eine Tabelle angelegt.
2) Für jedes Attribut einer Klasse wird eine Spalte in der dazugehörigen Tabelle angelegt.
3) Für jede Spalte muss ein geeigneter Datentyp gewählt werden.
4) Jede Tabelle benötigt einen Primärschlüssel. Hier gibt es zwei Möglichkeiten:
   i) Eine oder mehrere bereits vorhandene Spalten bilden den Primärschlüssel.
   ii) Es wird eine zusätzliche Tabellenspalte (z. B. id) als Primärschlüssel hinzugefügt.
5) Im Klassendiagramm eingezeichnete Beziehungen müssen durch das Hinzufügen von Fremdschlüsseln in die bestehenden Tabellen (1 : 1 oder 1 : n) oder durch eine zusätzliche Beziehungstabelle (n : m) berücksichtigt werden.

Tabellenname (erster Buchstabe groß)

Spaltenname (klein geschrieben)

Primärschlüssel (unterstrichen)

Nutzer (name:ZEICHENKETTE, e_mail:ZEICHENKETTE)

Datentyp

Foto (dateiname:ZEICHENKETTE, titel:ZEICHENKETTE, aufnahmedatum:DATUM,
nutzer_e_mail:ZEICHENKETTE)

Fotoalbum (id:ZAHL, titel:ZEICHENKETTE, erstelldatum:DATUM,
nutzer_e_mail:ZEICHENKETTE)

Foto_zu_Fotoalbum (dateiname:ZEICHENKETTE, album_id:ZAHL)

Beziehungstabelle

Fremdschlüssel (gestrichelt unterstrichen)

Programmstrukturen modellieren

Bei der objektorientierten Programmierung verläuft das Erstellen eines Klassendiagramms aus User-Storys zunächst ebenfalls wie auf Seite 120/121 gezeigt. Zusätzlich gilt hier jedoch:

1. Methoden beschreiben die Fähigkeiten von Objekten. In User-Storys sind diese Fähigkeiten oft durch Prädikate beschrieben. Zusätzlich müssen nach Bedarf Methoden zum Abrufen und Setzen von Attributwerten vorgesehen werden, welche in den User-Storys oft nicht explizit genannt werden.

2. Um redundanten Quelltext bei der Programmierung zu vermeiden und gemeinsame Strukturen verschiedener Klassen hervorzuheben, sollte geprüft werden, ob gleiche Attribute und/oder Methoden in verschiedenen Klassen durch Generalisierung in eine gemeinsame Oberklasse verlagert werden können.

3. Für potenzielle Klassen muss entschieden werden, ob diese als normale Klasse, abstrakte Klasse oder ggf. in Form einer Schnittstelle umgesetzt werden sollten.

Spielfiguren
Auf dem Spielfeld bewegen sich Monster und der vom Spieler gesteuerte Monsterjäger.

Bewegung der Spielfiguren
Alle Spielfiguren können ihre Position verändern. Monster bewegen sich dabei zufällig, der Monsterjäger wird per Tastatureingaben gesteuert.

Spielsteuerung
Die Monster und der Monsterjäger werden durch eine zentrale Spielsteuerung verwaltet.

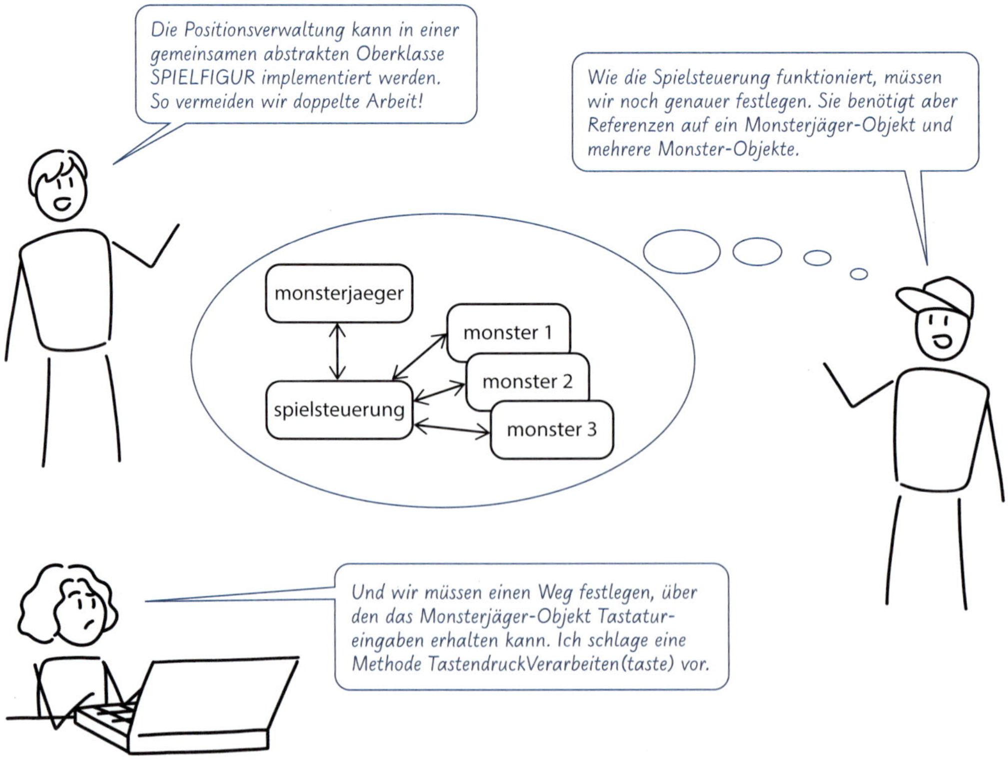

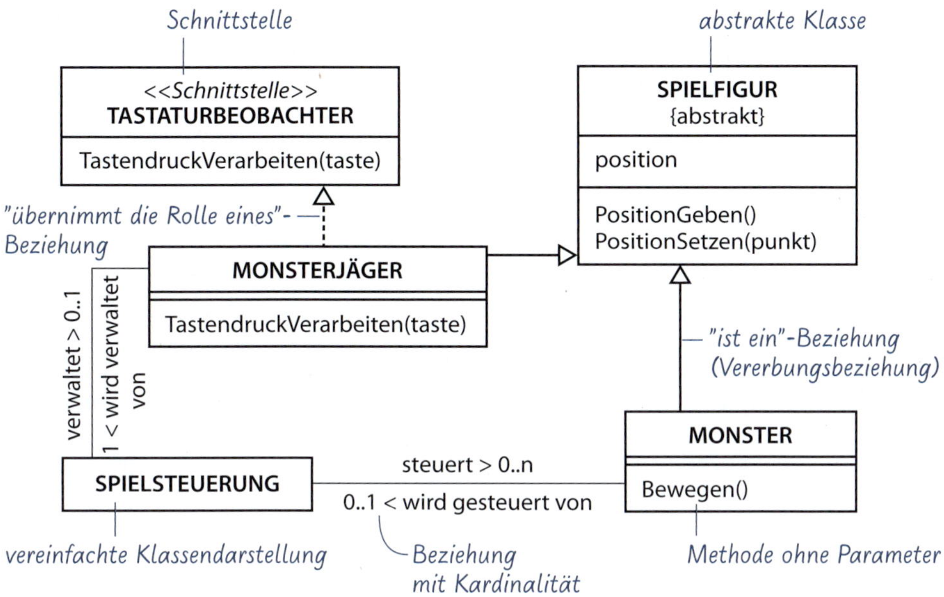

Programmabläufe modellieren:
Sequenzdiagramme beschreiben die Kommunikation verschiedener Objekte über Methodenaufrufe:

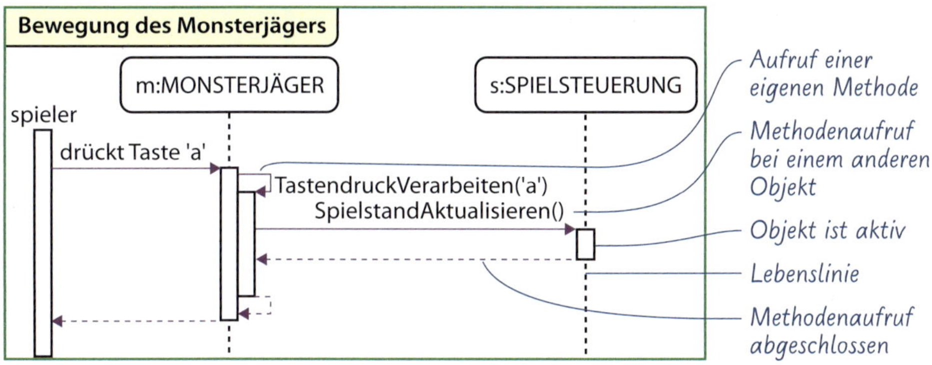

In **Struktogrammen** kann man den inneren Aufbau einer Methode grafisch beschreiben:

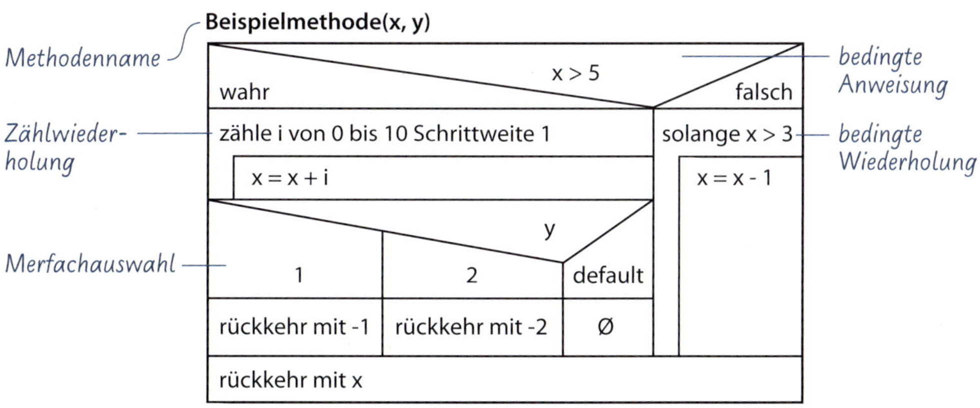

*3.3 Programme mit einer Datenbank verbinden

Typischer Zugriff auf Datenbanken

Um aus objektorientierten Programmen heraus auf SQL-Datenbanken zuzugreifen, stehen in objektorientierten Sprachen drei Klassen nach dem folgenden Grundschema zur Verfügung.

DATENBANKVERBINDUNG	ANWEISUNG	ERGEBNISTABELLE
VerbindungÖffnen(name) AnweisungErzeugen(sql) VerbindungSchliessen()	AnweisungAusführen() AbfrageAusführen() AnweisungSchliessen()	AufNächstenDatensatzPositionieren() FeldwertLesen(feldname)

Mit `VerbindungÖffnen("mitglieder")` öffnet man eine Datenbankverbindung zur Datenbank mitglieder.

Durch den Code in der folgende Zeile erzeugt man eine Abfrage auf der Tabelle Benutzer:

```
ANWEISUNG a = AnweisungErzeugen("SELECT id, nachname FROM Benutzer")
```

Diese Anweisung kann nun – auch wiederholt – ausgeführt werden. Da es sich um eine Abfrageanweisung handelt, erhält man eine Referenz auf ein Objekt vom Typ ERGEBNISTABELLE zurück:

```
ERGEBNISTABELLE e = a.AbfrageAusführen()
```

Danach beginnt man, diese Tabelle auszulesen.

id	nachname
4711	Kopf
815	Ne

Beim ersten Aufruf von e.AufNächstenDatensatzPositionieren() wird die erste Zeile der Tabelle zum aktuellen Datensatz. e.FeldwertLesen("nachname") gibt nun „Kopf" zurück, e.FeldwertLesen("id") liefert 4711.

Der zweite Aufruf von e.AufNächstenDatensatzPositionieren() positioniert auf die zweite Zeile der Tabelle.

Bei jedem Aufruf von e.AufNächstenDatensatzPositionieren() wird ein Wahrheitswert zurückgegeben. Ist dieser WAHR, so ist noch ein Datensatz verfügbar, ansonsten ist man nach dem letzten Datensatz angelangt.

Um die Ergebnistabelle komplett auszugeben, benötigt man den folgenden Code:

Aufruf liefert WAHR, solange das Ende der Tabelle nicht erreicht wird. So wird die Tabelle komplett durchlaufen und dann die Wiederholung beendet.

```
wiederhole solange(e.AufNächstenDatensatzPositionieren())
   AusgebenZeile(e.FeldwertLesen("id") + e.FeldwertLesen("nachname"))
endewiederhole
```

Mehrbenutzerdatenbanken

Datenbanken können einem Programm fest zugeordnet sein und erfüllen dort ihre Aufgabe. In diesem Fall ist das Programm der alleinige Nutzer und es bedarf daher keiner weiteren Zugangskontrolle.

Die meisten Datenbanken sind aber für die Verwendung durch viele Personen gedacht. Hier wird natürlich eine Zugangskontrolle benötigt, die genau festlegt, welcher Benutzer welche Daten sehen bzw. verändern darf. Sie werden meist auf eigenen Servern verwaltet, der Zugriff erfolgt über das Internet. Für den Umgang mit der Datenbank ändert sich dadurch prinzipiell nichts. Statt eines einfachen Namens für das Öffnen der Datenbankverbindung werden hier zusätzlich zum Namen die Server-URL sowie Benutzername und Passwort angegeben, z. B.: „//server/datenbank?user=name&password=1234".

Intern muss aber beim Ausführen von Anweisungen viel mehr getan werden. Die Rechte der Benutzer müssen überwacht werden. Auch müssen alle Änderungen vollständig abgeschlossen sein, ehe die nächste Änderung, die sich auf die gleichen Daten bezieht (z. B. Einfügen in die gleiche Tabelle), ausgeführt werden kann.

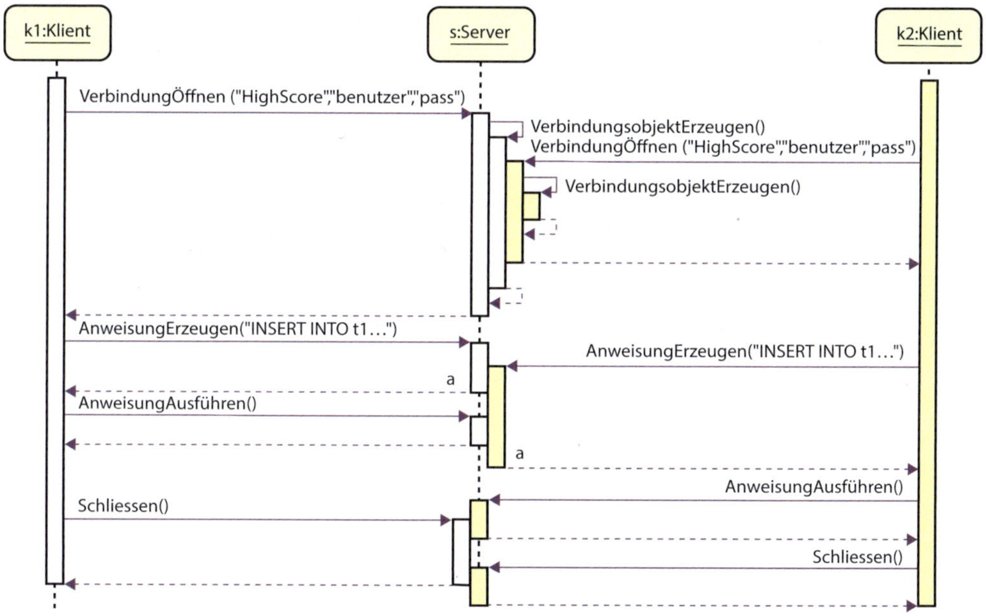

Abfrageergebnisse werden nicht direkt an den Aufrufer der Abfrage geschickt, sondern auf dem Server gehalten, da die Ergebnistabellen sehr groß sein können.

Diese Ergebnistabellen werden erst freigegeben, wenn der Benutzer die zugehörige Anweisung schließt. Daher sollten alle Anweisungen auch beendet werden, wenn man sie nicht mehr benötigt.

Überblick über die SQL-Anweisungen

Für sämtliche Aufgaben bei der Erstellung und Nutzung von Datenbanken gibt es entsprechende SQL-Befehle. Man unterscheidet im Wesentlichen drei Gruppen.

Datenbeschreibungsanweisungen dienen zum Erstellen, Ändern und Löschen von Tabellen und deren Eigenschaften (Schlüssel, Spaltentypen etc.). Diese Anweisungen werden am einfachsten über ein grafisches Werkzeug ausgeführt; die damit erstellte Datenbank wird dann verwendet.

Die **Abfrageanweisung** (SELECT) wählt Werte aus einer oder mehreren Tabellen aus, bearbeitet sie gegebenenfalls und legt das Ergebnis in einer Ergebnistabelle ab.

Datenmanipulationsanweisungen dienen dem Einfügen, Ändern und Löschen von Datensätzen. Diese Aktionen können zwar auch mit einem graphischen Werkzeug durchgeführt werden; soll ein selbst entwickeltes Programm die Inhalte einer Datenbank aber automatisch modifizieren können, so müssen hierfür die entsprechenden SQL-Befehle verwendet werden, welche im Folgenden jeweils kurz erklärt werden.

Datensätze in eine Tabelle einfügen mit INSERT

Soll ein neuer Datensatz in eine bestehende Tabelle eingefügt werden, so ist dies mittels eines INSERT-Befehls möglich. Um beispielsweise einen Datensatz für Hund Bello in die Tabelle Haustier (name:ZEICHENKETTE, art:ZEICHENKETTE, geschlecht:ZEICHEN) einzufügen, lautet der Befehl:

```
INSERT INTO Haustier (name, art)
VALUES ("Bello", "Hund")
```

Hier werden alle Spalten aufgezählt, in die ein Wert eingefügt werden soll.

vorher:

name	art	geschlecht
Fiffi	Hund	[NULL]

nachher:

name	art	geschlecht
Fiffi	Hund	[NULL]
Bello	Hund	[NULL]

Allgemein lautet die Befehlsstruktur:

```
INSERT INTO Tabellenname (spaltenname1, spaltenname2, ...)
VALUES (wert_für_spalte_1, wert_für_spalte_2, ...)
```

Datensätze ändern mit UPDATE

Bereits in einer Tabelle vorhandene Datensätze können mittels eines UPDATE-Befehls angepasst werden:

```
UPDATE Haustier
SET geschlecht = "m"
WHERE name = "Bello"
```

Dieser Befehl sorgt dafür, dass bei allen Haustiereinträgen mit dem Namen Bello in der Spalte geschlecht der Wert "m" eingetragen wird.

vorher:

name	art	geschlecht
Fiffi	Hund	[NULL]
Bello	Hund	[NULL]

nachher:

name	art	geschlecht
Fiffi	Hund	[NULL]
Bello	Hund	m

Allgemein lautet die Befehlsstruktur:

```
UPDATE Tabellenname
SET spaltenname = neuer_wert
WHERE auswahlbedingung
```

Besonderes Augenmerk muss auf die Formulierung einer sinnvollen Auswahlbedingung gelegt werden, da alle Einträge der genannten Tabelle, auf die diese Bedingung zutrifft, angepasst werden. Ist die Auswahlbedingung nicht präzise genug, werden ggf. mehr Datensätze als beabsichtigt angepasst. Vergisst man die Auswahlbedingung komplett, werden alle Datensätze der genannten Tabelle geändert. Möchte man nur einen bestimmten Datensatz anpassen, ist es daher sinnvoll, als Auswahlbedingung den Wert der Primärschlüsselspalte(n) mit einem gesuchten Wert zu vergleichen.

Datensätze löschen mit DELETE

Mittels der allgemeinen Befehlsstruktur

```
DELETE FROM Tabellenname
WHERE auswahlbedingung
```

können vorhandene Datensätze aus der angegebenen Tabelle gelöscht werden. Der Befehl

```
DELETE FROM Haustier
WHERE art IS NOT NULL
AND geschlecht IS NULL
```

löscht beispielsweise alle Einträge in der Haustiertabelle, bei denen zwar die Art, aber kein Geschlecht, angegeben ist.

vorher:

name	art	geschlecht
Fiffi	Hund	[NULL]
Bello	Hund	m

nachher:

name	art	geschlecht
Bello	Hund	m

Auch hier besteht grundsätzlich die Gefahr, dass durch eine zu ungenaue Auswahlbedingung mehr Datensätze gelöscht werden als beabsichtigt. Da Datenbanksysteme in der Regel keine „Rückgängig"-Funktion besitzen, mittels derer versehentlich gelöschte oder geänderte Daten leicht wiederhergestellt werden könnten, muss bei UPDATE- und DELETE-Befehlen von vornherein auf eine korrekte Formulierung geachtet werden. Vergisst man beim oben gezeigten DELETE-Befehl die letzte Zeile, wird beispielsweise unbeabsichtigt auch Bello aus der Tabelle entfernt:

```
DELETE FROM Haustier
WHERE art IS NOT NULL
```

vorher:

name	art	geschlecht
Fiffi	Hund	[NULL]
Bello	Hund	m

nachher:

name	art	geschlecht

3.4 Dokumentation

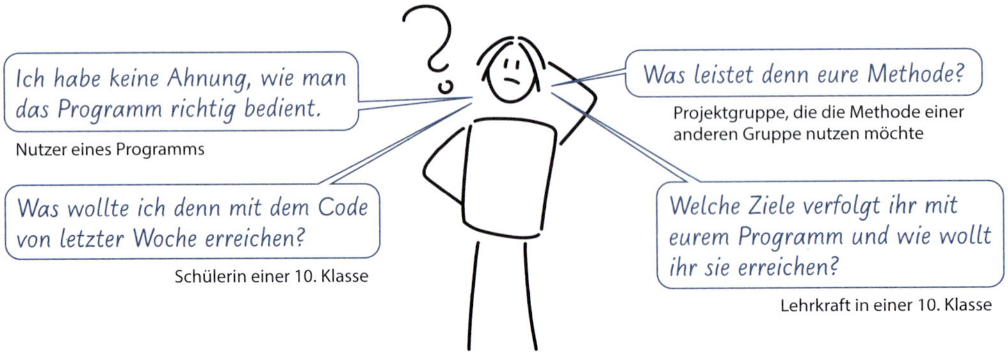

Oft verliert man – ob beim Programmieren oder auch beim Nutzen – den Überblick über ein Programm bzw. dessen Erstellung. Um solche Probleme zu vermeiden, hilft eine aussagekräftige → Dokumentation des Programms. Eine Dokumentation ist eine Beschreibung der Entwicklung, des Aufbaus und der Funktionsweise einer Software für Entwickler bzw. Nutzer. Dabei gilt es, verschiedene Situationen und Dokumentationsmöglichkeiten zu unterscheiden:

abgeleitet von → docere: lat. lehren, unterrichten

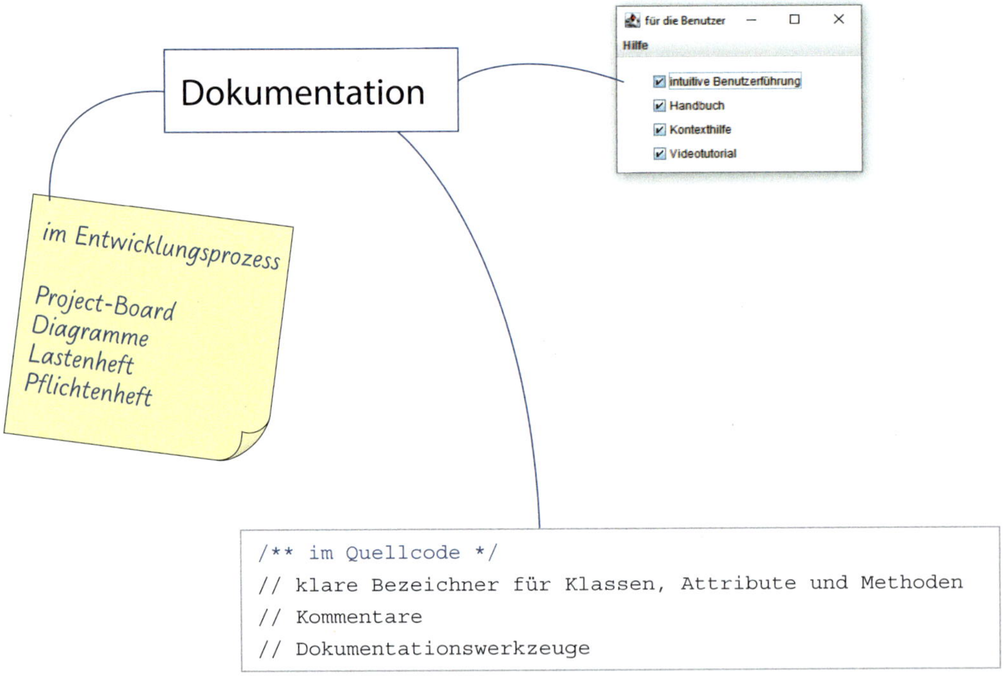

Dokumentation im Entwicklungsprozess

→ 3.1, 3.2

Um im Verlauf eines agilen Projekts den Überblick über den aktuellen Stand zu behalten, hilft das Project-Board ergänzt durch regelmäßige Standup-Meetings, die aufwändige schriftliche Dokumentation wie in klassisch organisierten Projekten ersparen. In größeren – klassisch organisierten – Softwareprojekten erstellt der Auftraggeber vorab einen Anforderungskatalog (ein sogenanntes Lastenheft), das häufig bei der Ausschreibung eines Projekts veröffentlicht wird. Firmen, die den Auftrag annehmen wollen, verfassen daraufhin ein sog. Pflichtenheft, in dem sie beschreiben, wie sie die gewünschte Leistung erbringen wollen.
In klassischen wie agilen Projekten sind Diagramme hilfreich für den Überblick.

Dokumentation für Benutzer

Damit die Nutzer das Programm zügig erfassen können, ist eine intuitive Benutzerführung durch passende Symbole und kurze, instruktive Texte zentral. Um in die Bedienung einzuführen, kann man auch begleitend ein passendes Videotutorial erstellen. In komplexeren Programmen helfen Bedienungsanleitungen oder eine integrierte Hilfe, die gewünschten Ziele zu erreichen.

Dokumentation im Quellcode

Programme können in ihrer Erstellung schnell unübersichtlich und umfangreich werden. So besteht zum Beispiel das Begleitprojekt Graphics and Games zu diesem Buch aus ca. 3300 Programmzeilen, der Kernel des Betriebssystems Linux sogar aus mehr als 20 Millionen Zeilen!
In solch umfangreichen Projekten hilft es zunächst einmal, Attribute, Methoden und Klassen klar nachvollziehbar und ihren Aufgaben entsprechend zu benennen.
Das Programmieren erfordert außerdem eine intensive Auseinandersetzung mit dem Code. Um diesen in logische Einheiten zu gliedern und um für spätere Überarbeitungen zu dokumentieren, wie man bestimmte Probleme gelöst hat, ergänzt man innerhalb von Methoden bei Bedarf Kommentare.

```
void VogelZeichnen()
{
    //Flügel hinten
    FigurteilFestlegenDreieck(-20, 0, 0, 0, 10, -25, "grau");
    //Schnabel
    FigurteilFestlegenDreieck(40, -10, 50, -15, 40, -20, "orange");
    //Kopf
    FigurteilFestlegenEllipse(10, -30, 30, 30, "schwarz");
    ...
```

einzeilige Kommentare:
Java, Swift: //
Python: #

Da komplexere Programme von vielen Programmierern parallel entwickelt werden, wurden Dokumentationswerkzeuge wie JavaDoc und Doxygen entworfen. Die zugehörigen besonderen Kommentare (Beispiel unten links) beschreiben dann ganze Klassen, Attribute und Methoden und enthalten dabei bestimmte Schlüsselbegriffe, die beispielsweise Autor, Version, Parameter oder Rückgabewerte erläutern. Diese Schlüsselbegriffe können dann vom Werkzeug interpretiert werden, um aus den Kommentaren automatisch eine gut vernetzte Webseite oder Popup-Menüs zu erzeugen, die zu jedem Bezeichner die passende Dokumentation anzeigen (Abb. rechts). In größeren Projekten erleichtert das die Zusammenarbeit, weil man nur in die Dokumentation, nicht in den fremden Quelltext blicken muss.

Schlüsselwörter für Autor, Version, Parameter und Rückgabetyp

```
/**
 * Klasse zur Beschreibung eines Taschenrechners
 * @author Martha Pfahl
 * @version 1.0
 */
public class Taschenrechner
{
    /**
     * Methode zum Berechnen des Quadrats einer Zahl
     * @param zahl zu quadrierende Zahl
     * @return Quadratzahl
     */
    public int Quadrieren(int zahl)
    {
        return zahl*zahl;
    }
}
```

Class Taschenrechner

java.lang.Object
Taschenrechner

`public class Taschenrechner`
Klasse zur Beschreibung eines Taschenrechners

Version: 1.0

Author: Martha Pfahl

Method Detail

Quadrieren

`public int Quadrieren(int zahl)`

Methode zum Berechnen des Quadrats einer Zahl
Parameters:
zahl - zu quadrierende Zahl
Returns:
Quadratzahl

3.5 Projektideen

Projektbeispiel: Ein kleines Computerspiel

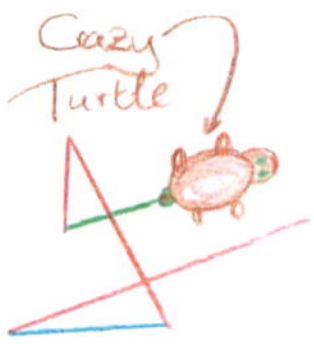

Charlotte, Bea, Tim und Daria entschließen sich, als Projekt ein Computerspiel umzusetzen. Nachdem die vier jeweils einen Vorschlag eingebracht haben, entscheiden sie sich für Charlottes Szenario: *Das Spiel heißt „Chase the crazy Turtle". Es bietet sich an, das Spiel auf der Basis von Graphics and Games umzusetzen. Eine verrückte Schildkröte läuft zufallsgesteuert über den Bildschirm, d. h., sie geht in jedem Takt zwischen 50 und 200 Schritte, dreht sich dann um einen zufälligen Winkel und zieht dabei eine Linie in zufälliger Farbe. Eine weitere Spielfigur wird mit den Pfeiltasten gesteuert (nach links/rechts bzw. schneller/langsamer). Mit ihr muss der Spieler versuchen, die Turtle zu fangen.*

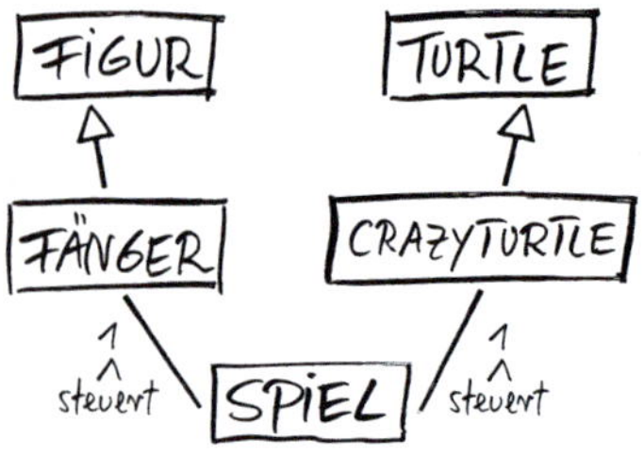

Im Anschluss machen die vier ein Brainstorming und entwickeln auf dieser Basis ein erstes grobes Klassendiagramm. Dafür nehmen sie sich eine Stunde Zeit: Klar ist, dass die Crazy Turtle von der Klasse TURTLE erbt und der Fänger von der Klasse FIGUR. Ein zentrales Spielobjekt soll die beiden Objekte verwalten und taktgesteuert bewegen. Darüber hinaus ist auch die Speicherung der Spieler mit dem „schnellsten Fang" in einer Highscore-Liste in der Diskussion. Da man sich zunächst aber auf den Kern des Spiels konzentrieren möchte, wird das nicht in das Klassendiagramm aufgenommen.

Ausgehend vom Klassendiagramm entwerfen die vier nun gemeinsam User-Storys.

<u>Crazy Turtle</u>
Die Turtle wird vom Spiel über Taktschläge informiert. Mit Hilfe von drei Zufallszahlen (schrittweite zwischen 50 und 200, winkel zwischen 0 und 359 und farbe zwischen 0 und 15) wird die nächste Bewegung festgelegt. Daraufhin bewegt sich die Turtle entsprechend. 2

<u>Spiel</u>
Ruft bei Taktschlag die Bewegen-Methoden von Crazy-Turtle und Fänger auf. Findet dann durch Aufruf der Berührt-Methode heraus, ob die beiden sich berühren (danach werden die beiden nicht mehr bewegt – das Spiel endet). 10

<u>Fänger</u>
Die Fängerfigur wird vom Spiel über Taktschläge informiert und sie bewegt sich entsprechend vorwärts. Die Figur reagiert auf Druck der Pfeiltasten geeignet. 2

<u>Schönerer Fänger</u>
Die Fängerfigur wird durch eine grafisch interessantere und passendere Figur ausgetauscht. 40

<u>Variation mit mehreren Crazy-Turtles</u>
Mehrere Crazy-Turtles laufen gleichzeitig und müssen alle gefangen werden. 45

<u>Bestenliste</u>
Die schnellsten Spieler können sich in eine Highscore-Liste eintragen. 40

Das Bild rechts zeigt das Project-Board während der zweiten Iteration. Die Lehrkraft hat als Zeitfenster drei Iterationen mit je einer Doppelstunde vorgegeben. In der Reflexion nach der ersten Iteration haben sie überlegt, wie man die Zeit nutzen kann, wenn ein Paar schon etwas früher fertig ist. Das Ergebnis war, schon in die Planung der nächsten User-Story einzusteigen.

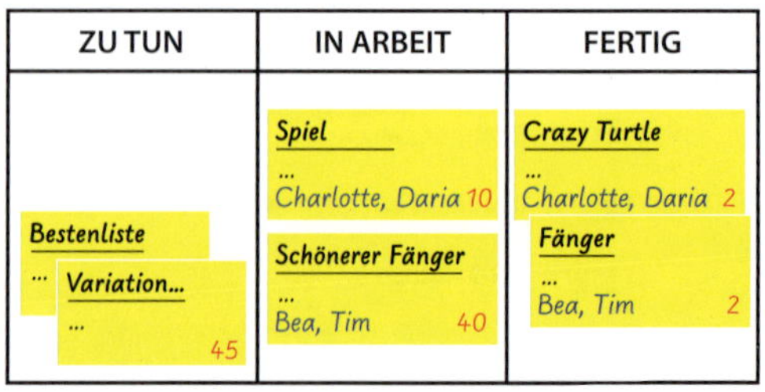

Projektaufgabe

Überlegt euch selbst ein kleines Spiel, das ihr ähnlich wie das Beschriebene auf der Basis von Graphics and Games entwickelt.

Projektbeispiel: GUI mit Datenbankanbindung

Emilia, Ivana, Frieda, Georg, Hugo und Julie sind in der SMV aktiv und wollen ein Programm entwickeln, mit dem sie alle Mitarbeiterinnen und Mitarbeiter verwalten können.

In einer Datenbank werden alle Mitarbeiter erfasst. Jeder Mitarbeiter hat einen Namen und eine Klasse. Jeder Mitarbeiter hat mehrere Fähigkeiten, die er einbringen kann (z.B. Smoothies mixen, DJ, Technik, Layout, …). Wenn man nun für eine bestimmte Veranstaltung Fachleute, z.B. für das Layout einer Einladung sucht, kann man nach diesem Stichwort suchen.

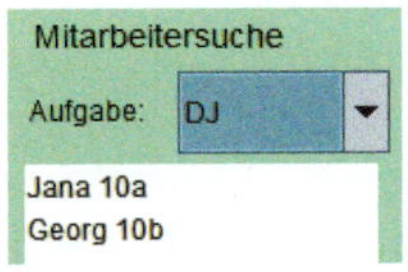

Ausgehend von der ersten Idee entwerfen die sechs nun gemeinsam User-Storys.

Mitarbeiter finden
Ich suche für eine bestimmte Aufgabe Mitarbeiter und erhalte eine passende Liste. 1

Mitarbeiter eintragen
Ich trage einen neuen Mitarbeiter ein und wähle aus, welche Aufgaben er übernehmen kann. 5

Handy App
Das Ganze funktioniert nicht nur am Rechner im SMV-Zimmer, sondern auch über eine Handy-App von überall aus. 40

Mitarbeiter bearbeiten
Ich kann fehlerhafte Mitarbeiterdaten korrigieren. 30

Nun können sich die sechs in Zweierteams an die Bearbeitung der User-Story mit der höchsten Priorität machen. Weil hinter der Story mehrere Aufgaben stecken, konkretisieren sie diese auf drei einzelnen Karten.

View zum Finden der Mitarbeiter
Man kann einen Mitarbeiter mit all seinen möglichen Aufgaben finden. 2

Datenbankanbindung
stellt für die Views die passenden Methoden zum Zugriff auf die Datenbank bereit. 3

Lokale Datenbank
zur Verwaltung der Mitarbeiter, der Aufgaben und ihrer Beziehung. 1

Teilweise ist es dabei auch erforderlich, sich in neue Techniken wie die Datenbankanbindung selbstständig einzuarbeiten. Häufig passen die verschiedenen Arbeitsergebnisse nicht zusammen. Hier ist es sinnvoll, nach einer ersten Phase der Einarbeitung in einer gemeinsamen Sitzung ein Klassendiagramm zu entwickeln, um die einzelnen Klassen mit ihren Methoden und Beziehungen festzulegen.

Projektaufgabe

Überlegt euch selbst eine einfache Verwaltungssoftware für Daten aus Schule, Privatleben oder Beruf und setzt diese in einem Programm mit Datenbankanbindung um.

Projektbeispiel: Entwurf und Erstellung einer komplexeren Datenbank

Während einfache Datenbanken mit ein oder zwei Tabellen oft nach kurzem Nachdenken direkt angelegt werden können, benötigen komplexe Anwendungsszenarien oft auch komplexe Datenbankstrukturen, die systematisch geplant werden müssen. Nur so kann sichergestellt werden, dass alle Anforderungen erfüllt und „böse Überraschungen" während der Nutzung vermieden werden.

Der Sportverein von Karl und Celine nutzt nachmittags die Sportanlagen der Schule. Weil es dabei immer wieder zu Terminkonflikten und versehentlich doppelt vergebenen Sportplätzen kommt, wollen die beiden eine Datenbank für die Verwaltung der Sporteinrichtungen entwerfen. Als erstes diskutieren sie die genauen Anforderungen und klären so, was im Detail mit der Datenbank erreicht werden soll. Dabei müssen sie auch überlegen, wie die Datenbank mit Inhalten befüllt werden soll, wer Zugriff auf die Daten erhalten soll und welche Datenschutzaspekte es dabei zu beachten gilt. Für alle Einzelanforderungen formulieren die beiden entsprechende User-Storys:

Zeitslots
Als Verantwortlicher für die Vergabe möchte ich die verschiedenen Sportstätten den Sportgruppen für jeweils 30 min Zeitslots zuweisen können. 2

Sportstätten
Als Übungsleiterin möchte ich für alle verwalteten Sportstätten den Ort und eine kurze Beschreibung abrufen können, um beurteilen zu können, welche Sportstätten für die von mir geleiteten Sportgruppen in Frage kommen. 2

Ansprechpartner
Als Schulleiterin möchte ich für jede Fremdnutzung der Schulanlagen bei Bedarf mindestens eine verantwortliche Person aus der jeweiligen Sportgruppe samt Kontaktdaten ermitteln können. 2

Sportgruppen
Als Verantwortlicher für die Vergabe möchte ich genauere Informationen (Sportart, Mitgliederanzahl etc.) für alle Sportgruppen abrufen können, um die verfügbaren Sportstätten sinnvoll zuweisen zu können. 8

Datenschutz der Teilnehmer
Als einfaches Mitglied einer Sportgruppe möchte ich nicht, dass meine persönlichen Daten in der Datenbank gespeichert werden. 2

Gruppenleiter
Als Übungsleiterin fungiere ich als Ansprechpartnerin für die von mir geleiteten Sportgruppen und möchte telefonisch oder per E-Mail über Änderungen bei der Platzzuweisung informiert werden. 5

Sobald Karl und Celine der Meinung sind, dass ihre User-Storys alle Anforderungen abdecken, können sie gemeinsam ein passendes Klassendiagramm für die Datenbank entwickeln. Nachdem ein erster Entwurf ausgearbeitet ist, können sie sich z. B. im Rahmen eines Rollenspiels in die Lage der zukünftigen Datenbanknutzer begeben und so überprüfen, ob wirklich alle Anforderungen der beteiligten Personengruppen erfüllt werden. Dabei ist es völlig normal, dass ggf. noch weitere User-Storys ergänzt werden müssen und somit auch das Klassendiagramm noch einmal überarbeitet werden muss. Werden alle Anforderungen erfüllt, können die beiden ein relationales Tabellenschema erarbeiten, dieses im Anschluss als Datenbank umsetzen und schließlich mit Beispieldaten befüllen.

Projektaufgabe

Überlegt euch selbst ein Szenario aus dem Alltag oder der Berufswelt, bei dem ein bedeutendes Problem mittels einer Datenbank gelöst werden soll. Entwerft ein geeignetes Modell und erstellt darauf aufbauend die entsprechende Datenbank.

Projektbeispiel: Sensorgestützte Datenerfassung und -verwaltung
Ein weit verbreitetes Anwendungsszenario für Datenbanken ist die Verwaltung von Messwerten (vgl. Kapitel 1.4). Mit vergleichsweise einfacher Technik kann heute das aktuelle Wetter oder die Luftqualität im Klassenraum überwacht werden. Dennoch ist ein solches Projekt recht umfangreich und sollte daher in zwei bis drei Teilprojekte unterteilt werden:

1. Datenerfassung mittels Sensoren und programmierbarer Mikrocontroller
2. Verwaltung der erfassten Messwerte in einer Datenbank
3. Optional: Visualisierung der Daten mit einem geeigneten Frontend

Die Klasse 10c des John-von-Neumann-Gymnasiums möchte eine Raumluftampel entwickeln, bei der die CO_2-Konzentration sowie die Temperatur und Luftfeuchtigkeit im Computerraum regelmäßig gemessen und die Messwerte zur späteren Analyse in einer Datenbank gespeichert werden. Ein kleines Programm auf dem PC der Lehrkraft soll basierend auf diesen Messwerten Handlungsempfehlungen zum richtigen Lüften anzeigen.

David und Jennifer interessieren sich sehr für Programmierung und möchten deshalb bei der Datenerfassung mitarbeiten. Mikrocontroller sind kostengünstige kleine Chips, die ähnlich wie ein einfacher Computer programmiert werden können. Zusätzlich besitzen sie verschiedene Anschlüsse, an die eine Reihe von Sensoren angeschlossen werden kann. Das nebenstehende Bild zeigt einen solchen Mikrocontroller (im Hintergrund) zusammen mit einem Sensor zur Messung von Temperatur und Luftfeuchtigkeit (rechts) und einem kleinen Display zur Messwertanzeige. Die Mitglieder von Gruppe 1 müssen also ein Programm für einen solchen Mikrocontroller entwickeln, welches die Messwerte von den Sensoren abruft und z. B. per Funk an einen Datenbankserver sendet. Hier sind folglich Teammitglieder gefragt, die nicht davor zurückschrecken, sich in diese speziellen Aspekte der Programmierung eigenständig einzuarbeiten.

Alina und Jan interessieren sich mehr für die Arbeit mit Datenbanken. In Teilprojekt 2 liegt die Hauptaufgabe darin, eine geeignete Datenbank für die Verwaltung der Messwerte zu entwerfen und anzulegen. Dabei sollten auch verschiedene Nutzerkonten mit sinnvoll ausgewählten Zugriffsrechten angelegt werden, um die Inhalte der Datenbank vor unbefugten Zugriffen oder auch unbeabsichtigter Löschung zu schützen. Auch können Alina und Jan mit Gruppe 3 zusammenarbeiten und gemeinsam Abfragen zur sinnvollen Auswertung der Messdaten erarbeiten.

Clemens und Ricarda möchten bei der Projektarbeit ihre Kenntnisse aus den bisherigen Programmieraufgaben nutzen und vertiefen. Deshalb schließen sie sich Gruppe 3 an, welche ein Programm schreiben möchte, das den 10-Minuten Mittelwert der CO_2-Konzentration mittels einer geeigneten Datenbankabfrage ermittelt und in Form einer Ampel grafisch darstellt. Dazu soll eine konkrete Handlungsempfehlung, wie z. B. „Bitte bei nächster Gelegenheit lüften!“ ausgegeben werden.

Projektaufgabe
Informiert euch bei eurer Lehrkraft über die zur Verfügung stehenden Mikrocontroller, Sensoren und den vorgesehenen Datenbankserver. Überlegt euch anschließend gemeinsam ein sinnvolles Anwendungsszenario und bildet Arbeitsgruppen für die zwei bis drei Teilprojekte. Vereinbart regelmäßige kurze Besprechungen zwischen den Teilgruppen.

Simulationen: Auftraggeber vs. Auftragnehmer am Beispiel eines Projektvorschlags
Bei Projekten im schulischen Kontext kann oft nicht klar zwischen dem Auftraggeber und dem Auftragnehmer unterschieden werden. Teilweise werden die Anforderungen an ein Projekt zwar von der Lehrkraft oder einer anderen Schülergruppe formuliert, oft werden diese Vorgaben aber von den Entwicklern des Projektes selbst festgelegt. Im beruflichen Kontext ist das natürlich anders: Der Auftraggeber beschreibt, was er möchte, und der Auftragnehmer setzt die Vorgaben im Rahmen der bereits beschriebenen Prozesse um.

→ 3.1
→ 3.4

Wozu überhaupt eine Simulation?
Simulationen werden sehr vielfältig eingesetzt, da sich bei ihrer Verwendung einige Vorteile ergeben können:
- Das Erstellen einer Simulation ist meistens billiger, als das Szenario in der Realwelt zu erproben (z. B. Simulation des Strömungsprofils eines Flugzeugs oder Autos).
- Die Simulation ermittelt Daten, die sich in der Realwelt in der Zukunft ergeben werden (z. B. Wettersimulation, Entwicklung von Populationen in der Tierwelt, Verkehrssimulation, …).
- Mit der Simulation können Vorgänge veranschaulicht und besser verstanden sowie mit unterschiedlichen Eingangswerten und Grundannahmen untersucht werden (z. B. physikalische Simulationen, Präsentation großer Bauvorhaben, …).

Simulationen werden sehr häufig verwendet, um Abläufe zu optimieren oder überhaupt erst darstellbar zu machen. Dabei werden verschiedene Rahmenbedingungen verändert und so deren Einflüsse auf das Geschehen genau untersucht. Mit relativ geringen Kosten lassen sich somit sehr schnell sehr viele Tests durchführen. Die erzeugten Daten werden oft in Datenbanken gespeichert, um sie später unter verschiedenen Gesichtspunkten auswerten zu können.

Der Auftraggeber formuliert die Anforderungen!
Die Supermarktkette Ladl hat das Ziel, das benötigte Personal an den Kassen vorausschauender und bedarfsorientierter zu planen. Damit soll zum einen erreicht werden, dass kein überflüssiges Personal beschäftigt wird, zum anderen soll die Kundenzufriedenheit durch kurze Wartezeiten möglichst hoch sein. Dazu wird eine Simulation der Warteschlangen an den Kassen sowie des Bezahlvorgangs in Auftrag gegeben.
Die Auftraggeber formulieren folgende Anforderungen an die Software:
- Es gibt bis zu vier Kassen, die offen oder geschlossen sein können.
- Eine Kasse kann zu jeder Zeit öffnen oder schließen.
- Vor dem Schließen wird eine Kasse auf schließend gesetzt. Es kann sich dann kein neuer Kunde mehr anstellen, die aktuelle Warteschlange wird aber noch bedient.
  Danach ist die Kasse geschlossen.
- Die Dauer des Kassiervorgangs ist von verschiedenen Faktoren abhängig: Die Dauer des Scanvorgangs zur Erfassung der Preise hängt hauptsächlich von der Anzahl der Waren der Kundschaft ab. Für einen Artikel werden durchschnittlich fünf Sekunden benötigt. Der Bezahlvorgang am Ende schwankt je nach Zahlungsmittel um einen Wert von 50 Sekunden.
- Eine Analyse hat ergeben, dass es im Wesentlichen drei verschiedene Muster beim Anstellen an eine Warteschlange gibt: Ein Teil der Kunden stellt sich grundsätzlich an die kürzeste Warteschlange an. Ein anderer Teil der Kunden versucht zu überschlagen, an welcher Kasse die Summe der Waren aller bereits anstehenden Kunden am kleinsten ist. Die restlichen Kunden stellen sich an einer beliebigen Schlange an. Alle drei Strategien werden in etwa gleich häufig angewendet.

Projektaufgabe

Schlüpft in die Rolle eines Auftragnehmers und stellt für den Auftraggeber und die weitere Planung zunächst dar, wie ihr die Punkte aus dem Anforderungskatalog des Auftraggebers umsetzen könnt, indem ihr passende User-Storys und ggf. ein Klassendiagramm zeichnet. Folgende Gedanken können euch dabei helfen:

Darstellung (view)

Plant eine geeignete Darstellung zur Visualisierung der Abläufe.
Anregungen: Es müssen nur Kassen und Kunden schematisch dargestellt werden:

- Kunden können als farbige Kreise umgesetzt werden. Die Größe der Radien kann dann die Anzahl der Waren widerspiegeln.
- Für die Kassen können farbige Rechtecke verwendet werden, welche mit einer Farbcodierung den Status der Kasse (offen, geschlossen, schließend) anzeigen.
- Eine Warteschlange ist dann eine Reihe von Kreisen vor einem Rechteck.
- Der Kunde, welcher gerade bedient wird, ist im Kassenrechteck.

Benötigte Daten (model)

Optional können die Ergebnisse der Simulation ausgewertet und graphisch aufbereitet werden, um den zeitlichen Verlauf des Kassengeschehens anzuzeigen. Für eine solche Auswertung können pro Zeiteinheit (Taktimpuls) folgende Daten gespeichert werden:

- Zustand der vorhandenen Kassen
- Anzahl der Kunden und Waren vor jeder Kasse

Für eine graphische Auswertung der gespeicherten Daten sind folgende Ausgaben sinnvoll:

- zeitlicher Verlauf der Zahl der insgesamt wartenden Kunden, der wartenden Kunden an jeder Kasse und die durchschnittliche Länge der Warteschlangen; geschlossene Kassen sollen nicht in die Durchschnittsbildung eingehen.
- zeitlicher Verlauf der Anzahl offener Kassen

Testwerte und Weiterentwicklung

Überlegt euch, mit welchen Werten für Kundendichte und Warendichte ihr die Simulation testen wollt. Verändert die Bedingungen und überprüft das Verhalten des Programms auf Plausibilität. Zeigt, dass das Ergebnis der Simulation unabhängig davon ist, ob die Kunden in regelmäßigem Abstand („alle n Sekunden") erzeugt werden oder ob sie unregelmäßig erzeugt werden und nur der Mittelwert ihrer Abstände n ist.
Erweitert die Implementierung um mehr als vier Kassen oder um andere Möglichkeiten wie das automatische Schließen und Öffnen von Kassen.
Ermittelt reale Werte für die Kundendichte innerhalb eines Tages und testet eure Simulation damit. Plant eine Präsentation für die Übergabe des Programms an den Auftraggeber und führt diese testweise vor der Klasse vor.

Weitere Anregungen für Projekte

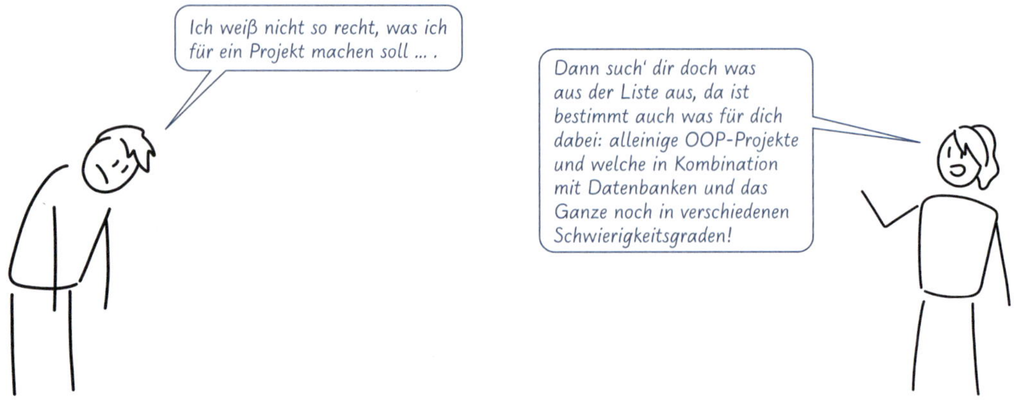

- **Ausbau vorhandener Projekte** aus den Aufgaben, z. B.
  - Ergänzen des Adventure-Spiels um neue Monster, Waffen oder Zaubersprüche, Einfügen weiterer Stockwerke (mit schwierigeren Monstern und besseren Schätzen), Abwandeln des Spielziels
  - Erweitern von Snake um mehrere Level und neue Sonderfelder, Bestenliste in einer Datenbank
  - Vervollständigen der Smart-Home-Geräteliste, zusätzliche Optionen wie Steuern mehrerer (gleicher) Geräte mit einem Bedienelement, Lesen der Konfiguration aus einer Datenbank
  - Ergänzen der Verkehrssimulation um eine Statistik (z. B. durchschnittliche Länge der Warteschlangen vor den Ampeln, Maximalzahl der Autos vor einer Ampel); auch Speichern der Statistikdaten in einer Datenbank
  - Erweitern der EKG-Auswertung (Kapitel 2.5, Aufgabe 14):
    Herzrhythmusstörungen bzw. Herzinfarkte können durch zusätzliche/fehlende Maxima bzw. eine deutliche Erhöhung im ST-Bereich erkannt werden. Erweitere die Klasse EKG_AUSWERTUNG so, dass diese Fehlfunktionen erkannt werden.
    Recherchiere, welche weiteren Störungen der Herzfunktion es gibt und wie diese im EKG erkannt werden können. Implementiere auch für diese eine automatische Erkennung. Für das Testen ist es dabei wichtig, dass unterschiedliche Datensätze eingelesen werden können.

- **Nützliche Tools, z. B.**
  - digitale Zeitanzeige (als Uhrenanzeige, Timer oder Countdown)
  - Taschenrechner
  - Zeichenprogramm (z. B. mittels einer unsichtbaren Turtle)

- **Brettspiele**
  - z. B. Memory, Vier gewinnt (ohne und mit Gewinnermittlung), Mühle, Schach (s. auch Aufgabe 11 in 2.5), selbst ausgedachte Spiele
  - Datenbankanbindung für Bestenlisten und Statistiken

- **Spiele …**
  - … mit Spielfiguren aus der Vogelperspektive
    (z. B. Sokoban, eine Welt aus festen Blöcken, in der bewegliche Kisten mit einer geschickten Strategie auf markierte Felder geschoben werden müssen; ergänzend mit Datenbankanbindung und einem Leveleditor)

  - … mit Spielfiguren aus einer seitlichen Perspektive
    (z. B. Jump 'n' Run-Spiele, bei denen man auf dem Weg zum Ziel Monstern ausweichen und Punkte sammeln muss)
  - … bei denen die Welt „vorbeizieht"
    (z. B. mit einem Vogel, der zufällig positionierten Hindernissen ausweichen muss oder mit vorübergehend erscheinenden Sumpfhühnern, die man mit der Maus erwischen muss)

- **Wissensanwendungen** (mit Datenbankanbindung)
  - Vokabeltrainer/Grundwissen-Abfragetool
    (in das man zu beherrschende Fakten samt zugehöriger Fragen einträgt)
  - Wissensquiz (ohne oder mit vorgegebenen Antwortmöglichkeiten)

- **Entscheidungstests** (mit Datenbankanbindung), z. B.
  - Persönlichkeitstests („Welcher Typ bist du?")
  - Berufsfinder („Was möchtest du werden?")

- **Programme mit grafischer Benutzeroberfläche (GUI)**
  In grafischen Benutzeroberflächen gibt es zahlreiche Komponenten, die ihr bisher in Beispielen noch nicht eingesetzt habt. Damit man die Komponenten nicht „von Hand" anordnen muss, gibt es für viele Sprachen GUI-Builder, die diese Arbeit nach dem WYSIWYG-Prinzip ermöglichen. Arbeitet euch in eine solche Umgebung ein und entwickelt eine interessante (spielerische/kreative/…) Benutzeroberfläche.

- **Projekte mit einer Spiel-Engine** (z. B. Engine Alpha für Java, PyGame für Python):
  Verwirkliche eigene Spielideen auf der Basis der bereitgestellten Klassenbibliothek (mit besserer Grafik, besserem Sound, ...). Anregungen und Tipps findest du auf der Webseite der jeweiligen Game-Engine. Ausgangspunkt kann auch die Aufgabe zum Jump 'n' run-Spiel am Ende von Kapitel 2 sein.

- **Smartphone-Apps**

  Zur App-Entwicklung gibt es Umgebungen, die dies unter Umständen für die erlernte Programmiersprache oder auch in einer einfachen grafischen Umgebung ermöglichen (z. B. MIT AppInventor, Xcode). Arbeitet euch in ein solches Werkzeug ein und entwickelt eine einfache App.

- **Physical Computing**
  Analog zum CO_2-Sensor können auch andere Geräte gebaut und über einen Zentralrechner verwaltet werden (z. B. eine Wetterstation oder ein Brandmelder). Bis zum Roboter, der Barcodes abtasten kann, und auch darüber hinaus sind der Kreativität keine Grenzen gesetzt. Je nach Projekt ist ein erhöhter Zeitbedarf einzuplanen.

Lösungen zu „Teste dich selbst!"

Aufgaben in Kapitel 1

T1 **a** Falsch: das kartesische Produkt aus zwei Tabellen mit je vier Einträgen besteht aus 4 mal 4, also 16 Einträgen.

b Ungenau: die Punktnotation wird verwendet, um gleiche Spaltennamen in unterschiedlichen Tabellen in einer Abfrage eindeutig zu unterscheiden. Sie kann daher in einer Verbund-Bedingung eingesetzt werden, aber auch in anderen Teilen einer Abfrage.

c richtig

d Ungenau: es gibt weitaus mehr Kardinalitäten als die genannten drei. Diese stellen jedoch wichtige und häufig verwendete Kardinalitäten dar.

e Falsch: bei einer Umsetzung einer 1:n-Beziehung wird der Primärschlüssel der „1-Seite" als Fremdschlüssel auf der „n-Seite" eingefügt.

f richtig

g Falsch: referenzielle Integrität bedeutet, dass zu jedem Fremdschlüsselwert ein passender Primärschlüsselwert in der referenzierten Tabelle vorhanden sein muss.

T2 Falls in zwei Tabellen die gleichen Spaltennamen (z. B. name in Gemeinde und Schwimmbad) existieren, muss man diese in einer SQL-Abfrage eindeutig angeben. Diese Eindeutigkeit wird mit der **Punktnotation** erreicht, bei welcher der Tabellenname dem Spaltennamen vorangestellt wird (z. B. SELECT Gemeinde.name …).
Um in einer Abfrage zwei Tabellen sinnvoll miteinander zu kombinieren, muss eine **Verbund-Bedingung** angegeben werden. Diese vergleicht den Primärschlüssel der einen Tabelle mit dem dazu passenden Fremdschlüssel der anderen Tabelle und sorgt dadurch dafür, dass nur zusammengehörige Zeilen in der Ergebnistabelle ausgegeben werden.
Beispiel:

```
SELECT * FROM Gemeinde, Schwimmbad
WHERE Gemeinde.schluessel = Schwimmbad.gemeindeschluessel
```

Bei einer Beziehung muss neben dem Namen und der Leserichtung immer auch die **Kardinalität** angegeben werden. Diese gibt eine Obergrenze der in Beziehung stehenden Objekte an.
Eine wichtige Kardinalität ist 1:n und bedeutet, ein Objekt der Klasse A kann mit mehreren Objekten der Klasse B in Beziehung stehen. Umgekehrt kann ein Objekt der Klasse B aber nur mit genau einem Objekt der Klasse A in Beziehung stehen. Beim Umsetzen der **1:n-Beziehung** in eine Datenbank muss der Primärschlüssel der „1-Seite" als Fremdschlüssel auf der „n-Seite" eingefügt werden.
Beispiel:

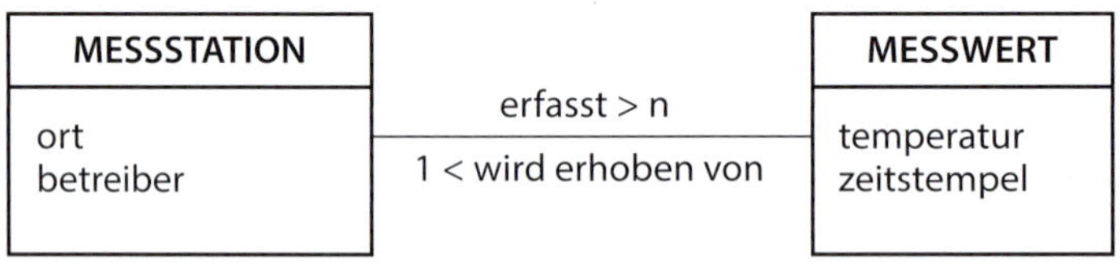

Jede Messstation erfasst keinen, einen oder mehrere Messwerte. Jeder Messwert wird genau von einer Messstation erhoben.
Messstation (id, ort, betreiber)
Messwert (id, temperatur, zeitstempel, station_id)

Zur Umsetzung einer n:m-Beziehung wird eine **Beziehungstabelle** benötigt. In ihr werden die Primärschlüssel beider in Beziehung stehender Tabellen als Fremdschlüssel gespeichert. Der Primärschlüssel der Beziehungstabelle ist die Kombination aus beiden Fremdschlüsseln.

Beispiel:

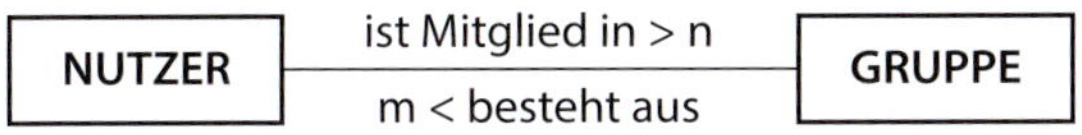

Nutzer(vorname, name, telefon_nr)
Gruppe(id, name, gegründet)
Nutzer_zu_Gruppe(telefon_nr, gruppen_id)

T3 **a** Eine unsinnige Zeile lautet:

name	vorname	note	typ
Scott	Abigayle	4	Unterrichtsbeitrag

Bei der angegebenen SQL-Abfrage handelt es sich um ein kartesisches Produkt. Das heißt, in der Ergebnistabelle wird jede Zeile der Tabelle Schueler mit jeder Zeile der Tabelle Note kombiniert. Um das zu verhindern, muss eine Verbund- Bedingung formuliert werden und in der Abfrage ergänzt werden:

```
WHERE Schueler.nr = Note.schueler_nr
```

b

```
SELECT name, vorname, note FROM Schueler, Note
WHERE Schueler.nr = Note.schueler_nr AND typ = "Kurzarbeit"
```

c In der Tabelle Schueler kommt in der Spalte klasse der Wert 10c mehrfach vor.
In der Abbildung ist jedoch nur ein Ausschnitt zu sehen, in der Datenbank werden auch Schüler anderer Klassen enthalten sein. Solange zu jeder Klasse ausschließlich der Klassenname gespeichert wird, sind keine redundante Daten vorhanden, die durch ein verändertes Tabellenschema vermieden werden könnten. Erst wenn weitere Informationen wie die Klassenleitung, deren E-Mail-Adresse usw. gespeichert werden würden, wäre eine zusätzliche Tabelle Klasse(name, klassenleitung, mail_klassenleitung, …) nötig, um Redundanz zu vermeiden. In der Tabelle Schueler würde sich nichts ändern, weil dort die Spalte klasse zu einem Fremdschlüssel werden würde. Zusätzliche Informationen zur Klasse sind in einem reinen Notenprogramm jedoch nicht relevant.
Ähnliche Überlegungen gelten für die Spalten fach und typ in der Tabelle Note.

T4 Es gibt verschiedene Lösungsmöglichkeiten. Die dargestellte Lösung geht davon aus, dass sowohl Einzel- als auch Gruppenunterricht in einem Instrument möglich sind. Zusätzlich wird angenommen, dass ein Ensemble immer nur von genau einer Lehrkraft geleitet wird.

a

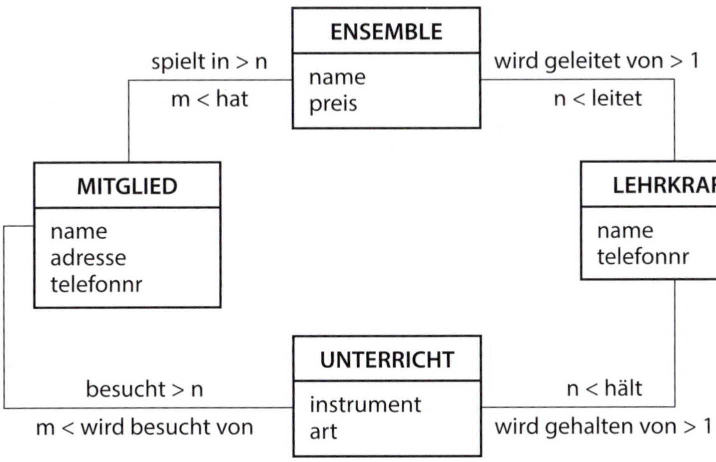

b Mitglied(id, name, adresse, telefonnr)
Lehrkraft(id, name, telefonnr)
Unterricht(id, art, instrument, lehrkraft)
Ensemble(name, preis, lehrkraft)
Mitglied_zu_Unterricht(mitglied_id, unterricht_id)
Mitglied_zu_Ensemble(mitglied_id, name)

Aufgaben in Kapitel 2

T1 Richtig oder falsch?

a falsch: Ein Referenzattribut kann man sich als eine Schachtel vorstellen, in der ein Lasso enthalten ist, an dem ein Objekt hängt.

b falsch: Nach dem Kapselungsprinzip sollte der direkte Zugriff auf Attribute verhindert werden: Attribute sollen nur über Methoden des Objekts gelesen und verändert werden.

c richtig
Es kann auch mit falsch argumentiert werden: In den meisten Fällen sind Felder zwar die bessere Wahl, stehen aber nur wenige Objekte in Beziehung, können manchmal auch wenige Referenzattribute mit sprechenden Bezeichnern von Vorteil sein (z. B. die drei Lampen einer Ampel: lampeOben, lampeMitte und lampeUnten).

d falsch: es werden alle Elemente angesprochen

e falsch: man vergleicht zuerst die vorhandenen Klassen und sucht nach Gemeinsamkeiten für eine generalisierte Oberklasse.

f falsch: in einem Attribut von Typ einer Oberklasse kann mach auch Referenzen auf Objekte vom Typ einer Unterklasse speichern.

g richtig

T2 Ich check's, dank deiner Hilfe!

Beispiele zur Anwendung in den verschiedenen Programmiersprachen findet man in den jeweiligen Kapiteln oder in den bearbeiteten Projekten.
Ein **Referenzattribut** ist ein Attribut, das eine Referenz auf ein anderes Objekt enthalten kann. Referenzattribute werden in Objekten benötigt, die anderen Objekten Botschaften (z. B. in Form von Methodenaufrufen) schicken müssen.
Durch die **Zugriffsrechte** privat, öffentlich und geschützt kann man den Zugriff auf Attribute und Methoden regeln. Typischerweise sind nach dem Kapselungsprinzip Attribute privat und Methoden öffentlich oder geschützt.
Ein **Feld** ist eine Datenstruktur, in der viele gleichartige Objekte effizient verwaltet werden können.
Bei der **Generalisierung** werden gemeinsame Attribute und Methoden von Klassen zu neuen Oberklassen zusammengefasst (verallgemeinerte Klassen).
Polymorphismus ist die Eigenschaft, dass ein Referenzattribut nicht nur Objekte der als Datentyp angegebenen Klasse referenzieren kann, sondern auch Objekte aller zu dieser Klasse existierenden Unterklassen.
Abstrakte Klassen sind Klassen, von denen keine Objekte erzeugt werden. Darin kann man auch **abstrakte Methoden** vereinbaren, deren genaue Bedeutung erst in Unterklassen festgelegt wird.
In **Schnittstellen**-Beschreibungen werden die Köpfe der Methoden definiert, die von anderen Klassen zur Verfügung gestellt werden.

T3 Programmieren

a

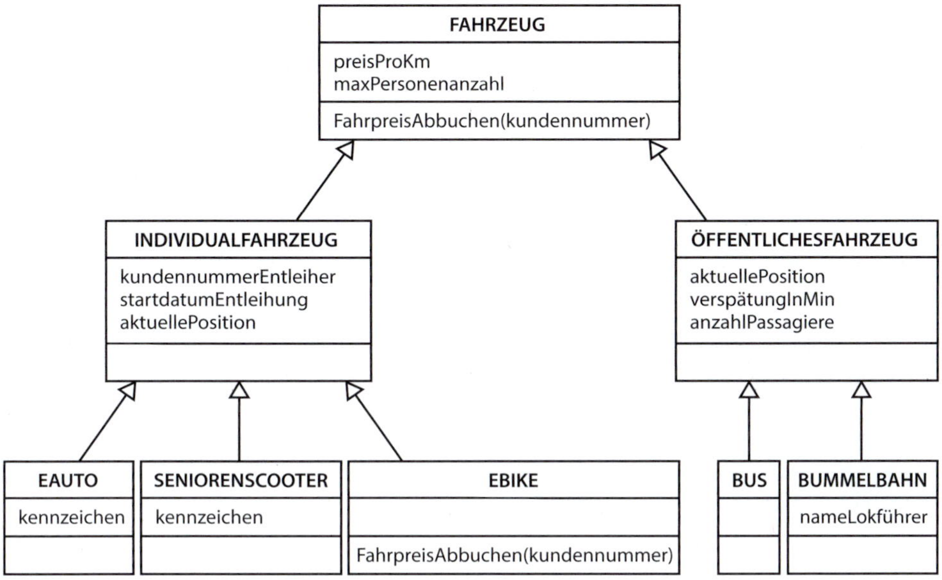

Die Klassen FAHRZEUG, INDIVIDUALFAHRZEUG und ÖFFENTLICHESFAHRZEUG können als abstrakt markiert werden.

b

```
klasse FAHRZEUG
  geschützt attribut preisProKm: KOMMAZAHL
  geschützt attribut maxPersonenanzahl: GANZZAHL
  konstruktor(max: GANZZAHL, preis: KOMMAZAHL)
    preisProKm = preis
    maxPersonenanzahl = max
  endekonstruktor
endeklasse
```

Hinweis: Umsetzungen für konkrete Sprachen finden sich in den Lösungsmaterialien

c **Schritt 1: Feld vereinbaren**

fahrzeuge: FELD<FAHRZEUG>

Schritt 2: Feld erstellen

fahrzeuge = neu FELD<FAHRZEUG>()

Schritt 3: Feld mit Objekten befüllen

fahrzeuge.Hinzufügen(neu Seniorenscooter())

fahrzeuge.Hinzufügen(neu Bus())

Bemerkung: Das Befüllen erfolgt oft mit einer Zählwiederholung.

d Polymorphismus bedeutet, dass im Feld vom Typ FAHRZEUG nicht nur FAHRZEUG-Objekte, sondern auch Objekte aller Unterklasssen von FAHRZEUG verwaltet werden können, also z. B. Seniorenscooter oder Busse (vgl. c)).

Wird für ein Element dieses Feldes dann etwa die Methode *FahrpreisAbbuchen* aufgerufen und dieses Element ist ein E-Bike, dann wird die Methode so ausgeführt, wie sie in der Klasse EBIKE angegeben ist. Handelt es sich bei dem Element aber um einen Seniorenscooter, wird die Methode so ausgeführt, wie sie in der Klasse FAHRZEUG angegeben ist, da sie in SENIORENSCOOTER nicht neu implementiert wurde.

Stichwortverzeichnis

Bildquellenverzeichnis

Cover/18/o. li.: stock.adobe.com/maciek905
4/19/Fluss/Shutterstock.com/A. Aleksandravicius; **4/49**/Audio[illegible]tten/ Shutterstock.com/by-studio; **4/49**/VHS-Kassetten/Shutterstock.com/Oleg K[illegible]ak; **4/49**/5-Zoll-Magnetband/Shutterstock.com/Claudio Divizia; **8**/Bridgeman Images/ Publication only with licence fee payment, copyright notice (@ Bridgemanimages.com) and voucher copy. Contact Bridgeman Images Berlin, Barbarossastr. 39, 10779 Berlin, tel. +49 (0)30 40 36 59 760 | berlin@bridgemanimages.de | www.bridgemanimages.de; **9**/Shutterstock.com/ Mascha Tace; **12**/Shutterstock.com/ Impact Photography; **14**/Shutterstock.com/Pavel L Photo and Video; **18/u. li.** Shutterstock.com/wavebreak-media; **25/o. re.** Shutterstock.com/ nitpicker; **28**/Cornelsen/Peter Brichzin/Florian Janus/Franz Jetzinger/Johannes Neumeyer/ Klaus Reinold/Albert Wiedemann/Shutterstock.com/Ronald Sumners; **29**/Shutterstock.com/Solis Images; **32**/Shutterstock.com/ Lukas Gojda; **37/o. re.** Shutterstock.com/ Gorodenkoff; **37/u. re.** Shutterstock.com/ Chepko Danil Vitalevich; **38**/Phantombild/ Shutterstock.com/New Africa; **38**/Speichelprobe/Shutterstock.com/Robert Kneschke; **39**/Shutterstock.com/STEKLO; **41**/Cornelsen /Peter Brichzin/Franz Jetzinger/Johannes Neumeyer/Klaus Reinold/Albert Wiedemann/ Shutterstock.com/Cookie Studio/Dima Aslanian/Jandrie Lombard/Dmitry Molchanov/ Party people studio/Foxys Forest Manufacture/Konstantin Chagin; **42**/Cornelsen/Peter Brichzin/Franz Jetzinger/Johannes Neumeyer/Klaus Reinold/Albert Wiedemann/ Shutterstock.com/Cookie Studio/Dima Aslanian; **49/o. re.** Shutterstock.com/moibalkon; **50/o. re.** Shutterstock.com/Kinek00; **50/Mi. re.** Shutterstock.com/Duda Vasilii; **50/u. re.** Shutterstock.com/ALEXEY FILATOV; **54**/Shutterstock.com/cemgunes; **58**/ Cornelsen /Peter Brichzin/Franz Jetzinger/Johannes Neumeyer/Klaus Reinold/Albert Wiedemann/Shutterstock.com/c12/Andreas Mann/ kontur-vid; **63**/Shutterstock.com/Volker Rauch; **65**/Shutterstock.com/Dreamcreation; **69**/Digitaluhr/Shutterstock.com/Bohdan Populov; **69**/Countdown/ Shutterstock.com/ Visuta; **74**/Shutterstock.com/Zoart Studio; **78**/Shutterstock.com/Nyo09; **80**/Shutterstock.com/BOOCYS; **86**/Shutterstock.com/sfam_photo; **88**/Shutterstock.com/KYTan; **106**/Cornelsen/Peter Brichzin/Franz Jetzinger/Johannes Neumeyer/Klaus Reinold/Albert Wiedemann/Shutterstock.com/ upsidesmile; **111**/Shutterstock.com/Dagmar Breu; **112/o. li.**/Shutterstock.com/Claudio Divizia; **112/u. re.**/Shutterstock.com/Babich Alexander; **133**/Shutterstock.com/Pixel Enforcer; **136**/Digitaluhr/Shutterstock.com/Viktorija Reuta; **136**/Brettspiel/Shutterstock.com/bogdan ionescu; **137**/Shutterstock.com/Aygun Ali